來去

西藏

Coming to TIBET

楔子——PROLOGUE

　　汽車會在幾個小時之後，帶我離開這裡。我知道，我會很快開始想念，雖然現在臉上的陽光仍然無比炎熱，頭頂還是那湛藍的天，雲朵一堆一堆，又低又亮，雪山還在身旁，前面和右邊，大地開始微微泛出綠色，在所有去年冬天留下的枯黃中隱約湧現，離遠了才能成片的被發現。牛群依然徜徉，安靜地吃草，旺堆開著拖拉機運了木頭回來，農面和阿扎像往常一樣在樓下劈柴，老媽媽拿著紡錘在小鋪門口美麗地把一團團羊毛紡成長線；紅嘴烏鴉們似乎知道我要離開，全飛來停在我的窗前……。

　　這是我的一個遙遠小地方，它的春天馬上就要來了。可一想到幾個小時之後即將不再身處其中，即將看不見藍天草原，即將遠離乾淨清澈和安詳質樸，無法控制地覺得傷感。雖然很可能再回來，也很可能留在另一個如此的地方，但現在，思念已經開始越來越濃地盪漾。

　　如果不是終於下決心買好了車票，我怎麼也不能做出讓自己離開這裡的決定。

　　昨天夜裡，遇見11個鄉城來的藏族男人，到這兒幫人砌牆，修一座房子能一塊兒掙3000塊錢。他們給我唱了一晚上歌，如果不是要走，他們今天還會給我唱更多好聽的歌。

　　所有村子裡的人和寺院的喇嘛都開始和我越來越熟悉，雖然大多還叫不出名字，但都在心裡留下了彼此的樣子，越來越像熟人或者老朋友一樣打招呼。

　　這兒的世界剛開始從冬天裡甦醒，開始生長，能猜想和不能預知的好些事情正在開始發生。我不想現在離開，錯過任何一個微小的瞬間。

　　可是離開似乎總在不斷發生，還將繼續發生下去，現在，又一次迫在

眉梢。

　　又一次離開，又一次不知道是否能像承諾過的那樣，重新回來——想做一件事，在最後的這個下午，爬到背後的山坡，使勁曬一次太陽，再對著所有熟悉和熱愛著的一切，唱最後一次歌，現在就去。

　　即將再一次穿著軍用膠鞋和羊皮棉襖，從山裡草原上回到城市去，我樣子裡的太陽、風雪、泥土的痕跡，又會被忽然變化的環境襯得特別突兀，不僅能從自己眼前截然的世界感覺到，也能隨時從周圍人的眼神和態度裡感覺到——一個完全不同世界裡的人闖進了另一個陌生的世界。這種生疏和距離，不僅僅是外表上的，也不是剛剛才有的，它其實一直在，只不過在外表的差異之下，變得更明顯。

　　「你是哪裡人」或者「你是幹什麼的」是最常被問到但又最不知道怎麼回答的兩個問題——我似乎到處晃盪，但根本不是個探險家或者科學研究員，常常沒有明確的目的，常常只找一個特別簡單的理由，比如想去曬太陽或者看看草原。更沒有任何有名銜的職業，甚至連時髦的「背包客」都覺得說不上。總是不知從哪裡冒出來，出現在人們面前，不喧鬧地在他們的生活中過一些日子，融化在不同地方的不同光線裡，不知什麼時候再忽然消失不見。似乎在這裡又不在這裡，似乎在哪兒都會被人覺得意外和異樣，在哪兒都像個旁邊的人，路過的人，還是這些感覺更多都來自我的心裡，飄盪的心裡。

　　我是個「tramp」（流浪漢），是個「gypsy girl」（吉普賽姑娘），是個村姑，是個野人，是朵野花，是小小的一顆蒲公英。

　　人真的可以在任何地方生活，活得像蒲公英一樣。

　　蒲公英是怎麼活的呢？從一個地方長出來，被忽然來的一陣風偶然帶走，偶然路過一個地方，任何地方，落到地上，鑽進泥裡，扎根，發芽，生長，變成新的蒲公英，還是蒲公英。

　　很多人說我的生活太幸福，總會表露出多少的羨慕，雖然很多人並不知道這樣的生活真正是什麼樣子，有多少辛苦和艱難——雖然在世界的精彩和美好面前這些小問題根本無足輕重，常常被我忘記和一笑置之，卻實在是很多人完全無法想像和假設的。但似乎，最起碼，它是那麼自由，這樣的自由，讓很多沒有自由或者沒有勇氣追求自由的人，覺得是一件絕對

幸福的事情。

　　絕對同意自己是幸福的，也許是因為總在想辦法克服困難，把大部分的力氣用來做喜歡的事，而對其他很多事並不那麼在意，要求很少，也就容易滿足，幸福可能就更容易降臨頭頂。

　　對世界無限地熱愛，給了我無窮無盡的好奇心，也給了我邁步向前的力量，和從不覺得寂寞辛苦的所有勇氣。越走越遠，越荒遼，越寂靜，越飽滿。

　　浪跡在遙遠地方的好些年……就要嫁給稻城18歲的英俊桑央；和阿布才在潮濕艱澀的怒江峽谷裡穿梭歡唱；西藏山頂的尼姑寺裡沒說一句話的兩個月；梅里雪山腳下和千萬虔誠轉圈的藏人一道日夜兼程

　　而我，只是小小的一個，那麼輕，微弱得不能再微弱的生命，只要大地輕輕一呼吸，就會被吹沒了，消失了，四處漂泊生長。

　　多_高興的是，這個世界上，有人看見我會禁不住微笑，有人聽我唱歌會流下眼淚，有人在遠處不出聲，但時不時會想念我；還有人願意跟我說話，還有人希望能再見到我　覺得自己幸福極了，真的！

　　我相信，其他人是自己的鏡子，甚至就是自己。雖然並沒察覺，但一定總在本能地給予，才會再不經意地得到――要不然該怎麼解釋這麼多人對我的好，給我的無限溫暖。

　　爸爸媽媽從來是我最親密的朋友，深深感謝他們從小給我的自由和信任。現在我總是離開他們那麼遠，他們卻從不責怪，永遠會在我偶爾感到漂泊、疲憊的時候，給我巨大溫暖的安穩和力量。

　　還有那麼多人偶然在身邊出現了，露出親切善良的笑容：從王大、王二把我當小同志般無微不至地關懷；從2003年10月22日，經過喇嘛寺腳下的一個繁花院落，在長久顛沛之後，主人白瑪給了我一個無比美麗安詳的安身之地；從一面之緣的z把我介紹給了素未謀面的s，從s完全憑直覺給我的無限信任；從在雪山上見到lev，本能地照料他虛弱的身體，開始在寒冷裡互相溫暖，從他送給我那麼重要的兩件禮物，讓我現在能這樣寫字，能這樣把我經過的美好瞬間留下來，給你們看

　　多麼幸福能得到這麼多人的關懷，多麼幸福能有機會帶給他們愉快。更是多麼幸福，能有機會看著世界，看著世界上各種生物生息變幻的每個

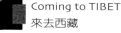

時刻，在世界寬闊的胸膛上自由奔跑，張開雙臂，完全打開身體，得到那麼多的恩寵。

滿懷所有的感激，繼續上路。繼續記錄，繼續寫字。

開始的時候，我讓耳朵帶路，順著聽到的或者即將聽到的一丁點好聲音去了遠處，毫無終了，越來越深……我的眼睛，我的呼吸，我的心臟，整個身體，開始被聲音以外的更多世界全面浸蝕吸引，像一隻花痴的蝴蝶，飛到一朵接一朵不同模樣和顏色的花朵上。

聲音是無限寬廣的，可以容下任意無限的所有想象。從不奢望文字或其他任何表達可以描述聲音，那都是無用的畫蛇添足，那麼，就讓聲音是它原本的自由馳騁吧。而寫字，只是為了敘述聲音旁邊發生的事情，還有照片和圖畫可以幫助更多地看見它們。

無法告訴你全部的事情。世界那麼大，我所知道和看見的那麼少；故事那麼多，說也說不完，那些隱藏在山谷雲層背後的村莊，一個個閃亮的人，我們相遇的時機，相處的時間，很多天意讓我們相見，也是天意讓我們錯過。更無法講解深刻的道理，我很小，無足輕重，也沒有什麼值得炫耀的經歷——有太多的人比我更沈默，並正在度過更非凡的人生，忍耐更大的艱辛，創造更難得的快樂。也不想向你介紹任何一條旅遊線路，或者抄來任何一段歷史資料，這些知識如果你真的願意獲取——開始上路，很快就都能知道了。

這本書，只是和生命裡其他事情一樣，像流水流到了這裡，並讓我感到快樂——生命應該早就自有安排，只是提前給了我暗示。

看著周圍世界時間的流走，褪卻的光彩和顏色，什麼時候重新回來？巨大的山脈幾千年的屹立，歲月漫長，什麼時候會走到盡頭？

如果從外面，站遠一點看，我是不是，或者根本就只是個外形，一個軀體和形狀，被時間一秒秒朝遠方帶走？什麼都可以固執己見，雖然固執無用，但有時碰巧會收到些許效果，只有時間最不由你固執，說走就走，果斷堅決。在時間的漫長概念裡，肉體，甚至高山都是如此相對軟弱和短暫——如果一切都無從說起，無所依托，就讓時間幫我們把事情串成一串，就讓我回到那些美麗動人的日子，把身體裡感到的、發現的一切，和所有想說的話，慢慢地，好好地，儘量講出來給你聽。

目錄

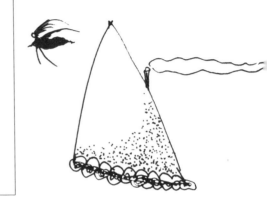

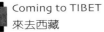

Coming to TIBET
來去西藏

第一部　春天夏天
PART I SPRING & SUMMER

我的 遙遠小地方
My Small Land Far Away

我走到了草原

　　之前我長期生活的那個城市，像長在一口大鍋的底部，上面永遠蓋著厚雲做的大鍋蓋。什麼也進不來，什麼也出不去。冬天會下連綿不斷的細雨，天開始亮，到早晨6點就停止不動，直到再一次完全黑了，會一整天保持半明半暗的光線。說起來，這是一個極有趣的城市，我常常看著大街上活動的人們暗自發笑：這些傢伙，整天不見天日地活得那麼滋潤，說不定，就是現在，整個城市已經被雲包裹著懸浮在了半空，說不定，這本來就是地球或者地球以外的科學家做實驗的基地，在城市各種看不真切的角落裡或者就在頭頂正中，每時每刻都在進行秘密的生物化學實驗，已經好幾百年……

　　這兒的人真的不怎麼用腦子，每天吃好喝好玩好，就是全部的生活意義。而這種滋潤的小日子老早就讓這個城市聞名遐邇了，可這種曖昧柔軟的滋潤總讓我覺得自己隨時都會渾身發黴，或者忽然有一天，乾脆長成了一朵巨大的蘑菇。

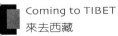

為了不真長成大蘑菇，或者只是用這個作為自己身體無法拒絕的習慣性行為的藉口，從我發現自己的勇氣和衝動已經可以戰勝其他一切阻力，自己的樣子也已差不多長成一個能出門的大人之後，我開始獨自上路了。

現在的這個地方是個什麼地方呢？

另一個我無數次離開又無數次回來的地方。現在和之前的很多時光中，我在這裡生活。

它是什麼樣子呢？

現在要我說出來，還真的有些看不清它。

我在裡面很久了，太裡面，現在還在。它的樣子融進了每天的日子和生活的微小細節裡，脫不開，拔不出來了。

讓我到高一點的地方，離開土地，遠遠地看它，或者回到第一次看見它的時候去。

和村子裡的人一塊兒到山裡挖樹。沿著去四川的公路，往鄉城方向走，草原沒了，開始進山，再進去一點。

左：你能想像路的另一邊，天地是怎樣的寬廣遼闊？

右：在好季節裡，野花都開瘋了，草原像一片五色的海洋在盪漾。

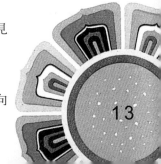

13

我們挖起來的杜鵑和冷杉裝滿了卡車，運回家中種在院子裡，等春天來，開花。

　　泥土還凍著，像石頭一樣硬，很難挖進去。握鋤頭的手不斷被鋤頭杆狠命地敲打，現在指頭的關節生疼僵硬，稍微影響擊打鍵盤。

　　勞動是絕對愉快的，大家一塊兒幹更愉快。平時看著無所事事、屌兒啷噹的幾個藏族小伙子，一做起事來怎麼這麼爽利有勁兒，似乎工作越多越重他們越高興，像是英雄找到了用武之地。早上8點到下午2點，很快就是滿滿一「東風」車的冷杉和杜鵑。

　　回來的路上，下起雨來，夾著冰雹和雪花，和好多年前第一次走在這條路上的情景一模一樣。

　　公路還是那條沒有一刻不顛簸的黃土碎石路——一和四川沾邊，路就難走了，哪怕剛往四川去了一點，總之是往四川去的，就不會有什麼好路——汽車渾身上下磬鈴噹啷地大聲響著，要想讓旁邊的人聽清你說什麼就非得扯著嗓子喊，費勁，也累了，大夥兒都沒說話。

　　世界灰了，被雨下的。

路兩邊的山，離我越來越遠，山腳下空出了好些草地，這是誰家的牛場，幾間木頭搭的小房子，旁邊一圈樹枝圍起來的籬笆，和之前（理塘、稻城）的石頭小房子一樣低矮，一樣全是黑色的。牛群也大都是黑的，還在雨裡吃草。

一輛拖拉機在等一隻犛牛過完馬路，重新啟動。前面的中年男子，面色紅潤，被風雨澆得瞇了眼睛，頭上的「雷鋒帽」被颳得在兩旁劈啪呼扇，身子前傾，扶著手柄衝鋒。後面拖斗裡，滿滿的親戚和朋友，女人裹得只露閃爍的大眼睛，望著我，男人挺拔地在大雨裡燦爛微笑……這些場景我曾經見過，而這是哪兒，我還看不出來。

不遠處的草地上，不少的人依然在辛勤勞動，動作沒因為雨雪發生任何變動，更沒有躲避和逃竄。

每當看到這樣的場景，總覺得自己產生了錯覺——根本就沒有下雨，或者雨雪像空氣一樣，是再自然不過的生活，渾身濕透也是再自然不過的事情，像依然在草地上吃草的牛羊和裸露在雨裡的草木，都是大自然的孩子，都需要澆灌和生長一樣。

有非常鮮豔的顏色在那兒，世界再灰都能清楚看到，在女人們的頭頂，綁著玫瑰紅的一圈頭巾——這是第一個新鮮的資訊；接著，草地越來越寬，山越來越遠，汽車開到了草原上。泥巴夯的白色巨大藏房，關鍵是有了用薄石片蓋起來的「人」字型屋頂——這是第二個資訊；房子邊，草地上，到處立著還是巨大的，木頭條架起來的，造型奇特的「架子」——這是第三個資訊，也是最重要的資訊——所有的藏區甚至整個世界裡，只有這兒有這種「架子」，美國的天文望遠鏡曾經因為發現這些奇特的架子，懷疑這個小地方是中國的秘密軍事武器基地，而它們，不過是這兒的藏族人用來曬曬青稞的「青稞架」。

看到這兒，我已經完全清楚自己在哪兒了——香格里拉，是的，就是香格里拉。

不再議論這個名字了吧，對它的各種議論已經足夠多了。如果只是個

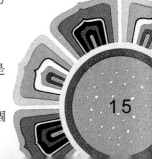

看見青稞架，看見有
「蓋」的藏房，我就知道
……

名字，如果只是原來叫「中甸」的一個地方，從2002年5月改叫了「香格里拉」。

這個地方還是這個地方，不是嗎？

雲南、四川、西藏交界處，雲貴高原和青藏高原匯合處，海拔3200米，迪慶藏族自治州州府。有雪山，有草原，有湖泊，還有高原機場……有松贊林寺，有納帕海、碩都湖，有天生橋溫泉，還有頭上纏著玫瑰紅頭巾的婦女和數不盡的青稞架……

就是這個遙遠小地方，我生活的小地方。

《我走到草原的時候》

我走到草原的時候
春天還沒來
草
全是去年冬天剩下的
也沒花
遠遠的
有一座石頭房子
孤單單地在那兒
我走過去
想住下來
守著草原等花開

門開了
一個男人走出來
我進去
他跟著進來
當然
我和這個男人
住在了一起
春天在外面
來了
但很慢
很慢

這個男人有一個樣子
當然也有個名字
只是
他一直不和我說話
我也就不知道

到底是個什麼名字
我對他知道得很少
只包括
眼睛是春天草原的顏色
和
不等爐子裡的柴燒光
他一定會再抱一大堆進來

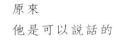

我的顏色正在向他靠近
越來越黑
有一天
我們坐在湖邊釣魚
和平常一樣
一點聲音都沒有
突然
聽見有人問我
你還能呆多久
我盯著水面
的確在想這個問題
關鍵是
原來
他是可以說話的

再說點雜七雜八的。

比如香格里拉縣城長什麼樣？這兒的人長什麼樣？

縣城建設越來越具規模。

中間離開了6、7個月，夏天再回來的時候，簡直嚇了一跳——汽車進來之前，爬到一個高坡，遠處一大個平壩子，密密麻麻被房子塞得滿滿的。最可怕的是，太陽一照，往外反射著強烈刺眼的工業化學光線。比起其他藏區縣城那些破爛的泥巴土路和歪七扭八的小矮房子，它可真是太乾淨整潔現代化了，難怪從西藏、四川一路坐車顛來的朋友們會覺得進了大城市，為見到一個超市，一個有「傑克‧丹尼」賣的小酒吧歡呼雀躍。

不過越像城市嘛越就是那麼個樣子，水泥、玻璃、瓷磚之類的方塊結構，新鮮不到哪兒去。不過這兒的地方長官還是挺會動腦子的，從去年開始，在房子外面塗顏色，畫藏式花紋，就算是普通的水泥房子，也要讓它們儘量有民族特色。現在的香格里拉縣城，雖也說不上多美麗動人，但的確是五彩繽紛了。

城市日新月異了，那只能說明當地政府經濟發展得好，可老百姓的生活水準提高遠沒那麼迅速，所以，新馬路上走的還是那些老模樣的人。

應該是康巴藏族，應該是那會兒吐蕃國往南擴張時，衝鋒在前的士兵和家屬的後代。康巴藏人嘛，就該是最英勇最強健的藏人。不過這個地方離納西、白之類民族的地方太近（曾經還被麗江木府統治過），互相一混，一雜，一通婚，再加上漢族人和漢文化的猛烈侵襲……變化來了，臉上的輪廓柔軟了好些，年長一點的男人倒還穿楚巴（羊毛織的厚重長袍）、羊毛襪子和長靴；女人的衣服就怎麼看怎麼有納西或者別的族的影子：頭上纏用玫瑰紅毛線或布做的一圈頭巾（年輕女人纏毛線，中年以上女人纏布），黑色斜襟上衣，鑲繡花花花邊，腰上拴一個藍邊白底打褶圍裙（工作種地的時候轉到屁股後面，平時放前面），不穿裙，不穿長袍……語言也忘了，不但90%的人不會看（或寫）藏文，好些在城裡長大的藏族小孩甚至已經不會說藏話了。

先說到這兒吧，流失是流失得厲害，滲透融合也無所不在，不知道幾十年之後，要走多遠的路，鑽多少山溝，才能看見一張原始質樸的臉。

19

隱藏在山谷雲層背後的溫暖村莊。

我的寺院我的村莊　My monastery, my village.

　　我的面前，曾經是一片湖泊。

　　聽好多人這麼說起過。不過現在，我看不見湖泊，面前只有一個静静的山谷和山谷裡的一片草原。

　　湖泊是什麼時候變成了草原？湖裡的水是什麼時候去了什麼地方？沒有人說得清，草原是它現在的樣子，四周圍繞著緩慢柔和的小山坡。

　　山谷裡還有什麼？還有一座喇嘛寺和裡面的喇嘛，兩個村莊和村莊裡的村民、牛羊、青稞田、鳥群和我……

我的寺院

　　3路車從城裡開出來，到了草原，進了村莊，到最後，常常會只剩下我和幾個紅衣的喇嘛。我們手裡都捧了些生活用品，都去見了見朋友，現

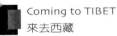

在回家。他們的房子在上坡上，我的在山腳。老喇嘛走在前面，小喇嘛跟在後面，慢慢爬上我房子背後的草坡，走到白塔下，繞一圈，再繞一圈。

山坡上的黃教格魯派寺院，叫葛丹‧松贊林寺。供著五世達賴、文殊菩薩、強巴佛、七世達賴……據說七世達賴還是個幾歲大的孩子時，曾逃亡躲避在這裡；據說五世達賴修寺的時候，它曾無比輝煌，可和其他很多寺院一樣，在「文革」的時候被毀成了一片廢墟，整個山上沒有一間有屋頂的房子，剩下的殘垣斷壁裡全開成了田地，種滿了青稞。1980年，寺院開始重建，重建到現在，剛給大殿裝上了金頂，其他地方仍然四處可見斷牆和土礫。

僧人們也在寺院重建之後陸續回來了。大殿下面的整個山坡上，是數百座僧人的禪房，一個挨一個，環抱著，每個禪房住幾個大的幾個小的喇嘛。春天之後，幾乎所有的禪房裡都鮮花滿園，喇嘛們披著紅色僧袍，在

我的屋子後面的小路，也
是喇嘛們回家的路。

清晨，老喇嘛剛往外潑掉一盆洗臉水，身後的徒弟在準備早飯。

陽臺上坐著，念經的念經，曬太陽的曬太陽，景象祥和安寧。

　　冬天一到，喇嘛們有的回家過年，有的行修遠遊，寺廟這個大學校也放假了，空盪盪的，偶爾白牆邊走出一個藏紅色的身影，偶爾三兩個山下村裡的老人，給僧人送來些糌粑……

　　接到寺院裡的水管結冰了。一大早，三個小喇嘛到山腳下挑水，水井就在我的屋子旁邊。誰說三個和尚沒水喝，這三個小喇嘛一人肩上一副扁

Coming to TIBET

擔，整個早上一直來回上山下山，挑回的水可是一個康參裡老老少少幾十號人吃的用的。只是那個小胖喇嘛實在是累著了，脹紅了臉呼哧呼哧喘著粗氣，拉在前面兩個小瘦喇嘛後面老遠，身子左右晃得厲害，水桶裡的水沒走幾步已經晃出一半去了。

這三個小喇嘛應該是離我最近的「扎雅康參」的。「康參」是什麼呢？就是寺院裡所有喇嘛們所屬的各個分部。比如「扎雅」和「多克」康參，是本地出家人的康參，如果本地人要來這個寺院出家，就可以進這兩個康參。松贊林寺一共有8大康參，比如尼西的絨巴（「尼西」的藏語）康參、小中甸的羊多康參、全是納西喇嘛的卓（「納西族」的藏語）康參……而最小的一個是鄉城康參，別的康參都一百多人，它這兒呢，不知是不是因爲路途遙遠，只有兩個老喇嘛守著一間破舊小房子，可卻總是繁花似錦、悠然恬靜，是所有康參裡我的最愛。

松贊林寺早就是這個地方的著名旅遊景點了，旅遊季節裡每天都有很多旅行社的大客車載來很多觀光客，當然也有不少背包客慕名而來。如果你老老實實從大門進去，得花10塊錢買門票，比起其他風景名勝來說實在不貴，可想想，整個一座山都是這個寺院，也沒圍牆，喇嘛回家基本都不走大門，隨便往山上

走走就進去了。倒不是鼓勵你不買門票，算
是你給的功德也是好的。喇嘛們倒是總在跟
政府提，寺院不該賣門票，想來是不願自己
修行學習的地方，信徒們敬仰朝拜的地方，
沾上太多銅臭味吧。

到了冬天，冰天雪地，旅遊的人很少，
零零星星的，寺院回到了本來的樣子，清清
淨淨的。喇嘛念經，老百姓朝拜。特別是春
節前後（不管農曆還是藏曆），每天都能見
到無數信徒，圍著寺院的山腳，一圈一圈，
邊念經邊磕長頭，磕得五體投地，磕得灰頭
土臉，磕得虔誠堅定。

格魯派應該是藏傳佛教裡戒規
最嚴的一派，比如不殺生、不妄
語、不近女色……另外還有比其他
派別多出的258條戒
律。不過我看我
身邊的這些喇
嘛過得可真是
悠閒自在：可
以吃肉，可以
進城閒逛，可以
做點小生意或者大生
意，而且全部配帶手機，
雖然仍必須光頭光膀子，披上紅
色僧袍。也還是有清淨修習的，目光
澄靜，行為安詳，那一眼就能看出來，身上
是會放出乾淨的光芒的。其他的烏合之眾，
也一眼就能看出來，像穿了袈裟的小混混的

整個冬天，寺院周圍磕長頭
和轉圈的人群從沒斷過，這
些姑娘已經一點點匍匐朝拜
了一天，身上的塵土被風刮
走又再蓋上一層。

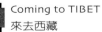

人也比比皆是。

前些天，松贊林寺出事了。看上去真是個大事，所有喇嘛不念經了，天天早上坐7點的頭一班3路車，全到城裡去了。也看不懂去幹什麼，只知道寺裡空了，而整個縣城馬路上到處紅紅的一團又一團，全是喇嘛。

後來喇嘛來我住的院子裡了，政府的人也來了。天天座談，開會——一打聽才知道，是一個老喇嘛自己離開了寺院，被所在的康參除去了僧籍，他後來又想回來，天天上告政府，希望政府能幫他恢復喇嘛身份，可寺裡不同意，如此這般，產生了問題。

時髦老喇嘛，剛從海外歸來。

問題解決得怎麼樣，不清楚，總之是把寺廟裡本來該有的事兒全給耽誤了。喇嘛們連藏曆11月27的格多節都沒過，我也就沒看到精彩的面具舞和跳神。聽說政府來的這些人叫什麼「松贊林寺工作組」，不僅要辦剛才說的這些事，還要研究把面前的這塊草地再變回湖去。喇嘛的事我不懂，可真要把草原變成湖？那未免太興師動眾、逆天行事了。水流走了就讓它走吧，如果這兒留不住水，搬了水過來，總有一天還是會流走的。要真是哪天早上起床往窗子外面一看，草地沒了，山谷裡一片水汪汪的，還真會覺得飄盪著不踏實呢。

25

我的村莊

　　草原肯定是讓人最踏實的一種地方，又寬又大又自由，什麼東西都裝得下，可又比同樣又寬又大的沙漠更豐富更有生機更熱情和親切，比大海更安穩更坦誠更一目了然。在草原上什麼都可以，比如可以騎馬飛奔，可以躺一天看雲看太陽，還可以種菜養牛蓋房子……

　　這個山谷裡的草原上有兩個村子，一個叫從古隆，一個叫克納，分別在松贊林寺的兩邊。

　　從古隆的村民，據說是當年從很遠的地方朝佛到了這裡，因為家境不好，沒路費回去，就留下來幫寺院掃雪、送水，做了寺院的長工。

　　克納村裡的人，據說從前全是做買賣的。很多年前，有很多西藏、青海、四川的商人到松贊林寺拜神做生意，有的留了下來繼續做生意，漸漸成了個大集市，再接著繁衍生息。克納的藏語意思是：「城堡下」，從前也叫「小街子」，是整個地方的首要門戶和通商口岸。不過現在進城的路早改到別的地方了，克納村也不再是集市，成了一個山谷環繞中的幽靜村落。

　　我就住在克納村。

　　總是有人問我：「住在哪兒啊？」，我說：「松贊林寺」，所有的人都吃驚了：「松贊林寺沒有尼姑，你怎麼會住在廟裡？來，看看，頭髮是不是假的？……」

　　我就住在寺廟的白塔下，僧人的禪房旁，水井邊，一座白色的大藏房裡。主人還給這個房子起了個好名字：松贊綠穀。它極其美麗，極其精緻，根本就是一座極華麗，只有貴族藏人才能住的房子。主人無私地把自己家的房子改成了酒店——一個我見過的最美的純藏式酒店，我住在這兒，我也希望所有懂得美好，希望找到美好的人都能住在這兒。

　　主人叫白瑪，那天我偶然路過，滿園的鮮花讓我忍不住走了進去。白瑪正在院子裡喝茶，目光寧靜，神情安然。請我坐下，坐下喝茶。5分鐘以後，他決定收留我這個「流浪漢」。幫我從「借宿」的一間老空屋子裡搬到了這個山谷，在他的家，這個三星級的酒店裡，給了我一個有浴室的

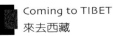

漂亮屋子和一張床——是一張床，而不再是睡袋或者地板——而那是一張多麼柔軟，多麼溫暖的床啊。

好幾個月前，天還冷，白瑪灑了很多種子在土裡，夏天之前，它們都開了，開得那麼超乎想像。

　　依窗望著外面靜靜的山谷，心想自己怎麼會有這麼大的福氣——你看大自然把所有的美好全擺在我面前，只需要打開心和眼睛就能源源不斷地得到它的恩寵；怎麼會不斷遇到無私幫助我的人，給我這麼大的幸福……好多感激湧出來，同時覺得踏實，覺得安全，覺得自己真的可以停一停了，在這個地方住下來。

　　我真的住了下來……

　　每天太陽都來，只要一露出東邊的草坡，就會來到我的窗前，就會把

山谷裡積了一夜的寒冷，全都化開。接著整整一天都不離開，整整一天，村莊都是金色燦爛的，所有的大藏房上，所有的青稞架上，所有人的臉上，所有動物的身體上，全是溫暖的陽光。

村子裡的人們，像所有藏族村子裡的人一樣，每天勞動，每天在陽光下曬黑皮膚，撒下汗水。

旺堆、阿扎和孫諾在砍木頭。一大早就開始，把大木頭劈成能放進火爐裡燒的小木頭。旺堆那麼喜歡唱歌，一斧頭一個「哦啦」，幾斧頭一段藏歌，他一唱阿扎就跟著唱，幾百米外幹活的小伙子們也一塊兒唱，大家一塊兒使勁，一塊兒快活，一塊兒驕傲地運動結實的身體。

旺堆肯定不知道，他其實給我帶來了不少快樂——他是個20歲的藏族小伙子，愛唱歌，愛唱極了。什麼歌都唱，有的時候亂來，聲音扭來拐去，男扮女聲之類，還特別大聲，好遠都能聽見，總是逗得我忽然笑起來。他還什麼歌都愛唱，唱我愛極了的藏歌，還唱我挺愛聽的一些流行歌，比如陳昇、許巍什麼的。有一天，一大早，我正有些階段性臨時憂傷，躺在床上好像還剛做了個更加憂傷的夢，嚇得睜了眼，外面的天氣，看不大清。不過，旺堆來了，就好了。他在樓下走過，大聲唱著：「在——陽光溫暖的——春天……」，我一個翻身下床，站到陽臺上，被好太陽照著，頓時愉快得不得了，什麼莫名其妙的壞感覺都沒了……這天早上的事我跟誰也沒說過，旺堆也不知道，因為這實在不算什麼大事。

孫諾也是個可愛的人，他曾經是多麼優秀的國家公務員，在多麼好的單位多麼輕鬆地拿多麼豐厚的薪資，可有一天突然不想繼續了，說自己身子裡那麼多好力氣，全在辦公室裡坐著浪費了，他要回家種田。他真的回來了，現在正安靜地像個真正的農民一樣劈柴，表情愉快而滿足。

還有勤勞美麗的女人們，她們的頭上都扎著耀眼的玫瑰紅頭巾。如果什麼都難發現，也不會看不見這些鮮豔的女人，正埋頭在綠色或者依然黃著的草原上，挖地、施肥、收青稞，或者正背著背簍，帶著她們的小女兒四處尋找下一個牛屎餅。

香格里拉的女人們頭纏紅頭巾，腰繫藍圍裙，從小到老。冬天不做農活，三五成群，坐在村口聊天曬太陽。

在草原上，大家都是幸福的。

馬媽媽帶著小馬每天都在玩耍，有的時候親昵地走走停停，有的時候小馬跟著媽媽歡快地踢著蹄子跑起來；黑色的豬一家懶洋洋地繼續找吃的，黑小豬能像狗那樣矯健地跑，如果狗真來了，黑小豬會害怕、擔心、躲閃、不敢再動；狗們只是逗逗黑小豬，開心一下，很快繼續往前跑，找別的好玩的事情玩去了，比如滿草原地追鴨子，追得四面八方的鴨子驚慌失措，四散飛起；還有羊一家，緩緩的，一串串的，唯一白色的一家；還有牛一家，總是全家集體發呆，集體往一個方向站住，什麼也不幹，也不吃也不說話，睜著眼也沒睡覺，像是被這好太陽曬得美暈了……

還有鳥群。

冬天，它們來得最多。

鴨子和大雁們以為，湖泊還是從前的湖泊。它們聽了上一輩的上一輩的老祖宗說：那裡有湖泊，那裡水草豐美，去那兒過冬吧。於是一年又一年，一輩又一輩地飛來，老早就發現湖泊不見了，可有些事情也早就習慣了——就在這兒吧，如果這是個美麗的地方，如果這是我們飛行的路線，如果這麼多年都這麼飛了……各種各樣的鴨子，換了一身和這個乾涸的湖泊一樣的雜草黃羽毛，在牛們羊們肚子底下搖晃著走路，吃小蟲，吃草根。你要是不小心路過的時候大聲了點兒，很容易驚起一灘鴨子。

還有一些鳥，永遠看不清它們的模樣。那麼細小，永遠成群地在空中飛舞，唧唧喳喳的無數小聲音混成一片。總是一陣陣的，像被風吹到天上的一大堆落葉，在太陽的前面飛成一團瘋狂的黑影。

正是有這些細小的鳥兒的影子在，才能顯出旁邊大鳥的無比巨大。越是巨大的鳥越不容易聚成一團飛行，總是孤單的，也總是因為孤單而極度驕傲和狂野。比如禿鷲，比如比禿鷲更加孤獨英武的鷹。

鷹和禿鷲不是因為湖泊而來的，但只要他們一到，在一年的大部分時候占據寺廟所有屋頂的烏鴉群就幾乎不見蹤影，把天上所有的權利交給了他們。

鷹總是行蹤不定，最自由灑脫，不知什麼時候就會越過雪山頂，飛過來，也隨時都可能瞬間消失在天上，高得無法看見的地方。

不知道禿鷲為什麼來，但下雪之前，它們肯定會集體趕到。幾十隻幾十隻在我頭頂，在喇嘛廟和整個山谷上空盤旋，不用扇動翅膀，像是根本沒飛，只是在和風玩各種滑翔遊戲。有的時候忽然從天空中消失，停在草坡上，幾個幾個一塊兒用雙腳跳躍，像是一種奇怪的舞蹈，然後再集體開始爬到更高的山坡，開始下一輪的滑翔和翻飛。有的時候，忽然從身邊的荒草叢裡起飛，巨大的翅膀就在你眼睛前面撲打，被震動的空氣湧到臉上。你能把它看得那麼清楚，不再是天空高處滑翔的影子，而是一隻羽毛豐滿、眼光矍鑠的大鳥，巨大無比⋯⋯

冬天快過去的時候，雪很難再下下來，草地上開始冒出綠色的小芽。大鳥們到了離開的時候，不知又飛去了哪個遠方，不知道哪裡的天空裡又會出現它們巨大自由的影子。成群的烏鴉又是從什麼地方飛了回來，重新落滿青稞架和寺院的屋頂。

而所有的這些生活和行動，都那麼安靜。

安靜的人和動物，安靜地種地，安靜地吃草、飛行。越是偏僻開闊的地方，越是寧靜遙遠的地方，越沒有高聲喧嘩。不像城市，越是嘈雜擁擠越是有無數人拼命地大聲，再大聲。所有的鄉親們都明白，這塊土地這片天，本來就是安靜的，在這兒生活，就要像一棵樹一樣，靜靜地站在那兒，一站好多年過去，只是偶爾被風吹動枝頭，響起來，只是覺得快樂了，唱起來。

你聽，有兩個人在遠處的田野裡說話；大家又齊心合力，在東邊給誰家的新房子豎起了一根大柱子，正在歡呼；一群鳥拍打翅膀從地裡起飛；還有一隻狗發現了一隻逃進洞去的兔子，興奮地呼喚伙伴；風呼嘯了一陣，吹得山頂的經幡嘩嘩響，吹動了喇

嘛寺頂上的風鈴，叮鈴叮鈴，喇嘛們在集體念經，敲打銅鈴……聽，白塔聽見了，草原聽見了，金頂下面的小活佛聽見了，整個山谷都聽見了。

　　還有旁邊學校的小孩，多幸福，能在草地上上語文課，老師正叫他們朗讀課文，小山腳下，好多個孩子，一塊兒開始像唱歌一樣讀起書來……

　　還有風，它們在哪裡，到底長什麼樣子，用什麼聲音說話？你看雲被一絲絲吹開，又高又厚的雲朵山的山尖忽然沒了一半，是風過的痕跡，它現在正在經過一棵大樹，從每一片樹葉中間鑽過，好幾千綠樹葉嘩啦啦上下翻飛，樹幹被吹到旁邊另一棵樹幹上，間或吱嘎扭動、碰觸。

《讓我們看風去》

就在窗子外邊
它忽然靠近你
又遠離
歡樂地跳躍了一夜
還有下蹲，舞蹈，喘氣和衝刺
清晨快來了
你說你聽見了風
它響了一夜

一排向北的風
從紫金山出發
橫向跨過瀾滄江
橫向改變了
水流的方向

經過青海湖
和一排向南的風相遇
它們在一個小山坡上
擁抱
之後繼續各自趕路
它們走後
小山坡上的野草
不知去向

來到海邊
已是5千7百裡以後
身子仍然很乾淨
一滴泥土都沒有
仍然能輕鬆一躍
騰空
就又是風

從寺院的大殿頂上看過去，村莊就在那兒，和大經筒一樣安詳。

這個山谷，就是現在我眼前的所有世界：自足飽滿，生機盎然。生命每一秒都在繼續，不曾停歇，沒有任何一個小細節願意倦怠不前。

在哪裡都能活得富足愉快，只要你願意。

3路車和菜市場 Bus No. 3 & the food market

　　3路車，前些天全部換成了翠綠色的新車，現在從我的窗口往外看，很容易就能發現這些綠色的圓滾滾的小中巴車，像演木偶戲一樣，晃晃悠悠地爬過對面的小山頭，從城裡開到我的山谷。

春天來了，尼姑喇嘛都漂漂亮亮的上街了。

　　香格里拉縣城總共有4路公交車，分別是1路、2路、3路和今年增開的5路。票價成人一塊，少年以下5毛，下車交錢，可隨叫隨下，隨招手隨上。1路負責縣城裡最大的馬路：長征路的客運，也是唯一可以到達新建的長途汽車站的一趟。

　　2路車行蹤最爲不定，總覺得它們根本就是個游擊小隊，總會突然出現在不該出現的位置，基本上穿梭在各種人群密集的地方。

　　5路開去那帕海和機場方向。3路，從城南邊的中心鎮老城開始，由南向北，穿過縣城中心的樓房聚集區，開進草原，開進村莊，直到城外山腳下松贊林寺門口。

　　3路車之前可不是這樣。四路公交車裡，就數它最破最髒，別的車老早就換成了無人售票的新型中巴，它還停留在「椅背飛出棉花，車廂垃圾遍地，門靠司機手動開關」的髒、亂、差階段。

　　不過像這麼開汽車門的辦法我還是第一次見：一根粗橡皮筋，一頭拴

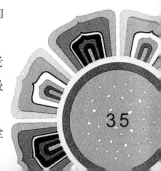

35

賭博攤、算命攤
和時下流行的1元
自助商店。

在排檔杆旁邊，一頭拴在車門
上。仔細一看，又一次不得不佩
服勞動人民閃光的智慧：這居然
還是個「機會性自動裝置」——
車門在新的時候，肯定也是自動
門，不過整個香格里拉3路車車
門的自動控制系統集體壞了，大
伙一塊兒想出了這個辦法。

　　注意，一定是一根粗的橡皮
筋，因為要有一定彈性，長度控
制在：不加力拉的情況下，比從
排檔杆到車門的實際距離短一
點，使兩頭拴上之後，有一個似
緊又鬆的力，加在車門「開」的
方向。而這個橡皮筋裝置其實是
給「自動裝置」失靈的情況準備
的應急措施。

「自動裝置」的工作情況是絕對天成的，就是利用汽車啓動加速的力關門，用停車減速的力開門。但要求司機起步、停車都要比較突然才能奏效。

隨時會出狀況，比如，突然有一頭犏牛橫穿馬路，一個急煞車，車門開了，可是並沒人要上下車，這時候，橡皮筋起作用了，司機使勁一拉皮筋，一個反彈，車門關上了。或者停車技術太好，緩慢而溫柔，到站了，車門沒彈開，司機又一拉皮筋，車門開了。

挺妙的。一直覺得這是這小城幽默的小景致，可惜現在再也沒得見了。新的翠綠3路車有靈活好用的自動門，除非這些門再都壞了。

我好像只坐過3路車吧！因為只有它能把我從這個山谷運到城裡。城裡沒什麼別的好東西，就是三個菜市場極其可愛。對我這種有「菜市場迷戀症」的傢伙，就算再貧乏的地方，只要有菜市場，就會讓我不至對彼地失去興趣。而我又是個容易嘴饞的人，3路車也就自然變得可愛之極，完全是一輛通往美食的幸福快車。

姑娘和婆婆從小中甸來，坐3路車到寺裡燒香，婆婆使勁看我，最後終於忍不住問我：妳是不是漢人？

可愛爺爺在路邊賣他的可愛小狗，小狗一直希望用鼻子探索我的鏡頭，爺爺一直含笑望著它們倆，眼裡全是喜愛。

37

每個地方，不管大小，都會有一兩樣叫我時常惦記的小食物。它們一般都非常便宜也很容易找到，如路邊小攤或是老舊的居民區菜市，價錢大都在1塊到2塊錢左右，分量卻足得讓人吃起來於心不忍。在成都有冒菜，在昆明有豆花米線，連北京都有煎餅果子這樣的東西。這個小縣城裡，也有一樣東西讓我幾天不吃就心癢癢，它的名字是：雞豆涼粉。

　　兩年前的春天，第二次來這兒，香格里拉還叫中甸。有比較長和閑的時間呆著，開始對它進行全面探索。首先關心的是菜市場的方位，很快探得共有3個主要市場：最大的是編號3的市場，在和長征路並排的第二大馬路，和平路，往北到頭，叫「金橋」，旁邊有一個「金橋購物中心」，不知道它倆誰得名於誰，還是這個地方曾經有一座「金橋」？三個市場的另外兩個都在長征路上。1市場地段黃金，周圍是各大超市和老的長途汽車站（現在已棄置不用），各種旅遊用品商店和「工商」、「移動」、州政府之類的門面齊齊彙攏。一般最容易湧進初來乍到的遊客，裡面的攤主們也比其他市場精明，早學會了見人喊價，不過，價錢總是有商量的，他們也絕沒有丟掉樸實本分老傳統，所以喊價浮動上下不超過一塊錢。2市場在長征路的北端，離繁華地段遙遠了點，卻離我最近，幾乎從不會出現任何遊客的身影，是三個市場裡最本土的一個，也是我最熱愛的一個。

　　熱愛2市場的最大理由無比簡單：裡面有一位笑眯眯的大姐，守著一個小攤，賣著整個縣城最合我口味的雞豆涼粉。

　　初見大姐也是在兩年前的那次「菜市場探索」中。那時候，我住在城最南邊的一個小旅社，探索路線自然是由南向北，地毯式搜索。在走到大姐的涼粉攤之前，已經分別在1，3號菜場吃了四川人賣的一碗酸辣粉和一位老婆婆烤的蕎麥粑粑。肚子已經絕頂富足了，好奇心嘛，是很難全部填飽的。

　　長方形的2市場從中間對半分成兩個區：賣菜區和餐飲區，餐飲區又分熱食和冷食區，熱食區又分煮區、烤區和煎區。煮區裡縱著排了十來排桌子，每排桌子都是單獨的一家吃處，老闆在當頭守著爐灶爭相招呼客人，清一色都賣2塊錢能撐死人的巨大無比的酸菜肉末米線。也各有各的特色菜，比如中間兩家賣酥油茶，最裡頭那家有油條和包子。烤區其實就

兩三個攤位，是白族人賣的香氣四溢的烤豬肉和豬皮，雖然香煞人也，但因為我早已戒了肉類，所以只是聞著肉香過過癮，從來沒光顧過。而煎區裡呢，全部是「雞豆涼粉」。

「雞豆涼粉」是什麼東西呢，就是雞豆做的雞粉。雞豆是個逗人的名字，望文生意：雞做的豆子？雞生的豆子？像雞的豆子？不是不是，其實雞豆看上去就像稍微小而扁一點的黃豆，這邊的人常常用它煮湯和炒魔芋、酸菜，我見過的雞豆都是一盆盆泡在水裡的，而且全都已經變成了冒出小芽的「雞豆芽」。雞豆其實在雲南西北的好些地方都有，比如麗江、怒江，那些地方的人也用它做涼粉，我也都嚐過，但似乎都沒「笑眯眯大姐」的好吃。

再說煎區，為什麼要叫它「煎區」呢？不就是「雞豆涼粉」嗎？和煎有什麼關係呢？原因出在這種涼粉的吃法。涼粉絕對是規規矩矩的涼粉，製作方法和綠豆涼粉、米涼粉一模一樣。不僅吃「涼粉」，還吃「涼粉皮」（做涼粉時最表面質感稍結實的薄薄一層），「涼粉鍋巴」（做壞了的，打結的，不均勻凝固的涼粉）。涼著吃，也可以加熱，這不新鮮，煮煮就熱了，四川的米涼粉就是這麼吃的。可「雞豆涼粉」不煮，而正好是用煎。

把涼粉割成巴掌那麼大的薄片，放在一塊下面烘著碳火的大圓鐵板上，像「韓國鐵板燒」那麼煎，把兩面都煎得焦黃焦黃的，熱的「雞豆涼粉」就能吃了。這還與口味和氣溫有關，有的人愛吃不那麼焦黃的，有的人愛吃徹底糊了的。這個地方的氣溫常年都比麗江低5至6度，「雞豆涼粉」也差不多比那些地方的煎得老5至6成——有可能，這就是我為什麼沒在別的地方愛上這個東西的原因。

再說「笑眯眯大姐」的涼粉攤，就在煎區的第一家，照我平常的習慣，會在坐下之前先逛一逛，看哪位老闆喜歡就聽誰的招呼。可剛走到大姐面前，只聽她一聲輕柔的「涼——粉」，回頭再看見一位笑眯眯還隱約有一絲羞怯的柔美女人，哪兒還用再去看什麼別的，坐下嘍。

事實證明，舒服的人做什麼都是舒服的——大姐依然用極輕柔的聲音問我：吃熱的還是涼的？熱的（煎的涼粉比涼拌的涼粉新鮮。），接著問：熟一點的還是生一點的？又黃又老的（香嘛。），於是看她利落地從

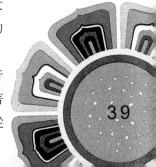

39

煎著的一堆涼粉裡，挑出符合我要求的，堆了滿滿一碗，簡直都搖搖欲墜
了。又接著問，吃辣一點還是不辣一點？辣，很辣……最後，一碗加上各
種諸如酥黃豆、香菜、花生末之類十餘種佐料之後，高出碗邊6、7公分的
「雞豆涼粉」送到了手裡。

　　開始的幾秒鐘完全無從下手，好容易一塊沒灑地吃到一半。因為開始
無法攪拌，我過早以不成比例的方式消耗了過多的佐料，而讓剩下的半碗
似乎略嫌寡淡。

　　大姐早在我埋頭認真作業的時候觀察到了這一點，趁我停下喘氣，又
往我碗裡把各樣佐料都放了一遍，邊放邊說：「不夠可以自己加」……吃
最後幾口的時候，肚子已經滿載到了極限，開始隱隱作痛。但且不說這涼
粉的確非常可口，就衝這麼個溫柔大姐一直笑眯眯地望著我，也要把它吃
的一點不剩。最後，我成功交出了一個乾淨的空碗，問大姐多少錢，她回
答：「一塊錢」。又問了一遍，還是輕輕緩緩的
一聲：「一塊錢」。差點感動得掉了眼淚，
還沒等她說：「下次再來」，我已經決定

把它作爲今後在香格里拉的第一食品。

　　之後的日子，只要我在香格里拉縣城，總是兩三天一次專門坐3路車去吃大姐的涼粉，也似乎沒有比這更重要的進城理由了。自從第一次之後，大姐總會給我又黃又焦還放很多辣椒的一大碗，幾乎每次都超過我一頓飯的容量。我常說：「少放一點，吃不完」，她從來就只眯眯笑，一次也沒少放過。

　　每次要離開之前，總不知道什麼時候能回來，還會不會回來，也總會像最後留念似地背著大背包去大姐那兒吃一次。大姐總是輕輕說：「要出去啊？」，別的再不多問。而要是我回來了，惦記的第一件事也肯定是去吃上一碗，她也只輕輕說：「回來啦」。大姐言語不多，後來開始聊天也總是我問她問題，比如生意好不好，家裡好不好之類，她也總是滿足地笑著說：「挺好，挺好」。說自己是白族，不是本地人，丈夫也在這兒，沒工作，在家用每天做涼粉磨剩下的豆渣餵了兩頭豬，兩個小孩都在老家，挺想他們⋯⋯不知道她心裡會不會也疑問過，這個小姑娘一天到晚在這兒呆著幹嘛，但從沒問過我，或許她壓根就覺得這一點都不重要。

　　一直奇怪，這兩年來，自己怎麼總是莫名其妙地又回到這個地方，說不定就是捨不得「笑眯眯大姐」的一碗「雞豆涼粉」。其實大姐也捨不得我。這次又要離開的前一天，我邊吃涼粉邊猶豫要不要告訴她自己明天就走，這次是眞不知道什麼時候再回來了。把吃光的空碗交給大姐的時候，還是說了，她居然很吃驚張大了嘴半天沒說出話來，使勁問還回不回來，我只能迎頭跟著使勁答：「要回來，很快就回來」，雖然自己一點把握都沒有，可要不這麼說，大姐的臉上會露出傷感的，我不願看見她難過。

　　吃完涼粉坐3路車回去，如果開始出城往松贊林寺去，如果沒有喇嘛和我坐一趟車回家，那麼，很可能我會被司機在中途的草原上放下，不收錢，讓我等下一輛車，自己調頭回去載更多的客人。不過這沒關係，我總是挺高興的下車，然後在草原上走一段路，進村子，到寺院，再進村子，做一段風景迷人的「小徒步」。

　　3路車不僅新了，還基本被四川司機霸占了。這倒不奇怪，誰都知道

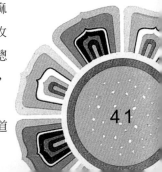

41

遍地都是四川人，所幸剩下的唯一兩個藏族司機仍保持了跟四川人截然不同爽朗風格。四川人開的車，一個人當司機，肯定有一個或一幫朋友陪在旁邊，說是幫忙收錢，實際上一趟又一趟坐著車大聲「擺龍門陣」，車走得拖拖拉拉，恨不得就埃在原地，等人塞得多一個都進不來了再開。兩個藏族司機就不，從來自己開車自己收錢，速度是關鍵，大聲放點藏歌聽著是關鍵，票子嘛多點少點真不怎麼計較，常常空著車痛快地呼嘯而過，任你朝他揮酸了手臂也全然不見。

這個地方的交警只出現在最大的那條馬路上，就5、6個路口好站崗，馬路上除了車和人，還有其他東西，比如一個牛隊伍，一頭大黑母豬和屁股後面跟著的一串黑小豬。他們全部悠閒自得，步伐緩慢舒適地過馬路，有時候還會被喇叭聲驚嚇了，跑一跑；牛是絕對「牛」的，從不慌張，從不會給車讓路，公路嘛，自己家的，跟草原是一回事，才不管已經有多少車候著它呢，一個個慢慢走，時不時還扭頭瞅一眼拿牠們半點辦法也沒有的車裡的人們。

往外面呢，交通四通八達。大方向

年輕媽媽放下她的孩子，專心吃一碗酸菜肉末米線。

上，往南去麗江大理昆明，往西北走滇藏線去德欽再到鹽井芒康，往東北去鄉城稻城或者到攀枝花進四川……當然，路還通向或經過各種小地方，像身體上的血管一樣，枝枝節節，由大到小，四散伸展。

吃東西，除了菜市場，肯定有別的正經點兒的去處。藏族人是不怎麼講究吃的，要說特色風味，那可能就是酥油茶、犛牛肉什麼的，其他的館子哪裡來的都有。

簡單推薦一下便宜又好吃的地方，從北往南：紅旗路是這兒的「好吃一條街」，一條爛七八糟的土路上全是館子，去那兒吃魚不錯，聽說都是從碩都湖弄來的「高原冷水魚」；紅旗路南邊的那條街上，有好幾家「農家菜」，能吃到傈僳族、納西族的飯菜，什麼包穀砂飯啦，什麼瓜瓜洋芋（南瓜煮土豆）啦，什麼百合包肉、涼拌樹花啦……；再往南，州醫院斜對面，有家「高原犛牛館」，裡面成天堆著無數宰殺下來的牛頭，有的血淋淋皮毛眼珠都在，有的已成白骨，木頭地板踩上去總粘乎乎的，像是敷了不知多少年的血和牛油，夠刺激的。

你可以在這兒吃到牛身上所有能吃的部分，也可以要一碗牛肉米線；再往南，烈士陵園對面，「山東餃子」，一家山東人和一條小賴皮狗，餃子絕對大個，絕對實在，還可以定做正宗的韭菜盒子；基本上已經往南到頭了，附近有幾家咖啡店，「雅克咖啡」有做得挺道地的韓國菜，「駱駝咖啡」的西餐中餐味道普遍不錯，薑茶很好，「西藏咖啡」有簡單的藏餐；再往南就進古城了，四面八方來的外地人正成雙成對地在古城裡租老房子，裝修改建，估計會有10來家餐廳、新式旅館也陸續喜氣洋洋地正式開張；吃喝的地方嘛，「小菜」的小菜，「紫外線」的珍珠奶茶，另外像小蕭、mina的「夏居索達」（旅館），安靜兩口子的「牛棚」（酒吧）也都有小酒小吃提供……

西餐方面，聽說古城裡即將會有什麼法式大餐，沒嚐過，不過在香格里拉開了三年西餐廳，今年剛加入「松贊綠穀酒店」的奧地利男孩安迪和德國女孩卡提亞，應該能在松贊林寺腳下那個美麗寧靜的好地方，為你提供全城最純正的西餐和最好的咖啡。

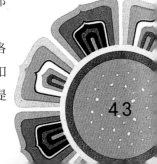

喇嘛 Lama

所有人都叫他們「喇嘛」，所有稍微聽說過一點兒關於藏傳佛教事情的人，都知道這在說什麼。

可這是個錯誤，連好多「喇嘛」自己都弄不清楚。

喇嘛們其實不叫「喇嘛」，他們正確的名字應該是：「gusuola」古索納，藏語裡對所有出家人的尊稱。說起來名字不過是個名字，隨便給什麼人取個什麼名字其實也是沒什麼關係的，問題是「喇嘛」明明有別的特別確切的意思。

「喇嘛」，藏語意思是：「上師」。上師是什麼呢？是出家人裡德行學問高超的修行者。不是所有的喇嘛都是上師，基本上只有非常少的古索納能成爲「上師」，甚至不是所有「活佛」都能成爲上師，關鍵要看水準夠不夠傑出。

「活佛」，藏語裡叫「zhuiguo」，椎果，意思是「化身、影子」。顧名思義，是老早之前的某位佛祖高人在今天這時候的再生（再現），和其他出家人絕對不一樣，可不是每個被天上的旨意確定爲活佛的小孩，之後都能成爲修行傑出的人，都能成爲「喇嘛」（上師）。我就見過好些個轉世活佛當了幾年活佛，受不了清寂或者有其他種種原因，不願住在寺院裡，不願每天念經每天被人伺候，下山回家當老百姓，喝酒娛樂，結婚生孩子去了。

還有一個常聽見的稱呼：仁波切。仁波切可能是「喇嘛」，可能是「椎果」，所有人們覺得值得被稱爲出家人的都可以得到這個稱號，它的意思是：「人中之寶」。同樣可以顧名思義，同樣是少量和稀有的「寶貝」。

我們大家的錯誤就是，把死貓爛耗子和人中瑰寶混爲一談了，雖然所有的出家人經過修行，都有可能成爲眞正的「喇嘛」，但他們大部分人現在還不是，也不是那麼容易就能是的。所以，最好和漢地裡的規矩一樣，叫所有出家人爲「和尚」，或者就叫他們「古索納」。

架裟的紅有一種絕對的美感，似乎是出家人淡泊寧靜之外厚重的絢麗。

Note 2

牛屎餅　The cow-dung cake

　　我們讚美牛：吃進去的是草，擠出來的是奶。它們的確值得讚美，不光用草變出了奶，連唯一（除了呼出的牛氣）排出體外的糞便都竭盡其能做著貢獻。

　　牛總是在吃草，一輩子只吃過草。這樣的動物乾淨得要命，連排出的糞便都那麼乾淨——沒辦法消化乾淨的粗大草根和著喝進去的河水，出來，落在草地上，攤成一灘，河水被太陽蒸發掉，這一灘草根成了我要說的「牛屎餅」。

　　在幾乎所有的藏區，特別是牧區，和所有有牛的地方，牛屎餅是家裡重要的燃料。

　　每天早晨，媽媽帶著小姑娘，或者小姑娘自己背著背兜，手裡拿一個竹編的、像漏勺一樣的東西，在草地上埋頭走，找到一個牛屎餅，用「漏勺」挖起來，利落地往背後一拋，裝進背兜。有的時候下雨，牛屎餅被澆濕了，拿回家不能馬上燒，還要在火塘附近的牆壁上貼成一排又一排，烘乾，再扔進火塘，讓它們劇烈地開始燃燒。

45

菜市場迷戀症
Infatuated with the food market

　　一個人走，總不喜歡進館子點菜吃飯，這麼些年，只要是一個人在路上，正經的館子一次都沒進過。一來覺得自己實在不必為吃頓飯費那麼大工夫，何況形單影隻地坐一張大桌子吃幾個菜，總覺得空盪，本來不覺得孤單也給顯成了孤單。而最關鍵的是，我對吃有另外的興趣，可不光是填飽肚子。

　　吃東西對於我，完全就是一次又一次的探險和發現。特別是

菜市的吃東西區，左邊是「煮區」，右邊是「煎區」。

每到一個陌生的地方，總會出現你從沒見過的食物，去嚐一嚐它們是什麼味道，是我大部分吃東西的動機。

這是有風險的，因為你很難知道那些看上去稀奇的東西能不能合自己的胃口，很有可能會為這種探索付出難以下嚥的代價。不過，我仍然樂此不疲，說不定就能一嚐嚐出讓人終生難忘的美味。

「菜市場迷戀症」正是源於這種對吃的別樣興致，而另一點之所以得「菜市場迷戀症」而不是「飯館迷戀症」的原因是：不管是大還是小的地方，菜市場裡賣的食物是最便宜也最日常的──想在最快的時間，花最少的錢，吃到最本土的東西，菜市場絕對是最好的選擇。

愛上菜市場還有另外一個原因──我對一個地方的人和他們的生活的興趣遠比對自然景觀的興趣大得多，要是街道、建築、衣著什麼的都越來越大同小異（特別是在開始發展和已經發展的鄉鎮級以上地方），要是語言無法聽懂，要是只能呆上兩天……那要上哪兒去看人們的生活？上菜場像一個當地人一樣逛逛，你會發現自己很快進入了一個日常生活場景，這裡有各種當地的土產、瓜果蔬菜、勞動工具、鍋碗瓢盆……在你旁邊有人正用方言討價還價，你能輕鬆看到大部分你想知道的事情：像物產，人們的生活習慣，語言習慣，甚至性格特質……不知不覺，自己已經成了這個生活裡的一部分，如果你願意的話。

Note 4
價錢總是有商量的 Can always bargain

討價還價，買賣之道，要講技巧，還要有配套裝備。

外形很重要──一塊錢一斤的蘋果，如果你穿乾淨名牌外出服，手持數位相機，嘴裡一口大而張揚的廣東或者上海普通話的標準有錢遊客，那價錢大概是2塊；如果你的衣服不那麼光鮮，臉色略帶疲倦，操一口四川普通話，或者你是個年紀輕輕，眼神羞怯的學生模樣，那價錢在1.5塊左右；像我這樣的，皮膚比藏民還黑，腳蹬解放膠鞋的小妹子，就算我說一口標準普通話，也從沒被喊過高於1塊錢的價。

商量，商量嘛，態度也關鍵──鄉親們一般吃軟不吃硬，要是你趾高氣昂，不可一世，小心激怒了老闆，給你下套。親切一點，禮貌一點，像鄰居那樣和他們說話，好價錢更容易討到。

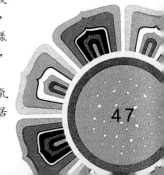

從新鮮蔬菜到乾果、調料，菜市場裡的供應可謂一應俱全。

香格里拉蔬菜瓜果食譜：

　　嫩核桃、蘋果——3塊一斤的嫩核桃，3市場裡最多。硬殼裡面的桃仁水分飽滿，剛從樹上落下來，撕掉仁外面的薄皮，再吃，脆的，甘甜的，一點不澀口。1塊一大網兜（4、5斤）的蘋果，其實正常的價錢是1塊一斤，不過因為蘋果樹都是自家種的，也沒什麼高超的科學方法，總有那麼些個頭小的，樣子難看的，沒人願意花正常價錢買，賣蘋果的就把它們集中起來，也不用秤了，大概一堆裝一網兜，就賣1塊錢。從夏天到秋天，我可以整天只吃這兩樣東西，便宜極了，還營養豐富（雖不全面均衡）。

　　蘑菇——各種各樣的，夏天每一場雨過後，山上樹林裡都會冒出無數，婦女們把它們一窩窩採下來，拿到市場上出售。松茸是最值錢的，不過直接從藏族婦女的背簍裡買要比它們運到日本之後便宜幾十倍，大概也就10多塊錢左右一斤（在日本是人民幣一斤幾千圓）。還有別的各種各樣更便宜的蘑菇，蘑菇嘛，自然是怎麼吃都好吃。到時候縣城裡所有的市場全是蘑菇，還有一個專門的院子叫「松茸市場」，也會在蘑菇從土裡鑽出來的時候，開始販賣運作，直到山上再也找不到蘑菇為止。

　　蒸紅薯和烤土豆（編按：也就是馬鈴薯，以下皆同。）——秋、冬天裡，3市場裡有一個小攤，不僅賣生的紅薯，還擺著一個小蜂窩煤爐，上面成天蒸著一鍋紅薯，論斤賣。這兒雨水不多，只要能長出來的果子都比別的地方甜，紅薯也是，它們不一定那麼紅，也沒那麼大個，大都黃白黃白細長條的，不過特別甜，而且就算冷了也可以當能填飽肚子的小零食吃。烤土豆在長征路上，隔幾十米就有一處，一個老媽媽，用一小盆碳火慢慢地烤，邊烤邊把土豆外面烤焦的皮颳掉，等熟了能賣給你的時候，外面沒有一點黑顏色的胡鍋巴，一個漂亮的外脆裡軟的土豆，5毛錢。

　　黃果——看上去像生了瘌子疙瘩的碰柑，酸甜程度看成熟程度，不過再怎麼都稍微有麻澀的滋味。可就是這麻澀才好，一來好些人都會對這類點滴

的刺激上癮，二來正是這麻澀讓它比碰柑、橘子多了一樣特別好的功用：清熱祛火，這樣的功用在乾燥的高原地區又是多麼重要。

　　還有石榴、拐子、橘子、松子⋯⋯基本都不是當地出產的品種，不過來得也不遠，大多就在附近幾十公里，下了山坡，進到河谷裡的潮濕溫熱地區長著，運來也就不過一個多鐘頭。

　　還有一個小秘訣：賣水果最便宜的地方不在菜市場，而是流動在城市大街小巷的「水果三輪車」，各種地方來的外地人批滿一車各式各樣的水果，慢慢賣，討點生活。由於沒有攤位費，價錢自然便宜，也因為沒交任何一種費，不僅位置不固定，還要隨時躲避雖也不怎麼嚴格的 「城市糾察」、「工商稅務」之類臨檢，所以遇見它們要嘛碰運氣，要嘛得一翻好找好追。

Note 5

遍地都是四川人
Sichuan natives everywhere

隨處可見四川司機駕駛的貨車。

　　四川，中國人口第一大省，地盤卻不是第一，小地方生出那麼多人來，裝不下了，往外疏散。四川，從前是絕對的農業大省，有很多農民，但現在在商品經濟化、自動化、經濟作物、房地產概念進來了，農民越來越不想種田，也沒那麼多地好種，又不能窮死，還想多掙些錢，那就到外面找出路。

　　看看大江南北的四川飯館，聽聽街頭巷尾吵嚷著的四川口音——四川人的聲音很大（這是好多中國人都有的特質），越大越顯不夠，還極愛說話，極愛當眾說話，滔滔不絕，恨不得周圍數公里外的人都能聽清楚他今天晚上要去吃魚而不是去洗澡。

　　四川人還愛拉幫結夥，到哪兒都一大隊人馬，怕極了一個人不出聲呆著、怕極了安靜孤單、隨時擔心要被背後忽然上來的敵人吞了；還髒、還不講禮貌、還膚淺、還惡俗、還把自己的臭毛病當寶劍，端著一路走南闖北見了就讓人皺眉頭，而且還到處可見——四川民工全國聞名。

　　可是，說良心話：要是沒有四川人，沒有四川民工，今天中國的大建設怎麼能這麼迅速？也不能修這麼多新房子新馬路！不會做菜的地方的人們也不能吃上再怎麼都不會難吃的川菜！要是沒有吃苦耐勞的他們，中國的現代化進程、人們的生活水平，可能還會低好幾個級別！

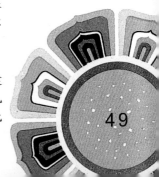

49

草原上 長出來的

Grown from the Grass

《哪裡的哪裡》

我在大陸的哪裡

海的哪邊

小小的一個人

站在這兒

這兒是哪裡

就要消失了

在某個地方

現在

開始

在草原上遇到一對參加賽馬的父子。

二郎山一過，世界開始愈來愈高，大地也展開胸懷。

　　常常這樣離開地面，開始飛去了很高的空中，看見一個孤單的小人，看見他一個人努力走路，正在艱難地爬一座雪山，或者在村口坐下喘氣。有的時候，小人很累，有

的時候，他在哭，一朵雲過來，停在小人頭頂的山坡，一隻小羊來到身旁，咩咩衝他叫了兩聲，一個趕羊的老奶奶給了小人一個蘋果……小人笑了，他覺得自己如此幸福。

繼續往上飛，離地面越來越遠，看見好多小小的人，或辛苦或快樂地在世界的各種角落生活，漸漸地，他們的臉開始模糊，城鎮村莊開始模糊，高山河流越來越遠……眼前只剩無邊的蔚藍，一個蔚藍的地球。

我不是在離開，是吧？我只是某一個角落裡的一個小人，很小，很輕，很微弱。和別的小人一樣，一步一步走路，一天一天生活。我只是比塵土還小的一片，只是常常被風吹起，又常常跟隨了一群奔徙的馬群。我甚至永遠不在這裡，因為這裡又是哪裡？如果這裡是一個浩瀚的蔚藍色星球，那這個星球又在哪裡？……

我只是有點好奇，我只是想去看看。

遇到另一些可愛的小人，和他們一起耕種收穫；遇到一些山林和村莊，在他們的懷抱裡度過一段時光；遇見一棵樹，站在它旁邊，一天一天往上生長……

Coming to TIBET
來去西藏

理塘，大壩子，草美羊肥，
開闊安詳。

一點一點地去 Step by step

開始，總是一點點的，因爲我不能飛，不能更迅速地移動身體。

就算我可以，我也願意一點一點地開始，像時間一樣，一天天地過去，像小草一樣，一點一點慢慢長。

有很多種方法可以讓你從四川去雲南：火車、飛機，汽車，沒有輪船。四川的南邊和雲南的北邊挨在一起，它們離得並不遠。

從四川到雲南，我總是坐汽車，一點一點地去。

中國的公路很多，從四川去雲南的公路也很多，很多公路很小，小得在地圖上找不到，但汽車能在上面開起來，起碼是拖拉機。

有幾條公路比較大：

成都—攀枝花—雲南（川雲西路）。

成都—宜賓—雲南（川雲中路）。

成都—理塘—鄉城—雲南香格里拉。

第一條路和火車走的成昆線基本一樣，都是直接往南再往南，一點不拐彎就到了雲南邊上的攀枝花，那兒有很多開去雲南各地的長途汽車（只要不是太遠的地方）。第二條路比第一條長，但路況好很多。這兩條路肯定快，中間一點不用休息，但我不常用。我喜歡用第三條路，往西走一段川藏路，從理塘折去南方，從雲南的最西邊一點一點，慢慢進入它。

川藏線在所有的地圖上都是又粗又大的「大路」，是一條編號爲318的國道，可它卻比別的國道難走，歷來難走。

「成都—康定」的長途車隔天開班，每小時一趟，司機從不著急。8點的班車9點開，慢慢搖，在雅安悠閒地吃個午飯，到下午四點，準時到二郎山面前排隊。一看，6點7點的班車不過也就排在10多個位置之前。

二郎山是個麻煩，一直是。

第一次走這條路的時候，山底下的隧道還沒修好。坐的車排進解放軍

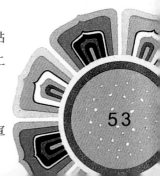

53

的東風車隊裡，勇敢地連夜翻山。

　　路面的柏油水泥不知多少年沒填過補過，80%的路面已經恢復了山的泥土本色，而且被風颳被雨淋被車碾得越來越窄，已幾乎不可能錯車。

　　路，是現在的人和大地打交道的一種主要方法，是在和所有動物一樣，一個腳印一個腳印打交道之後很久，才有的方法。人們自認為是聰明的動物吧，有越來越多的事情要做，越來越匆忙。開始不用腳走路了，開始發明馬車，又發明了更快的汽車，還用柏油水泥，在大地表面鋪起這些細長的能讓車輛跑起來的線，選擇了他們自己願意走的路。可這不是大地，也不是大地的「路」，要不然為什麼總是有泥石流砸壞了人的路，為什麼總是有大地上的泥土和岩石穿破「路」倔強地要露出來？

　　大地從來沒有有意為難過任何人，他從來沒像人這樣規定過：只能這麼走，他的渾身上下都是敞開的，和對所有的小動物一樣，對人敞開著。

　　那天也下著雨，一個個大泥坑，一個個小泥石流撲面而來。整個漆黑的山谷裡，100多輛軍車的車燈在山的高高低低處有序地前進並勇敢地亮著，以每小時20公裡的時速，在這條已沒什麼公路樣子的路上吃力跋涉，翻到第二天黎明來了，終於到達那邊山腳下的瀘定。

　　整整一個晚上，倒是跟著解放軍把一首老歌唱爛了：「二呀嘛二郎山，高呀嘛高萬丈，枯樹荒草遍山野，巨石滿山崗；羊腸小道難行走，康（西康）藏交通被它擋……」

　　二郎山隧道三年前修通了，不用翻山不危險了，但要排隊了。雙日放成都這邊的車過去，單日放那邊的車過來。每天一定會有數百輛車在山腳下排3-7個小時的隊，等待過洞（2004年開始雙向放行，不用再排隊，長途汽車也變成每天開班）。

　　又一次加入這個排隊隊伍。這次先去理塘，那兒要開一個據說是藏區最大的賽馬節，想去看看。

　　不大清楚康定長什麼樣，幾乎沒怎麼好好看過它。總是晚上很晚到，第二天天沒亮就坐車離開了。在這兩個視線模糊的時候，匆匆晃過眼前的

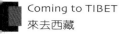

康定城，儘是些水泥房子和泥濘街道，也就沒什麼興趣再多看了。

倒是特別熟悉車站的招待所和車站門口的小吃店，這些年幾乎年年光顧它們。

康定車站招待所像其他所有長途汽車招待所一樣，就設在售票處的樓上，停車場的周邊高處。下了車直接去買第二天早上的票，售票處一般都會開門到最後一班車到站以後。買了票就可以到對面的招待所登記處登記。除了老外朋友，你只能摸進夜裡的康定城另找高級的（有資格接待外賓的）住處，其他人，要是你不嫌棄，招待所都特別歡迎你。

這兩年，招待所為了提高檔次和價位，在一樓（從地面上數的二樓）設了標準間，50塊一間，價格照例是可以商量的，但我沒住過，不知條件如何。

3樓是男人們的雙、三、四人間，4樓是女人的，通通15塊錢一個人，不怎麼漂亮，看上去也不乾淨，門不大關得緊，屋裡日光燈的開關在門外走廊上，要開門才能控制。要是你到半夜1、2點還不關燈，會被服務員強行「拉閘」，當然你也可以打開門再把它開開。有電視機，如果你愛可以通宵看，如果電視臺通宵有節目的話。

我總住四樓，而且湊巧有三次住在同一個房間裡。

對了，車站門口夜裡還有不少燒烤攤，是正宗的什麼都烤的「四川燒烤」，辦好入住手續，記得可以去吃點蘑菇木耳。

早上很早，被下面汽車的喇叭聲叫起來，總是會比我要坐車的時間早一個小時左右（比如我的車6點開，5點多一點就會被叫醒）。慢慢收拾，慢慢背包下樓。

這時候天一般都還黑著，車站大門正對面有兩、三家小吃店亮著燈，冒著熱氣，其中一家是一位老爺爺做飯，我總會去他那兒吃一個醪糟荷包蛋。老爺爺那兒還有包子、油條、稀飯、泡菜……都是他自己做的。飯館裡似乎沒別人幫忙，陳設也很簡單，一個碗櫃一個蜂窩煤灶，一張小方桌，大家都在這張小桌子上吃飯，像是坐在老爺爺自家的廚房裡。總會有別的藏族漢子坐在旁邊，一口氣吃下幾十個包子，很可能，他待會兒將上車繼續坐在我旁邊的座位上。

路邊開滿小花 Small flowers full of the roadsides

　　從康定到理塘，不用坐太久的車，10個小時就到了。

　　總是有那麼多孩子守在公路邊，一邊和草原上的泥土青草玩耍，一邊期盼遠方每一輛汽車的到來。草原上的一點聲音，都會被風吹著傳得又快又遠。遠遠地聽見汽車來了，姐姐和弟弟，哥哥和妹妹，立即停了手上的遊戲，跑到公路邊筆直地站好，朝還只是小黑點的汽車，使勁地揮動小手。我透過車窗，一路尋找他們小小的身影，像他們期盼能早點兒看見我那樣期盼他們，讓他們看見我的也一樣使勁揮著的手，和他們同時喊：「你好——」有的孩子可愛地接著喊：「再——見——」

路邊的孩子們。

那個臉蛋上全是黑泥的小男孩，手裡舉著一把小花，一直在車窗外奔跑，跑了很長的路，跑得氣喘吁吁，嘴裡著急地不停對我說話，要把花送給我。我們都用盡力氣伸長了手臂，終於從他手裡接過花朵以後，小男孩累得噗通跪在地上，立即被汽車尾巴捲起的黃土淹沒得再也看不到一眼……

　　翻過折多山，經過一個騎馬的英俊少年，一聲俊朗的「喔——喝——」之後，發現忽然進入了一個鋪滿燦爛青稞田的山谷。

　　路過一個村莊，遇見一些站在路邊賣蘑菇（松茸）的燦爛姑娘和她們的母親，這是一個溫和美麗的地方，它的名字叫新都橋。

　　又一次進入河谷。

　　河谷裡的雅江，是一個依山而建的小城，陽光明媚、氣候溫暖。縣城上面的整個山頭，被密密麻麻扯滿的五彩風馬，嚴嚴實實地包裹起來。

　　司機停車讓大家吃飯，我像從前一樣逕直爬坡往菜市場走，買一個烤玉米或秤一兩斤核桃。雅江甚至比理塘更不習慣旅遊者，我的打扮雖說已非常隨便樸實，絕對不是遊客的模樣，皮膚也粗糙黝黑，但還是會吸引街上所有人的注意——「她在買包穀，她又去買核桃了。」

　　站在核桃前，還沒等我開口問價，賣核桃的藏族大姐已經伸出兩根手指頭晃了好久，再換成一根手指頭，再把這立著的一根手指頭，彎向她的核桃，嘴裡儘量慢而清晰地對我說：「兩——塊！一！斤！」，我一聽，好價錢，便沒多說話，蹲下揀核桃，聽她跟旁邊的「白菜大姐」小聲議論：「是外國人吧？哪國的啊？」好像會說中國話，剛才還買了烤包穀」……每遇到這種情況，我總是暗自發笑，常會繼續假裝自己就是外國人，玩兒一玩兒。

　　我站起來，把揀好的核桃遞給大姐，她秤好，又開始比劃，伴隨著嘴裡都快清楚得僵過去的漢語：「3！塊！」，使勁晃了晃三根手指頭。我掏錢給她，她收好錢，把核桃給我，這才微笑著說句：「謝謝！」。不是戲弄，只是一個親切的玩笑和遊戲。

　　車繼續翻山越嶺，它緩慢地爬上那座總是翻滾著黑雲，不是下雪就是下雨的卡子拉山埡口……汽車開始一個彎一個彎地下一個長長的坡。

美麗的人都去了草原 All the pretty went to the grass

　　坡下完，就是理塘了。

　　這是一個很大的草甸子，四周的山都站得遠遠的。人們叫它「毛埡」或者「勒通」（「勒」：銅鏡，「通」：草壩——平坦純淨如銅鏡般的草原）。

　　還有大家都知道的「世界第一高城」，官方資料海拔4100米，我看到的GPS資料：3820米。不過不管怎麼說，5年前，我的第一次高原反應就是它給的。

　　下午四點到理塘縣城。高空稀薄的冷空氣，皮膚和呼吸系統迅速察覺到，所有毛孔齊刷刷關門，肺使出比平時多好幾倍的力氣努力工作。車站依然是一個籃球場大小的稀泥壩子，依然空盪盪的，沒人沒車也沒招待所，下了車只能背著包包去外面找住的地方。

　　城還是叫它城吧，雖然只有破爛的一條半馬路，每年總還是會稍微有一點變化。又修了幾棟新藏房和新瓷磚房，把縣政府門口的路修成了水泥的……這些變化在理塘特別容易被發現，尤其是那幾個立在美麗藏房中間，滑稽古怪的瓷磚房子，總覺得是別的地方的東西，看見就想把它們抬

起來，扔掉。

不過至少還有長青春科爾寺，依然安詳地在北面的山坡上。還有800個格魯派的喇嘛在靜靜地頌經，靜靜地敲打石塊，刻出瑪尼……

我平時住的那家吃飯住宿「2合1」的旅店已經滿客；史無前例的，理塘的旅館也滿客了！又問了好幾家，終於找到一家開飯館的遂寧人新打掃出來的自家後院，放下行李。這次「賽馬節」的熱鬧非凡已經迫不及待地向我全面襲來。

早到了一天，賽馬節明天會在縣城外的大草壩上開幕。聽說很多藏民已經在草原上搭起了帳篷，我要趕過去看看他們。

出城，也就是走過十幾間街邊的房子，很快就能看見草原，就能遠遠看見草原上幾百頂連綿不絕的白色帳篷，被風吹得時起時伏，翻騰湧動著。腳步快起來，氣也越喘越粗，6、7公里之後，過一座臨時在深溝上用木板搭起的橋，走向無數白色油布帳篷和之間歡歌著的藏民們。

《從前有座山》

從前有座山
山下有座喇嘛廟
廟前有座白塔
白塔旁邊是瑪尼堆
整個村子
靜靜地躺在陽光下
只有兩個和尚
在往石頭上敲字
其他美麗的人
都去了草原

只要微笑地靠近任何一頂帳篷，沒等門口的藏狗衝我叫起來，就會有主人從裡面出來，邀請我進去喝茶，給我糌粑。當然可以說「謝謝」拒絕——但我那麼愛喝酥油茶，那麼喜歡噴香的糌粑。

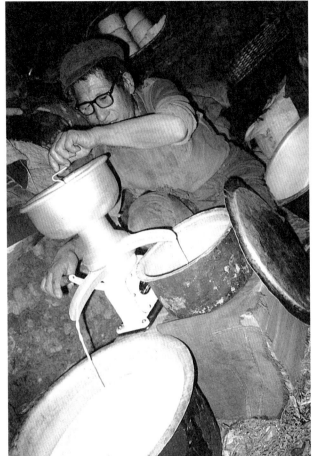

左：農布用這種
機器把脂肪從牛
奶裡分離出來，
做成酥油，另一
邊盆裡的白色乳
液會被做成酸奶
和奶渣。

右：草原上的孩
子特有的陽光面
容。

一般給糌粑的時候，
主人都會先做一大番示範
動作，再仔細地觀察客人
是不是喝得慣酥油茶。不
過，總是在我一碗接一碗
地喝茶，毫不猶豫、動作
標準地用手指頭把茶和糌
粑和勻，捏成緊湊的團，
大口送進嘴裡之後，主人
驚訝、讚許的微笑同時，迅速加快了和我親近的速度，繼續給我遞來更多
的糌粑、酥油和酸奶子。

　　而這麼多的白帳篷，密密地一個挨著一個，進過幾個之後，肚子很快
飽得不能再裝任何東西，在最後一頂帳篷裡坐了下來。

　　男主人農布漢話不錯，是紅龍鄉的小學老師。他告訴我，這草原上的
帳篷，有理塘的也有稻城、鄉城、雅江、巴塘的……周圍的各個縣都派了
代表隊。明天開幕式之後，不僅要賽馬，還要比賽和表演歌舞。

　　聊起他的工作，農布告訴我，藏民都不大願意孩子上學，覺得讀書沒
什麼用，工作找不到，家裡的農活也幹不成，倒變成了廢人，連小孩子自

■ Coming to TIBET
來去西藏

己都這麼覺得，所以失學率很高，文盲比例非常大……

見我茶碗裡的茶不多了，又要起身給我倒茶，才想起來忘了一個規矩：在藏區，如果你茶喝夠了不想再喝，一定要把碗裡最後的茶喝得一滴不剩，主人就知道你不喝了，不會再給你添茶，要不然，只要你把茶碗放下，哪怕只喝了一口還很滿，主人都會繼續把它加得更滿些，絕對不能讓客人的茶碗空著一點。

晚霞很快開始大肆在天空揮霍色彩，女主人和兩個女兒開始準備晚飯。雖然肚子裡已完全沒有空間再裝東西，知道主人是肯定不會讓我走的，我也根本不願走。更棒的是，農布已經邀請我住到他家的帳篷裡來，接下來多日的吃住問題得到了溫暖周到的解決，只需明天早上回縣城拿一趟東西，就可以在草原上舒舒服服地過賽馬節了。

半夜裡，大風來了，狠命地颳著草原上的每一寸地方。不知道它要幹什麼，也許只是一種我們不明白和不會玩的遊戲——總是有很多不知道的事情。

帳篷被吹得東倒西歪，劈哩啪啦劇烈地響著。睡在我旁邊的大女兒央宗被媽媽叫醒，原來劈哩啪啦的聲音裡還有巨大的雨滴聲，一睜眼，帳篷裡面的草地上，已經流起了一條小河，正在越流越大。媽媽和小弟弟睡的地方正好是一個坑地，這會兒已經成了個「小湖」，毯子和氈子全被浸濕了。爸爸和男人們冒著雨在外面加固帳篷，我和帳篷裡的小孩女人一塊兒，開始迅速地搬移不能沾水的東西，把塑膠布鋪在一處高地，給全家人找一個新的睡覺地方。因為地面一下子被流進帳篷的「河」佔去了好多，剩下的半個夜，10多個人全部擠在一個10幾平方的小高地上睡覺，躺在嘩嘩流淌的小「河」邊，身子貼著身子，腳挨著腳，我在媽媽和央宗中間，聞著她們身上的酥油味兒，一夜特別暖和。

61

從清晨開始歡騰
Great rejoicings started from early morning.

第二天很早，5、6點，雨停了，外面還黑漆漆的。央宗和媽媽最先起床，撿牛屎餅生火，我也起來跟著一塊兒勞動。

草原上的白帳篷們一個個陸續開始從昨天暴風雨的夜晚，甦醒過來，有的開始往外冒出白色的炊煙。煙一鑽出帳篷，沒能好好向上飄多久，就被一陣風颳去了別的地方，四散跑開。

草原是胸懷最寬廣的地方，總是能大大方方地讓你看得很遠。

風不斷從每一頂白帳篷頭頂經過，把酥油茶的香味一點點收集，帶走，再和上青草、泥土和木柴燃燒的味道，開始在整個草原彌漫——清晨草原的味道。

賽馬節會在9點開幕。大兒子次塔是個漂亮精神的19歲小伙子，他會在開幕式上和別的小伙子們一起表演馬術。

一起床，次塔就騎著他的大棕馬，往遠處的山上去了。這會兒，正從東邊太陽出來的方向，和他的馬兒一塊兒走回來。太陽把他倆的影子，在地上拉出好長……我迎上去，撫摩大馬兒的脖子。次塔笑了，笑起來和所有的藏族男子一樣，像極了太陽。他用清澈的大眼睛看了我一眼，只淺淺一眼，立刻害羞得拴上馬，鑽進了帳篷。

回去取行李，進城去的土路上，無數盛裝的藏族男女，成群結隊地朝賽馬會場趕去。纏著英雄節，帶著巨大墨鏡的康巴男子組成的一個個摩托車隊，狂野地從我身邊呼嘯而過，裂開嘴露出鑲著的金牙，吼出一聲又一聲響亮歡樂的「啾——喝——」

拿上包，搭上一輛裝滿喜悅老鄉的東風車回草原，車上的男人們一路熱烈地歌唱，女人們甜蜜賢淑地微笑……剛才還寧靜安詳的草原，已經被湧動的幾千幾萬人群和他們身上鮮亮的色彩，徹底變成了一個真正的節日，一個歡騰、隨時準備更加歡騰的節日。

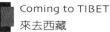

好不容易找到農布家的帳篷，已經在原來那快坑地不遠處，一塊地勢較高的地方重新搭好了。奶奶帶著小孩子們去了賽馬場，帳篷裡，媽媽和央宗正在幫次塔穿表演的衣裳，次塔顯得稍有緊張，看見我進來，更是馬上羞澀地低下了頭。

　　其實次塔是不該緊張的，這已經是他參加的第無數個賽馬節了，14歲

那年就第一次在家鄉的賽馬會上得了第一。不過農布也告訴我，像這次這麼大型的賽馬節，次塔還從沒參加過。

　　次塔不大會說漢話，家裡除了農布，就只有正在理塘縣城上中學的央宗會一些漢話。農布是老師，照理說他家的小孩兒都應該上學念書，可次塔是家裡的大兒子，從小就要負擔很多工作，再加上他特別懂事，不忍心看父母太辛苦，一定要留在家裡分擔繁重辛苦的生活，一直不願上學……眼前的次塔已經穿好了絢麗的藏裝和蹭亮的馬靴，正騎著他的馬兒一圈圈地在帳篷後面小跑，頭上英雄節的紅穗隨風飄揚，嘴裡不時親熱地和馬兒說話，臉上的笑容很平靜。

　　9點，一陣運動員進行曲響起來，所有的人群開始向搭在草原中間的大會主席臺聚攏。幾個領導輪番用藏語致辭之後，幾十支火藥槍對天鳴放，賽馬節正式開幕。

　　一百隻馬兒的馬蹄敲打大地的聲音，厚重熱烈地滾滾而來，人群中迅速閃出一條寬敞的通道，一百個英武的藏族小伙子騎著他們心愛的馬兒，5個一排5個一排列隊翻飛而來。經過主席臺的時候騎手們都要紛紛亮出絕技，有的站在馬背上，有的用兩腿夾住馬肚子，把自己倒掛在四隻翻飛的馬蹄當中。次塔就在第二排的中間，穩穩地在馬背上站起，又忽然落下，以為他要摔下去了，又從馬肚子下面迅速地翻上馬背，再一次站起來，並高高舉起雙手。

　　一上午的傳統歌舞表演到11點結束，我著實又在人群和帳篷堆裡「迷失」了一會兒……

　　草原上沒有路，所有的土地都是路。可以隨便往任何一個方向使勁走，哪怕閉著眼睛，都不會撞到山或掉進懸崖，甚至沒有一棵樹可以阻擋你或者給你指路。如果不用去哪兒，我會就這麼一直走下去，不管會是什麼地方，或者跟隨太陽，或者跟隨……跟隨願意跟隨的任何東西，比如，一隻吃草的小羊……

白帳篷只是在節日的時候才支起來，牧民平時都住在用油氈和犛牛毛織的黑帳篷裡，還有篝火和歌舞，也已經開始在草原上盪漾。

去天上 To the heavens

結果，我跟隨了一個昨晚見過的小男孩。他曾經到農布家的帳篷前玩耍過。其實是他在穿梭的人群裡先發現了迷路的我，一把抓過我的手，一路牽到農布家的帳篷前，才把我放下，自己一溜煙消失在帳篷堆裡。

小男孩總是能在大片紛亂的人群裡找到我，坐到我身邊來。

下午，坐在草地上看藏戲，稻城一個小村子裡來的藏戲班，據說相當有名。幾個村民，一會兒穿起猴子的衣服，一會兒穿起魔鬼的衣服，一會兒男人又變成了仙女，人們圍成一個大圈，不斷集體大笑。我使勁想在周圍的人堆裡找出一個懂漢話的，幫忙翻譯。開始的一個年輕喇嘛雖然熱情，但漢話實在說不大順，往往自己上氣不接下氣一通大笑完，結巴半天也說不成一句像樣的話給我聽，讓人實在著急。後來找到一個幹部模樣的人真管用，只要我有問題他基本上都能流利對答，也總能在人群大笑之前

即時告訴我發生了什麼，讓我再不會在歡樂的人們中間一臉茫然或者忽然發現一個自己覺得可笑的動作，一個人孤單地哈哈大笑。

小男孩不知什麼時候又悄悄坐到了身邊，用小腦袋碰碰我，往我手心裡放了兩顆糖，張嘴一樂，又一溜煙跑不見了。有的時候他也和另外幾個小孩兒一塊兒來，指著我跟那些小孩兒咕咕噥噥的說話，聽完話別的小孩兒也衝我使勁地快樂著。不知道他們說了些什麼，也不知道這個小傢伙是不是發現了我的什麼小秘密，更不知道他怎麼就喜歡在偌大的草原上，每天不斷地找到我，再從我身邊歡快地跑開。

賽馬節的後面幾天，總是一樣的程式，上午是各種各樣的賽馬比賽，下午是一些別的表演。

總會在夜深的時候悄悄下雨，清晨開始燦爛，到中午之後，會有很大一堆黑雲飄到草原頂上，再下一些雨，到傍晚又徹底晴朗，露出晚霞。

草原上的人群，總是會在太陽出來的時候熙熙攘攘地聚攏，各種各樣的人自己找一塊舒服的地方坐下或躺下，像吃草的牛羊找到了水草肥美的草地，舒服地度過一段時光。

雨滴一開始落下，人群便四散躲雨，比如全部擠到主席臺兩邊搭起來的木棚下面。人群是那麼巨大，草原那麼寬闊的地方才剛夠他們舒展身體，一下子全縮到兩個總共幾百平方米的小地方，該是多麼侷促。我總是會被無數高大的康巴漢子擠在中間，身體的每一寸表面都和四周一圈的5、6個人親密無間地緊緊壓在一起。除了仔細觀察離眼睛幾厘米遠那位藏族老人耳環上的小花紋，就是不斷地作為一個不穩定物體裡的分子，被周圍的其他分子推著，做集體波浪式運動。甚至不能靈活抬頭，就算好容易抬起頭來，除了密密麻麻的肩膀、人頭之外，見不著別的。

草原上頓時安靜，只留下雨點劈啪砸在土地上，無數小水花和泥漿濺起匯聚的聲音。牛羊們依舊在雨裡繼續吃草，偶爾會抬頭看看這邊。不知道它們看見這分不出人形的一大堆人，是不是偷偷笑過。

一旦雨滴變緩或轉晴，身體周圍，剛剛還密不透風的緊張壓力會伴著歡呼聲，呼啦一下忽然抽走，要是沒站穩，很可能會也呼啦一下，坐在地上。

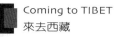

在太陽出來的時候，常常會去離開人群的地方，遠遠地，自己坐著，像總是需要孤單一下……

一個老喇嘛，蹣跚地從遠處綠色的草坡底下慢慢走出來，高大但衰老的身軀旁邊，一個5歲大的小喇嘛仔細地攙扶著他。

他們從很遠的地方走過來，已經走了很多天很多天的路了。

看他倆一步一步在我眼中變大變清楚，一步一步從我面前經過……手裡搖著轉經筒的老喇嘛，向我緩緩展開疲憊但仍舊無比慈祥的笑容。小喇嘛背著幾乎是他身體一半大小的黃布包，認真地走路，不住回頭，關切地望著老喇嘛。

一大一小的兩個影子，繼續往西邊高處的山坡走，越來越高，一步一步走到了天上……慢慢開始下坡，開始一點點消失——小喇嘛和黃布口袋先消失了，接著老喇嘛的半個身子，整個身子，頭……全都看不見了……像是走進了湛藍的天空裡，或者正踏在一朵柔軟的雲朵上。

《路很遠》

老喇嘛和小喇嘛
走了很遠的路
來到這片草原
老喇嘛的胖身子左右搖晃
腿瘸了
小喇嘛拎著包袱
攙著老喇嘛
在遠處的草坡上
兩邊坐下
我趴下來看他們
兩個金黃的人
背對太陽
坐在了天上

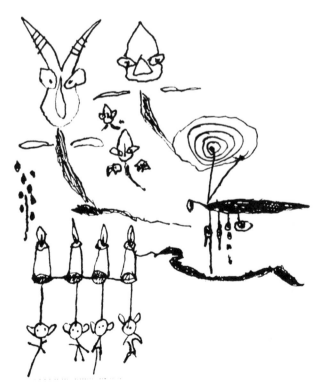

67

一個叫尼木的小男孩 A little boy called Nimu

　　不管多遠，小男孩還是找到了我。

　　他不會說漢話，有一天他身邊的小孩兒告訴過我他叫尼木，說他11歲，一年前還是個小喇嘛，現在不當了，說他沒上過學，明年要去印度了。我對尼木的其他事情就知道這些，但我知道他另外好多別的事：他總在對我笑，他總在草地上瘋跑，忽然怒氣衝衝地和另一個小男孩滾在地上打成一團，原來是因為這個小孩兒偷偷拿了我的糖果。別的小孩總是問我要這要那，尼木從來不，卻不斷地給我送來吃的和各種各樣在草地上剛發現的玩意兒，比如舉著一朵大蘑菇，邊叫著我的名字，邊飛快地奔來……

　　我一直不知道尼木為什麼會這樣喜歡我，喜歡滿草原地找到我，就像我一直不知道那天晚上到底發生了什麼？不知道尼木現在在哪兒，為什麼不再忽然出現在我身旁？

　　賽馬節的第四天夜裡，主席臺上正在舉行各個村的唱歌比賽。幾十個村子的幾十個唱歌最好聽的人，一個接一個上場。幾乎所有的人都是第一次走上這麼大的舞臺，不管是姑娘小伙子，還是老人孩子，剛站上臺都顯得緊張和不知所措，有的甚至會呆呆立在原地半天，忘了自己要幹什麼。但只要他們打開喉嚨放出聲音，一瞬間，整個世界裡所有別的東西，頓時消失得乾乾淨淨——只剩歌聲，滿滿的一個世界的歌聲。沒有麥克風，沒有電子伴奏，草原夜晚的天空，就這麼劃過一串又一串比星星還閃亮的潔淨聲音。

　　我第一次如此集中地在同一時間，一次聽到這麼多漂亮的藏族歌聲，感動得一個晚上坐在草地上沒法動彈。

　　尼木來過好幾次，靠著我坐會兒，又跑開，一會兒又忽然冒出來，不知道他和其他孩子們在那邊玩什麼好玩的？又和一個小男孩慌慌張張地過來了，尼木顯得有點扭捏，那個小男孩會說漢話，幫尼木開口，說他們要

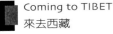

Coming to TIBET
來去西藏

去一個遠點的地方找一個小伙伴，要借我的頭燈。我看著尼木，他點點頭，好吧，如果是別人我是不放心的，可是尼木肯定會用完馬上還給我。我教會尼木頭燈的開關辦法，兩個孩子又一陣風沒影了。

唱歌比賽往下繼續了不到一個小時。得第一名的是鄉城的一對10歲不到的小兄妹。這兩個小不點剛才是被人牽上來的，唱了一半還重來了一遍。不過小傢伙確實厲害，手裡都拿著小樂器邊唱邊伴奏，特別是妹妹的聲音，清脆得簡直就是春天雪山上的碧綠湖水。

人們很快散進黑夜，尼木還沒回來。

我在原地等了一會兒，又到周圍轉了一圈，沒見人。想想自己也是找不到他的，還是回去，他自然會來找到我的。

回到帳篷，大家都睡了，摸黑找到自己的地方，躺下沒一會兒，大雨又來了，心裡擔心尼木會冒雨過來還頭燈，一直睡不著——「尼木，今天不用著急來了，明天還我也是一樣的」。

忽然覺得肚子一陣劇痛——要方便，忍了一會兒實在忍不下去，披了農布的一件楚巴衝了出去。繞到帳篷背後慌忙蹲下，拉肚子了。幸好雨大，一會兒就能把這爛七八糟的臭東西和著泥漿衝走，幸好雨的聲音也大，要是沒雨的時候，照我現在這劈裡啪啦的動靜，估計最起碼附近10個左右帳篷裡的人，都能一清二楚地知道我在幹什麼。在草原上隨地方便倒是正常不過的事，不過離別人睡覺的地方這麼近，而且這麼大響動，還是有點不好意思，可能更會讓聽見的人不好意思，比如帳篷裡的次塔。

一邊想著一邊哆嗦。一到晚上，就算是夏天，只要沒太陽了，這種海拔的地方，溫度隨時都可能降到零下，何況現在還下著大雨，真是冷……

有束光從遠處晃過來，掀起蓋在頭頂的楚巴一看，真是有人來了，還是……朝我這兒來的。真是尼木還頭燈了？慌忙提起褲子。光越來越近，比尼木大多了，還推著自行車。是什麼人？這麼晚了，還淋著雨來這兒幹什麼？

……

不是尼木，尼木你去哪兒了？

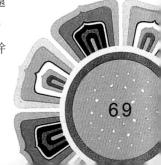

賽馬節的最後一天。

一整天我都在期待著尼木會像從前一樣，忽然出現在身旁，用腦袋碰碰我。我甚至試圖去找他——走遍了所有的帳篷和大片的草原。所有的孩子依然歡快地奔跑，就是沒有尼木。我爬上那個遠遠的山坡，面朝底下所有的白帳篷，坐下。

尼木曾經在這個山頂找到過我，曾經依偎在我身邊，一塊兒望著遠處發呆，忽然跑去一把抱住前面和他一般高的一隻小羊，攔腰舉起來，要送到我這兒來。走了幾步，小羊一動，他和小羊一塊兒摔到草坡山，可還是緊緊抱在一起，咯咯笑著，翻著跟鬥往山下滾去……

是因為那個頭燈？是不是別的大孩子搶了頭燈，你拿不回來，不敢再來找我？是不是站在好幾個比你高半個人的大孩子對面脹紅了臉和他們爭吵，還想像教訓那個拿我糖果的小男孩兒那樣揍他們，可是你怎麼打得過？是不是淋雨了，會不會生病了？媽媽是不是一邊給你包頭上的傷口一邊責罵你？

……要是真是這樣，小尼木，我怎麼會因為一個頭燈責怪你？不管發生了什麼，我只是希望能再伸手摸到你的小圓臉，再被你拉著往遠處的草原跑一跑。

草原就在下面，我能把它清清楚楚地全看見，所有的白帳篷們還在那兒，像一朵朵草原上長出來的巨大白花。

草原上還長出了成群的牛羊，小馬和大馬，數不盡的小草和野花……和無數的孩子——像尼木這樣，從草原上長出來的孩子。

怎麼草原上就這麼忽然少了一個叫尼木的孩子？

明天的這個時候，眼前的剛剛盛開沒幾天的巨大白花，會一朵朵凋謝，從這塊草地上消失，回家，或者找一塊新的土地，繼續生根開花。不知道在哪一朵花瓣裡，會躲著那個可愛的小男孩？不知道他離開的時候是不是還在傷心？會不會像我現在這樣，流下眼淚？

《草原上長出來的》
草原上開了很多小花
還長出很多孩子
孩子在陽光下
從這個山坡跑到那一個
太陽落下去
很多白帳篷長出來
孩子躲進白帳篷
滿草原的白帳篷
在夜裡
閃閃發亮

我是一個流浪漢 I was a vagrant

　　我想我也該離開了，和所有的白色大花一塊兒，從這裡消失，去找下一塊兒草地。

　　但在這之前，我要做一件事，這是我的承諾。

　　記得尼木消失的那天晚上嗎？記得我蹲在帳篷外面的時候，一個人從雨裡走過來嗎？

　　就是他。

　　下午，我坐在農布家的帳篷前，幫媽媽準備晚飯。一個穿一身迷彩服的小個子男人，中分頭，小眼睛，推一輛破舊的24女士山地車，在帳篷堆裡轉圈，不時撿起地上的一個空飲料瓶，扔進自行車兩邊掛著的編織口袋裡。走到我們跟前，用普通話問媽媽有沒有空瓶子，媽媽聽不懂，我回答

71

了他，並從帳篷裡搜出幾個空酒瓶。

他接過瓶子，推起車，沒走幾步又轉回來，站在我面前——要說話？

我抬頭看他，他試了幾次，終於用了一個很簡單的問題開始：「你不是這兒的人吧？」

「不是。」

「我也不是……」

見我沒有不理睬，很快換了一種姿態，甚至換了一種驕傲的聲調，開始滔滔不絕說話：說自己是廣州美術學院的老師，兩年前從廣州出發，騎自行車到這兒，還要繼續騎遍全中國，一邊騎車一邊畫畫寫生，要把祖國的大好河山都畫下來，等到2008年，把所有的畫交給中國奧運會組委會……我一直聽著沒說話，媽媽一個勁拽我回帳篷，央宗也出來在耳邊小聲說：「他是個瘋子」。

從他激動的狀態和話裡的口音，已能判斷出一些（比如他明明有著一口樂山那邊的「川普」，問他了兩次，還直說自己是廣州人），面前的這位「收荒匠」，有可能真是個「有志青年」，說有點瘋也可以，不過，就算他只是個收荒匠，或者是一個熱愛藝術的流浪漢，我也願意繼續聽他說下去，不願表現出不屑，更不要揭穿他的謊話。

他接著又說了好些自己的經歷，比如說怎麼騎著自己手邊的這輛自行車，12月翻大小雪山埡口；在草原上遇到狼群；差點掉下懸崖摔死……都可能是真的，如果他是一個合格的流浪漢的話。

我問他在理塘收破爛能夠活嗎？他一時有點掏心窩子的意思，說吃飯是夠了，可買紙筆顏料什麼的就不夠了（理塘應該也沒有賣油畫顏料的地方）。

看了看晚霞滿天的西方，他說要給我畫一張畫，送給我。我沒拒絕。

他從身上掏出一支鉛筆，又向我要了一張紙，前後左右地幫我擺好姿勢，退後幾米，有模有樣地開始做畫。

一畫40分鐘，起身，完成。看表情似乎自己不大滿意，邊說光線不好邊把畫遞過來。

我是真嚇了一跳——不提程度跟中學生的沒什麼區別（這是意料之中

的），關鍵是，在紙上，我看見了帳篷、背後的太陽和……一隻坐成人樣的大貓，並沒有我！

或者這麼說，他把我畫成了一隻貓……頓時，一身汗毛立了起來，真是邪門!難道他眼睛裡看見的我，是長著一張貓臉的人？

見我沒表示滿意，他有點慌，怕毀了剛才辛苦建立起來的「形象」，連忙解釋說時間太短沒畫好，還說晚上再帶他以前的畫來給我看，匆忙走了。

實在沒想到他會真的再來。

他出門的時候大概還沒下雨，所以沒穿雨衣，吃力地騎了快一個小時的車，到我面前，全身早就被澆透了，特意換的一身西服和皮鞋，估計是一年穿一回的寶貝，也被澆得一塌糊塗。

大聲說：「我把畫帶來了」，一隻手把西服上衣的左右兩片緊緊拽在一起，小心地護著。我連忙迎上去，把楚巴拉起來，一頭蓋在他頭上，在我們倆之間搭了一個小蓬。

他從懷裡掏出一大摞各式各樣、各種材質、各種年頭的紙，放在自行車凳上，一手舉著電筒照著，一手一張一張翻給我看，一張一張解釋：有峨眉山、石象湖、九寨溝、四姑娘山、樂山的五通橋……雖然怎麼也看不出他是從廣州來到這兒的，雖然仍然業餘，可一筆一畫都十分仔細認真，而且數量估計也真有好幾百張。

快要看完的時候，一陣大風把這些紙片全颳進了雨裡，落到泥地上。他把自行車一扔，我把楚巴一撂，用最快的速度，分頭搶救。

當我渾身濕透，抖著雙手把一張張可能已經被水模糊的畫，交到他手裡的時候，他頓了半秒沒說話，最後一甩頭一嘆氣：「我回去了，過幾天到縣城我那兒來玩吧，就在加油站旁邊」，扶起自行車，又像逃跑似的，跌跌撞撞消失在黑暗裡。

他沒聽見，他走得太快，但我在他轉身離開的時候，說了那晚唯一的一句話：「好，我會去的。」

所以，我一定會去看看他。

我會先到商店，買一大把鉛筆，帶給他，帶給這個流浪漢。

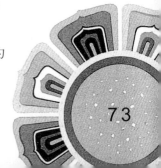

最後一些路 The last journey

去雲南去到這裡，還有一些路要走。

從理塘（或者從稻城）去鄉城，或者從理塘去德榮。

鄉城和德榮都在河谷裡，都沒什麼草原好放牧，都是農區。鄉城天氣比德榮冷些，樹比德榮多些。德榮更乾燥，山也更荒，有巨大的仙人掌，沒有綠樹，毛驢很多牛很少。

班車走鄉城的時候多，因為路近些。

這條路一年前還極難走，曾經坐在一輛長途班車的最後一排，從理塘到鄉城，200公裡，居然顛了13個小時（平均一小時還走不動20公裡），一秒不間斷地從座位上被彈起又落下，有的時候甚至能離開座位幾十公分，牙床被迫上下張合，居然在一次突然猛烈下合時咬破了舌頭。今年四川省的「通油工程」把這段路修成了柏油路，不知道能堅持完好幾年，不過起碼現在是快了好多，舒坦了好多。

白色泥巴大藏房開始出現，還有不但不穿長袍，連簡單的鮮豔衣服都沒有的勞動婦女，把長辮子放進綠軍帽，扛著鋤頭回家。小黑豬在路邊吃草，被汽車驚嚇了開始奔跑。

《回家記》

黑小豬背著木頭

趕路

路過樹林和山崗

吃草

星星出來之前

得回家

擱下木頭

再吃草

黑小豬特別小

生下來就特別小

Coming to TIBET
來去西藏

要是之前曬得好，在離開理塘的時候，已經足夠黑成一個辨不出出處的姑娘，變成一個樣子不是藏族的高原人，要不然在草原上碰見的菲利浦，怎麼會以爲我是哪個飯館的服務員？鄉城小旅館的老闆娘怎麼會說：「你長得怎麼這麼不像藏族？」

從前路不好的時候，從理塘，從稻城都沒有直接去雲南香格里拉的車（現在有了），雖然鄉城是個實在沒多大意思的地方，但一般人都要在這兒住一晚或幾晚——得看你是不是有門路和有運氣買到什麼時候的車票。

鄉城的車站更不像車站，一個比籃球場大不了多少的壩子，也就能停下不超過5輛客車，壩子裡多數時候一輛車都見不著，掛著售票處牌子的窗戶也似乎永遠不會打開。

著急一點用都沒有，要順其自然，慢慢摸清情況。

去鄉城一下車，就會有人舉著塊小木板，邀請你去他家住，不像在別的地方你得躲這種「攬客」。在這裡，你最好跟他去，因爲通常只要爬幾個石階，就能在一間外觀了了，裡面實在富麗堂皇的藏房裡住下。巨大的堂屋密密麻麻鋪滿了地鋪，10塊錢一個鋪，還有兩個單獨的華麗小房間，賣20元/人。已有好些老外朋友住在裡面，幾個日本人竟然住了一個星期還沒買著票，四面不怎麼好看的山，新修的晃眼寺院，水泥瓷磚大馬路，看過無數遍了實在無聊，天天在屋子裡聽音樂，寫點日記。我跑去車站看看，沒人工作，更沒人賣票，看不見什麼名堂。別著急，咱會說中國話，還是個「高原人」，回去開口問問旅館老闆，他會悄悄告訴你，他會是幫你買票的最佳人選，不過還有言外之意：這票很難買，要收點回扣！交易成不成看你自己的了——住在這兒極其無趣也得每天給他房錢，還不如繳點勞務費讓自己快些上路。

這就是鄉城給我留下的最深印象，不怎麼好，顯得貧乏又刁難，幸好現在不用在這兒停了，可以直接把從四川到雲南的最後一些路一天一口氣走完。

這次走德榮，鄉城那邊的路被衝斷了，司機只好繞道。

繞來一個偶遇的小盛況——到德榮縣城，車走不動了。前面人頭鑽動，把馬路密密堵死，一輛三菱越野車停在蜂擁的人群當中。有警察在旁

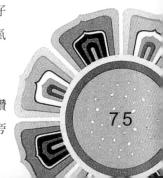

75

一路都是手舉香燭的鄉親，眼睛裡的期盼愈遠愈濃重。

邊維持秩序，看見客車來了，試圖在人海裡排出條路來，試了好幾次半點作用也沒有。看來一時車是開不了了，於是跳下車，爬上路邊的土坡，觀望情況——越野車副駕座上有一個紅衣喇嘛，戴金邊眼鏡，人們似乎全部朝他而去，把頭伸到視窗，等他用手掌撫摩，帶來的一袋袋糧食被後面的喇嘛收下，發給鄉親們鹽和哈達……看來是活佛或者上師在給人「摸頂」。我身邊站了個喇嘛，想向他打聽更多消息，問了兩三遍，他全然不答，只是微笑看我，最後嘴裡蹦出一句漂亮的英語：「Sorry, I can't speak Chinese」，隨後跑下小坡，擠進人群，拉開吉普車門，上去了。

再問了好幾個別的人才得知大概情況：這是一個從法國回來的活佛，他的上一世是德榮人，現在等於是回故鄉探望，今天還要一路趕到香格里拉。

客車好容易擠過人群繼續上路，往後走的馬路兩邊，隔不了多遠就有一隊隊村民手持香柱站在村口等候，直到快進香格里拉。天都黑了，還有無數虔誠的人們眺望遠方，等著這個海外歸來的活佛路過身邊，取走自己供奉給他的糌粑和哈達，再把他寬厚的手掌在自己頭頂放一放……

Note 1

流浪漢　The vagrant

大概知道自己是為何一次又一次地到了別的地方：是跟隨了心中不能抗拒的力量，是去遠方的一陣又一陣衝動，雖然也沒太明白，還有點莫名其妙。

不過誰說流浪漢的流浪都是因為生活窘迫，誰說所有的都是無家可歸，誰說他們只是衣衫襤褸、食不果腹。全世界的流浪漢，都是最優秀的徒步探險家和最實在的野外生存專家。他們用最低、最少的物質能量，支撐著自己的身體，甚至常常拋棄這些點滴的支撐，只靠身體和裡面那些說不清楚的堅

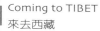

Coming to TIBET
來去西藏

韌東西，一點一點走路，一天一天踏實地活。

在一個曆盡風霜、一無所有的真正的流浪漢面前，那些有豪華裝備、豪華口號和豪華安全保障的「旅行家」們，誰還好意思說艱難，誰還好意思提辛苦，誰還好意思炫耀自己的任何一件做秀或者玩票的「臨時旅行探險活動」算了吧，這是無法比較的事情，根本不是同一層面的生活意義。

流浪漢的生活本身的全部內容，就是流浪，再沒別的。

不要說他們只想著能在垃圾堆裡找到下一口食物，不要說他們無所事事整天只是魂不守舍漂浮晃盪，不要說他們瘋癲、骯髒、臭氣熏天、和老鼠蒼蠅一樣招人厭惡——首先，你自己和老鼠、蒼蠅相比，就難說誰比誰更值得厭惡，更別說人多麼的自以為是，根本從沒試圖去知道他們到底是什麼樣的就妄自言說……或者你太乾淨，乾淨得根本沒能力接近他們。他們常常是被忽略的，他們常常又是刺眼的，他們常常是被回避的，又常常是格格不入的，是另外的，是孩子們被父母教育的「不要成為的」……但這都不是他們的初衷和目的。

他們只是來到了這兒，對世界沒有任何要求和目的。他們被看見了，在明晃晃的高樓大街中間，在光鮮的人群中間，一眼被認了出來——他是一個流浪漢。人們紛紛小聲議論，用眼角緊張地瞟視，慌忙躲避，用東西砸，無理地漫罵、驅趕……他們完全不知道發生了什麼，如果不是一塊石頭砸了過來，甚至根本就沒感覺到周圍這些奇形怪狀的人們。

那個陽光明媚的下午，我久久注視和跟隨著一個年輕的男子，他是個流浪漢，正在我的對面過馬路——白衣衫破舊但乾淨，赤著腳，步履緩慢輕盈，瘦削但筆挺的身體，像一張潔白的紙片，被微風吹著，飄動著。他的臉非常美麗，雖然被凌亂的長頭髮遮住一些，但仍然能隱約看見柔和、恬靜的微笑，眼光無比清澈，從不左顧右盼，從不慌張，沒有一絲不安和煩躁，只是輕輕邁步，輕輕地在溫暖的陽光底下，散步。

我被他的優雅驚呆了——竟然還有這麼乾淨而美麗的男人。他像個從天而降的貴族，從遙遠世界忽然來到這裡。我目不轉睛看著他，看著他慢慢遠去，開始尾隨，走了很多街口，想像他現在想什麼，想像他每天生活的樣子。一直在心裡反覆翻騰，想怎麼去開口跟他說話，甚至為自己的這個想法躊躇和害羞

曾經跟一群小流浪漢每天見面，坐在街沿上他們的床前和他們說話，過年的時候給他們買新衣服，被他們成群簇擁著在大馬路上放鞭炮；曾經和一個長髮泥濘，但衣服總是乾淨整潔（雖然有時很不合身）的流浪漢老頭每天在一個路口相遇，一塊兒往一個方向並肩騎一段自行車……

他們對世界和周圍的人群並不是抗拒和逃避的，他們幾乎都有很美好的願望和純潔的心靈，有的時候他們開始變得狡猾和凶狠，但那是這個世界上的很多人對付他們的方法，他們只是被迫學習過來，以便能保護自己。

他們總是在眾多的人群以外，或走或停，看著世界，看著另一個世界。

77

Note 2 　車站招待所　The station reception

住車站招待所的最大好處就在於：離車站最近。

實在不用在顛簸一整天之後，還要背著笨重的行李走入一個陌生的地方摸索住處，何況明天就要離開；如果你不打算明天離開，也可以先把自己擺下來，第二天逛逛，覺得還想再呆，又發現了更舒服也便宜的地方，再搬不遲。

再者，越是地廣人稀的地方，長途汽車絕對是長途長長途，一般都會在早上非常早的時候發車（到深夜到達），比如清晨5：30，離車站越近你的睡覺時間就越長，哪怕多20分鐘。也難有機會誤車，就算你自己醒不過來，停車場5點開始的喇叭、發動機之類的巨大聲音，也足夠把你叫醒的了。這樣下車不用多走就能睡下，睡醒不用多費勁就能坐上車——我的原則是：不該費的勁一點不浪費，該捨生忘死的時候，一點不含糊。

另外這種招待所的價格肯定便宜，絕對是整個地方，無論大小，最便宜的之一，而且比別的便宜地方住起來放心。別看汽車站總顯得秩序混亂，但它又大又顯眼，而且怎麼說也是個「機構」，一個「組織」，還常常被稱為地方「招牌」、「視窗」什麼的，再怎麼也不敢天天莫名其妙地出事故。

當然啦，如果你是豪華旅遊，或者你對住非常有要求，比如乾淨整潔，環境安靜，有能洗澡的衛生設備……那車站招待所恐怕是招待不了你了。

Note 3 　"方便" 的問題　Problems about the toilet

這是一個問題，一個大問題，出門之後還會急劇變得更大。

地方和時間有問題。

比如你被裝在長途汽車上不斷向前的時候，當然司機也是要「方便」的，會考慮時不時放車上的人下去解決問題，不過地方和時間就不一定了，常常會是在加油站解決，不過，你怎麼知道再過半個小時還是一個小時能碰見加油站呢？或者司機自己憋不住了，把車在馬路邊靠邊停下，這時候雖然四下荒山野嶺，可是如果我要加入這個集體活動的話，一般都會在下車的時候主動朝大家喊一聲：「男的車頭，女的車尾」，要不也可以自己跑到遠點兒的地方蹲下。在戶外「方便」是極舒服的，身體上那塊最難見天日的皮膚，難得裸露在空氣陽光裡，難得一回自由舒暢，豁然敞開。不過要提防地上個頭較高的野草有尖銳的稜角又扎又癢，還要提防背後野地裡忽然來車來人瞅個正著。要是車開著開著，突然內急到忍無可忍，只能自己衝上去強行叫司機停車了。

方便的問題重點還是在，不容易碰到舒適乾淨的廁所。雖現如果可以找到廁所大家還是習慣去廁所「方便」。不過有一個絕對的經驗：大多數廁所都

要比沒廁所的野地惡劣千萬倍，常是堆積了無數人長年累月排出的污物，需要平時好好練習肺活量，才能在裡面憋過一個小便的時間。

總結：1，在車上的前後和中間時間，最好少喝水少吃太容易消化的食物，最好不要在拉肚子沒治好的時候上車，並且要抓住每一個停車時間解決好問題，哪怕只有隱約的點滴需要。2，要對各式各樣廁所做好足夠心理準備，包括最熏天的味道，和最不能入目的景象以及所有靠廁所產物為生的小動物。3，讓自己回到像牛們一般輕鬆狀態，享受戶外「方便」的自由美好。

Note 4 大藏房　The big Tibetan house

藏族人的房子樣子可以各式各樣，但一定都很大。

大得讓城裡來的人生氣，怎麼我就只能捲在幾十個平米的籠子裡，還得拼命奮鬥地頭破血流，你卻這麼闊氣有這麼奢侈的寬大天地好隨便用。

不同的大藏房們有好些一樣的地方，比如窗戶都很少而且很小（天氣實在炎熱的地方會多開一兩扇窗），屋子裡都黑濛濛的；都至少兩層，一樓都留給牛馬做窩；都有一間精美絕倫的小房子做經堂，供著神佛，豪華程度視財力程度而定；牆壁都跟城牆那麼厚實；所有柱子都從一樓立到頂樓，都無比粗壯，堂屋裡那根一定最大

剩下該說大藏房的區別了，一目了然，分材質和格局來標示不同。

以拿稻城和香格裡拉為例：

稻城——石頭多，山都是石頭山，就把大石頭們全打成長方的，一塊塊砌起來，嚴密的一個長方體，只一個門進出，還小，還矮。乾淨不花俏，樸素又利落。大多沒圍牆沒院子，是不是這兒的人真出了名的「野蠻」，特別英勇善戰，根本沒多少值得擔心的敵人？還是只要有堅硬的石頭，就已然是個密不透風的城堡，不再需要其他的任何武裝？

風格各異的
大藏房。

香格里拉——沒那麼多石頭，拿泥巴夯牆。解釋一下夯牆過程：拿木板先在地上釘出個長方形盒子，再往盒子裡倒按比例嚴格混好水的泥巴，拿一頭粗一頭細的木頭不斷使勁捶，要捶得非常緊，緊得把泥巴變成石頭，再繼續往上釘木盒子。也許是這裡離其他民族近或者乾脆混在一塊兒，或者因為雨多，也學別人架人字屋頂，上面蓋方形薄石頭片。此外，還蓋有外牆，看起來像是從前老被人打還老被偷被搶的樣子。可能也因為學習的關係，他們把木樓梯修在樓房外面正中央，進屋之前是木陽臺，要是沒院牆，整個亮敞敞的沒大門了，野牛野豬野雞……什麼都能輕鬆隨便上樓梯進屋子。

79

我要 嫁給桑央了

I was about to Marry Sangyang

《稻城》

是長滿了稻子的城嗎？

我只看見了

漫山遍野的青稞

和麥子

在很小的時候

在沒人發現的時候

在一個草木繁茂的夏天

我在稻城

淋過一場大雨

風吹過草原

吹來身邊的綠草

和金黃的青稞

我被從頭到腳地

淹沒在

狂歡裡

那些街道

陳舊得

和泥土一樣

空得

只有一個人

陽光

每天都是新鮮的

從早上開始

野花開了

還在開

星星一樣

燦爛的光芒

讓我以為

到了別的地方

一天又一天

稻城裡

沒有長出稻子

水在河裡

只在河裡

從不上岸

才能讓我

被誘惑

赤著腳

越來越深地

走進去

最後只剩漫天大雨
Finally only boundless rain remained

馬兒那麼熱愛雨水，
從不會覺得被淋濕是
一不舒服的事兒。

第一次，我差點錯過了它。

1998年，我還是個臉蛋渾圓的小姑娘。稻城還是這個稻城，但遠沒有現在知道它的人多。

從理塘出來，慢慢翻過落滿大大小小圓形石頭的海子山，在一個能左能右的路口，我坐的車開去了右邊。一直盼望看見的金色稻田久久沒有出現，倒是開進了一個河谷，沿著往裡去，慢慢出現巨大的泥巴夯成的白色藏房，和全部帶著綠色解放軍帽子的農區藏族婦女，出現了一個城鎮——我到了鄉城。

原路返回，回到那個路口拐去左邊的時候，天已黑盡。但一路平坦，一路開闊，一路有河流在身旁陪伴。

看不清別的，也看不見稻田，只有一雙雙大大小小的眼睛，在黑夜裡閃著比電燈還亮的光，或遠或近地注視著我們的行動。

然而不管我是否看得見，稻城都在不遠處等著我，只要我再往前走，再往前走一點兒。

81

早晨天亮，走出去一看，不是別的，真是稻城。

在菜市場門口和一個一手拿著一串葡萄、一手拿著幾個香蕉的瘦高個子老外撞了個滿懷——北愛爾蘭人ja，流浪生涯持續一生，今天是他這次離開家的第8個年頭。足跡遍布世界，在澳大利亞幫別人修理花園，在巴西做木匠，掙夠了路費，繼續上路。手裡的水果是他的早餐。稻城所有的水果，都是從很遠的地方運進來的，所以奇貴：葡萄12塊一斤，ja買了一串，6塊錢。香蕉8塊一斤，3根4塊錢，ja說這是為了紀念今天的8周年，非常破費。

我和ja一塊兒搭上一輛吉普車從縣城去日瓦鄉，一路不斷有老鄉招手搭車，車裡最後擠進了11個大漢，親熱無比。

拉姆和平措是一對姐弟，他們的父母，開了當時鄉裡唯一的一家小賣部，樓上有幾間空房，有幾張空床。拉姆在縣城的中學上學，會漢話，現在放假回家，說弟弟不愛讀書，沒上學。說今年5月份有一個日本的探險隊來過，還有幾個老外，就再沒人來。鄉裡正在修去亞丁村的土路，開始收旅遊人的門票，不過她可以帶我們從旁邊繞過去，不用買票。

正是收松茸的季節，每天下午4、5點鐘，就會有10多輛小貨車或麵包車從縣城開進來，停在拉姆家小賣部門口的一小塊平壩上。這是一個約好的時間，不一會兒，從山上各個方向陸續下來了很多婦女和孩子，背上的口袋裡裝著今天的勞動收穫，打開，有的裡面的蘑菇多些，有的今天運氣不好，沒撿到多少。每人面前一個袋子，等著收貨的老闆來看，再來回討價還價。這樣的交易場面會持續到天黑之前，整個將近三小時的過程，是日瓦鄉一天裡唯一熱鬧的時候，也是拉姆家小店做生意的時候。賣完松茸的婦女孩子們拿著剛換來的錢，幾乎都要走進小店買個糖吃或是買點油鹽，再趁天黑之前趕回山背後的家裡。

夜裡，鄉上自己發的電時有時無，有電的時候，大伙一塊兒去鄉政府辦公室守著唯一一台電視機，看一會兒中央一台；沒電的時候，就各自在家裡彈會兒琴，唱唱歌。

還有什麼呢？還有拉姆像所有美麗的藏族姑娘一樣美麗，平措像所有藏族小男孩一樣正害羞地笑著慢慢長大……像歐洲阿爾卑斯山上的小村莊

一樣的亞丁村，雪山在四周，松樹在四周，草原在四周，依然英俊高大的龍都村長，和村長家美麗絕倫的經堂……

還有什麼呢？好多事情都不記得了，記憶成片成片的，零星而飄搖。我的忘卻那麼快，只剩一張張可愛的面龐和漫天的大雨。

這不是一個好季節，雖然季節根本沒有好壞，但如果不是這麼漫天的大雨，可能，我會更舒服地看清楚這個地方。

繞著亞丁三座神山走路的七天裡，我只知道自己一直是濕的。

大雨每天都會在我開始走路不久落下來，有的時候冰雹也會跟著下來，雖然也穿著說是防水的雨衣，但根本抵擋不住鋪天蓋地一點兒不歇氣的大雨。很快，我就濕透了，這麼濕著再被雨澆滿足足一天。

每天的路都是計劃好的，必須走到下一個牛場才會有牛棚，晚上才能有住的地方，中間是不能休息的，也沒有休息的地方，連能稍微遮雨的樹林也沒有，只能悶頭往前走。大雨甚至蓋住了周圍的一切，我完全沒能看清央麥勇、夏洛多吉和仙乃日的樣子，雖然每天都在這三座神山的腳下、腰間出沒，可除了雲偶爾散開的一小會兒能往稍遠的地方望一望，其他的時候，不僅被雨澆得抬不起頭，雨也像拉起的層層簾帳，四周一片茫茫，只能看見腳邊的很小一塊草地和上面的野花，猜測自己正在走過一片鮮花盛開的草原，遠處迷霧裡那些黑影就是美麗的仙乃日。

9歲的曲扎被龍都村長叫來給我帶路。他披著羊毛斗篷，在我的周圍忽遠忽近，有的時候偷偷小聲念出一首唐詩，再羞澀地回過頭看我；更多的時候會忽然從不知什麼地方的雨裡跑過來，不停地遞給我一把又一把的小花。

每天的結束都是這樣：我捏著曲扎給我的一大堆花朵，疲憊地偶然抬眼，發現前方一個石頭搭起來的黑色牛棚，一下來了精神，開始和曲扎一塊兒大聲唱著歌朝牛棚衝去。有的時候會有一兩個放牛的藏民在牛棚裡

那時候，我和拉姆都還小，我能知道當時在她對面拍照的自己已經長成了大姑娘，卻不能知道，拉姆是不是依然麗。

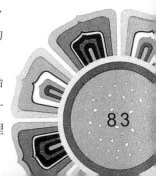

83

面，要是那樣，進去就能有燃著的火堆和熱騰騰的酥油茶。但大多數時候，牛棚是空著的，就只能自己再在雨裡費很多力氣找來稍微乾燥的樹枝，把火點起來。曲扎很會生火，這我也幫不上什麼忙，我剩下要做的事情，就是把全身上下的衣服和鞋一件件輪換脫下來烤乾，中間喝點熱水，揉點曲扎的小馬背來的青稞麵吃，等衣服差不多乾了，也到了睡覺的時候。

就睡在石頭的地上，小馬還背來了羊毛毯子，曲扎把一張鋪在地上，一張蓋在身上，把離火最近的一塊地方讓給我。再把靠近門的一小塊地方用木板隔開，那是給進來躲雨的小羊羔準備的。半夜火一滅，曲扎會第一個被凍醒，哆嗦著起來重新把火生起來，有的時候為了不讓火滅，整夜整夜地守在火堆邊，實在困了就靠在牆上眯一會兒。

第二天早上繼續出發，我又會重復地被徹底澆透，這樣濕著走到第六天，我終於開始發燒了，一燒燒到了40度。

最後一天，恍惚得站都站不穩，只知道雨仍舊在下，只知道在過那個埡口的時候，風特別大。我站在埡口上，忽然不知道該幹什麼，只是死死揪著旁邊的石頭挨了好半天，一試著站起來，就被風吹得前搖後晃，幾乎

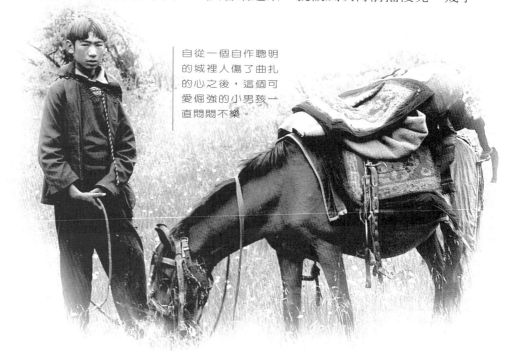

自從一個自作聰明的城裡人傷了曲扎的心之後，這個可愛倔強的小男孩一直悶悶不樂。

就要被它颳下去。曲扎飛快地跑過來，一把拽過我，小手緊緊把我牽住，一步一步朝下走，還在我耳邊不停說話，最後終於聽清一句，叫我跑，說跑就不冷了。我開始跑，開始跟小馬一起往山下飛快地跑，我居然跑得比小馬還快，居然一口氣衝到了山腳的沖古寺，喇嘛用羊毛大襖子把我緊緊裹起來，讓我一碗接一碗喝下滾燙的茶，給我蓋了好多好多被子⋯⋯

記憶是一個奇怪的東西，是一個會自作主張的傢伙。那些在記憶裡消失的時間，是不是根本就從未經過？那些不記得了的事情和人，是不是根本就沒發生或沒遇見過？記憶把過去的時間，弄出了好多空白的地方，而不再是一秒接著一秒滿滿的持續。

起碼對記憶自己來說，真的是這樣吧。它把那些不願意再想起的事情扔掉了，再也想不起來，從此失去和消失，甚至真的從沒發生過；把願意想起的和不得不想起的留了下來，之後還被反復地提到回憶起，似乎不知不覺成了現在時間裡的一部分，也分不清楚是這裡的還是那裡的，總之永遠地忘不了，慢慢堆成你越來越厚的生命和裡面的越來越多的故事。

《竹葉在動》

竹葉在很久以前
就動了
很久以前
就有風吹過來過
一晃
很久的時間
正在眼前
過去
你看了我一眼
只是
看了我一眼
竹葉在動
仍然在

85

搖曳糧食的土地，總是能讓人頓覺得踏實，何況是滿眼如此燦爛的青稞。

一切都是那麼美麗　Everything was so beautiful

怎麼會哭成這樣呢？整整三天，流了整整三天的眼淚。

或許，眼淚早就不僅僅代表悲傷了，也無所謂傷害。一切都是那麼美麗，美麗得讓人，只能哭泣……

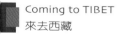

稻城仍舊沒有長出稻子，河水也仍舊沒有上岸，我又站在了這個泥土一樣的街道，淋著又一場大雨。

　　還記得今天自己要離開，又一次不得不離開了。

　　這麼早的早晨，像夜晚一樣黑，村子還熟睡著，沒有一個人醒過來。這樣好，這樣我可以悄悄地走，又像是一次逃跑。

　　不知道又踩進了多少稀泥潭，沿著這條走了很多天依然泥濘的小路朝村外走，路過那棟大房子的時候，我……還是沒忍住，停下來了。

　　房子是黑的，裡面是黑的，他的窗口，在另一頭，也是黑的……我沒敢走過去，只是遠遠地看著，看了好久——他不知道我今天走吧，他應該好好地在睡覺，那就好，天亮的時候他還要早起，還要餵馬、砍柴，還要繼續去收青稞，還有好多活要幹呢！

　　雨是在下吧，有點忘了，當我一點點從草原上走進那條依然破舊的街道，站在還關著大門的車站面前時，才發現，它還是把我從上到下徹底地澆涼了，涼透了。

　　沒想到最後會這樣離開，但這是我自己的決定——擦了幾把眼淚，對他的爸爸說：「那我就走了，趕快去找一個好工作，再回來」。他的爸爸沒說話，也沒看我，悶頭抽菸，但點了頭。

　　而他呢？是騎著馬去了高高的山頂嗎？是躺進又高又密的草地裡躲起來了嗎？還是在沒有人看見的地方偷偷傷心？……我不知道，我再也沒有見過他。

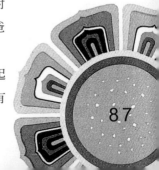

故事就這樣開始　The story began like this

　　如布查卡離稻城有多遠？不大清楚，只知道沿著草原上的一條小河往裡走，走到頭，看見高高的白楊樹，白楊樹底下的村莊，就是它。

　　正是青稞成熟的時候，村裡的人都去了金黃的田裡，低頭收割，揚起成捆的穀穗，沒有人發現我走了過來。

　　停在一棟石頭砌的大房子前，坐在一位搖著紡錘的老奶奶身旁，老奶奶沈默微笑，直到黃昏，直到田裡的人們坐在拖拉機裡高高的青稞堆上，唱著歌回來。

　　開拖拉機的是桑央，遠遠地就發現了我，一直盯著這個陌生的姑娘，直到把拖拉機停在面前。

　　從穀堆上第一個跳下來的是措姆，她好奇地打量了我一會兒。我一朝她笑，她馬上還給了我一個更好的笑容。

　　媽媽爸爸和洛松也從穀堆上跳了下來，站在措姆身後，在措姆的笑容之後，陸續也給了我同樣的笑。

　　桑央一直坐在拖拉機上沒動，也沒笑，只是和剛才一樣定定地看我，

桑央的拖拉機。

然後開始把青稞一捆捆利落地卸到地上。

措姆是妹妹，洛松是大哥，桑央是二哥，還有爸爸、媽媽、奶奶、和去年剛過門的媳婦，一家7口。

爸爸和洛松去過成都，剩下的人沒去過比縣城更大的地方。措姆和洛松上過小學，桑央沒上過學，但比洛松勤快得多，是全縣城很出名的能幹小伙子……

媽媽給我倒茶，爸爸開始問我一些諸如從哪兒來到哪兒去的問題，奶奶說不要走了留下來吧……桑央很晚才進來，坐得遠遠的。

我說，好，不走了，說明天想去收青稞。爸爸笑了，措姆笑了，大家都笑了，爸爸說：「你不會吧，」措姆說：「手會痛的，」我說：「可以帶手套，」大家還是搖頭笑。媽媽和爸爸商量了一下，由措姆翻譯給我：「媽媽說，明天要請好多人幫忙收青稞，家裡沒人做飯，妳和我一起做飯。」

好的，我很高興……一定要幫家裡做事，才不會覺得是在白吃白住，才能踏實，才能住得久一點。何況幹活是一件多麼愉快的事情，在村子裡幹村子裡的人每天幹的活：種種地，做做飯，生活就是這麼簡單踏實起來的。

第二天早上，措姆來叫我的時候，天剛亮，下著小雨，其他人已經早早去了地裡。措姆問我會不會騎自行車，說要先到縣城買菜。

進城的小土路在草原上起起伏伏，愉快地下一個長長的坡，接著就該往上爬一個更大的坡，快要到頂的時候總是差那麼一點力氣，得下來推上一截。

措姆在下一個長坡的時候，指著旁邊的一個村子說：「前兩天，這個村子裡的一戶人到我家來了，要娶桑央，桑央不答應，好多人來提親，都要娶桑央，桑央都不嫁……」扭過頭對我抿嘴一笑：「告訴你一個秘密，桑央不讓我說但是我想說，桑央說他喜歡你，你喜歡他不？」——我有點兒慌，「當然喜歡啦，我還喜歡妳呢，你們我都喜歡。」搪塞地隨口答了一句，聽得措姆歡喜地越來越起勁：「那你就把桑央娶了吧，我們桑央也

89

措姆的美麗一天
比一天濃，眼睛
裡的凝重是康巴
人血脈的沉澱。

喜歡你⋯⋯」小姑娘別開玩笑，你們家桑央是什麼模樣還沒看清楚呢，就要娶啦？

小姑娘的小瘋話，笑笑就過了。

倒是惦記著這頓飯，聽說要來20多個人吃，要怎麼做啊？問措姆，她也沒概念，只說媽媽交代要買牛肉，別的就一概不知了，看來平時也不怎麼會做飯。好吧，那就我來做主了。

街道還和好多年前一樣破爛泥濘，菜市場還是好多年前的菜市場，門口的康巴漢子還是一樣高大英俊，葡萄還是12塊錢一斤，問了問還是沒敢買。盤算著今天和明天要做的菜，很快就把自己的車和措姆的車前後能掛的地方都掛滿了。措姆開始在旁邊催我，一看時間，真是10點了，12點人就回來吃飯了，得趕快。

做飯不是難事，關鍵是做給這麼多人吃，還從沒試過。

措姆果然幫不上什麼忙，繡花似在旁邊削土豆，我5個她1個的速度，不指望了。今天中午做個土豆燒牛肉，再炒兩個菜，都大大盆的。現在的藏族只要不是在牧區放羊的，一般都不怎麼吃糌粑了，那就再煮一大鍋飯，應該就行了。程式是固定不變的，只是分量大了許多，光是那口鍋就是我有生以來用過的最大的，是我家炒菜鍋的三倍還多。

炒第二個菜的時候，媽媽光著滿是泥巴的腳回來了——媽媽總是光著腳，雖然家裡其他的人都不能不穿鞋子了，可媽媽還是一直穿不慣鞋，要光腳走路才舒服——身後跟進來一大群人，真的有20來個，全部盤腿坐在我身後的地板上看著我。我一邊吃力地翻著鍋裡小山一樣的蓮花白，一邊默念：「炒熟就成功，翻勻就成功。」

三大盆菜擺上桌：土豆燒牛肉、醋溜白菜、回鍋肉，看起來都熟了。開飯，又一陣忙，給每人找碗筷，給每人添飯⋯⋯大家開始吃，我在一旁看著，歇一歇。

一個個看來都吃得挺高興，土豆燒牛肉和回鍋肉更是被熱烈地爭搶

辛苦了一天，媽媽剛從地裡回來，一邊朝我走來一邊兒說：「我們餓了，吃飯了。」

著。所有人吃幾口就對我笑一笑，措姆又盛了一碗牛肉，端著碗感慨：「這是我長這麼大吃過的最好吃的東西！」奶奶又說話了：「不要走了，留下來天天給我們做飯吧！」所有的人齊齊點頭表示贊同

　　沒想到燒的菜這麼受歡迎——不過藏族是不怎麼會做飯的，吃了幾千年的糌粑酥油，這幾十年才開始學著漢人做菜，手藝自然是有待提高，再說也沒有耳濡目染、遺傳熏陶的環境，一般要吃蔬菜了，就把各種蔬菜啊、肉啊一鍋煮，煮熟放點鹽就完事，根本沒什麼菜式花色的講究，也就難怪今天這一頓飯下來，滿意得把做飯、買菜、洗碗的事兒全都交給了我。

　　只是又沒見著桑央。他好像總是有比別人多的工作要做，吃飯喝茶睡覺都比大伙要晚。媽媽和那20來個大漢都吃完回地裡了，我和措姆抬著髒碗筷下樓準備洗，桑央才牽著馬回來。忽然想起早上措姆跟我說的話，看他，他居然真有不好意思的樣子——不過這種羞澀的表情大多數藏族小男孩小女孩都會有，其實他們看你的時候眼光直接得像箭一樣，一點不躲閃就射過來了，你要是也這麼看他一下，他反到馬上不好意思起來。桑央一邊拴馬一邊躲閃著朝房子裡走，我朝他喊了一句：「快去吃飯吧，我做的」，房子裡傳來一聲：「哦——，真的？」和快步的上樓聲。

　　也不知道他覺得好不好吃呢？

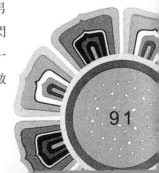

山頂的風最大
The strongest wind from the mountaintop

白天，在這個露天的溫泉小池裡洗澡的，大都是老人和孩子，婆婆和爺爺帶著孫子們，輕鬆地除去衣服，赤裸身體，沒有絲毫的羞怯和不自在。

這個山谷，是一條小河的開始。小河從山上的石頭裡流下來，最先經過這個村莊。

村裡有20多戶人家，房子都是用山上的大石頭疊起來的，外面的彩繪和裝飾不多，不熱鬧也不炫耀。

有一眼溫泉，從村子中央湧出來，湧成一個池塘。正是農忙的時候，白天村子裡只剩老人和最小的孩子，老人早晨起來圍著轉經筒和白塔念經，中午之後帶上自己的小孫子到溫泉池裡邊曬太陽，邊慢慢泡個澡。黃昏的時候，婦女們結隊從田裡回來，總是會先一塊兒到池塘裡洗個澡，再各自回家。

我來這裡的消息，很快傳遍了整個村子。其實不用傳，我只是第二天早上，在村子裡走了一圈，所有的人就都知道了。

每天下午5、6點鐘，一輛小卡車會把村子裡的小孩兒，從縣城的小學校接回來。小孩們發現了我，先是齊齊站在不遠處觀望，幾個大方的小姑娘先走過來，咧開嘴笑，說：「你好」，我也說：「你好」，其中一個拉了拉我的手，又拉了拉，最後握住，拽著我開始往外跑。所有的小孩開始一塊兒跑，另兩個小姑娘一齊過來，都想牽住我另一隻手，跑慢了點的那個只能嘟著嘴悻悻地牽起那個搶先的小姑娘的手。很快我的雙手上就牽起了

兩串小姑娘，「我們去那邊山上玩，我們去那個大石頭上玩……」唧唧喳喳興奮地使勁說話。男孩是不會參加這個「牽手」隊伍的，不過他們一直在四周前後左右地翻著跟頭。

這是一天裡最好玩的時候，坐在麥田裡一塊巨大的石頭上，或者坐在

哪個開滿花朵的山坡上。所有的小孩在我面前輪流表演節目，這個還沒唱完，另幾個等不及了搶著上來跳舞，跳了一半跳不下去了，小傢伙們你看我我看你正著急，一個圓滾滾的小男孩已經跳到他們前面，一眯眼，一手按在胸前，一手高高舉起，滿臉陶醉地開始高歌了。

桑央總會牽著他的馬，順著小河大步走過來，有的時候坐在不遠的草地上看馬吃草，有的時候到我們旁邊來看著我們玩。小孩兒們實在表演不出了，就該纏著我表演了，聽我唱完了又開始纏桑央，桑央總是嘴裡開玩笑地數落小孩兒兩句，翻身上馬，跑開。或者小孩兒不要他表演節目的時候，就和我們一塊兒玩到太陽全落下去。天黑得馬上就要看不見路了，所有的小孩聽他一聲招呼，齊齊開始朝山下飛去，飛過小河，飛過收割過後的谷地，一匹匹找回桑央的馬兒。小男孩兒騎上馬先跑了，桑央陪著我和小姑娘們，在黑得看不出深淺的草地上，慢慢朝家走。

每天工作結束後，總是會往草坡上走走，要是碰見媽媽，她總會把背上背著的大籮筐往地上一擺，對我說：「你背，我累了。」要是遇見措

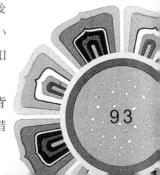

姆，她總不等我開口就指著山坡上的一個地方說：「桑央在那兒，你去找他嘛。」

　　如果桑央在山頂放馬，我就過去看看他。他有的時候把我拉上馬背，往遠處的草坡上小跑一陣，再把我放回草地上，在我身邊坐下，也不說話，只是互相看著笑，面對遠方坐著吹風，我拿出本子寫寫字，他就把頭回過來，認真地看，我把筆遞給他，他羞怯地接過去，一筆一畫寫下自己的名字。有的時候我也唱歌，他就微笑著聽，從來不唱。

　　有的時候我開始畫他。他是什麼樣子呢？轉過臉，他嘴裡含著根青草，正望著遠處出神……亞麻色的頭髮微微打著小卷，飽滿光滑的額頭下，深深的眼窩，睫毛長長地往上翹著，烏黑的眼珠像是落在潔白的雪地上，乾淨透徹得隨時都能閃出光芒，鼻子是最堅決和勇敢的部分，不粗壯但異常峻朗，薄薄的嘴唇微微張開，嘴角往上輕翹著，透著無窮的熱情和力量……他是一個18歲的藏族男孩，是個像匹小駿馬一樣美麗的小人。

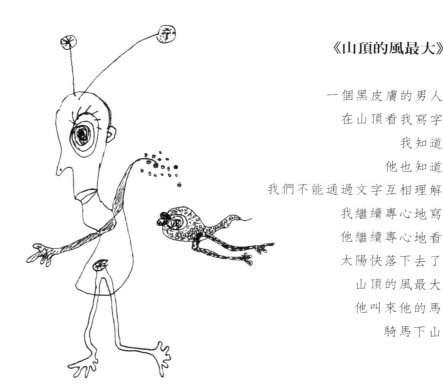

《山頂的風最大》

一個黑皮膚的男人
在山頂看我寫字
我知道
他也知道
我們不能通過文字互相理解
我繼續專心地寫
他繼續專心地看
太陽快落下去了
山頂的風最大
他叫來他的馬
騎馬下山

nian axi guone 我喜歡你 I like you

　　我住在桑央家的老房子裡，回村子要走一段。村裡沒有路燈，雨季還沒過完，這條小路上幾乎沒有一塊不是稀泥和水塘的地方。桑央總是拿著手電筒走在我前面半步，有的時候也伸過手牽著我。

　　那天，桑央像往常一樣送我回家，不過站在門口老半天都不願走。我讓他過來坐下，我們第一次說了那麼多的話。

　　桑央的漢話很不好，只能表達簡單的意思，有的時候連最簡單的意思也說不清，大概只能半懂不懂地交流。後來他問我會藏語嗎，我說不會，他顯得有點沮喪，說自己也不會漢話，怎麼辦呢？我說挺想學藏語的，於是這個晚上剩下的時間，桑央教了我「吃飯、騎馬、幹活……」我一個字一個字艱難地跟著他的嘴唇模仿，像兩個小動物，不時愉快地大笑。

白塔還在原來的地方，小黑豬依舊緊跟在媽媽身後。村莊和草原還是那樣的靜，可好多事情真的劇烈地變化了。

　　時間過得飛快，桑央說該回去了，我送他下樓。他走出大門，站在院子裡，不再往前走了，我在背後看他。他轉過身，朝我走來，越來越近。

　　他把鼻尖放在我的鼻子上，把細長的大眼睛放在我的眼睛對面——這是一雙乾淨得沒有一點別的東西的眼睛，似乎什麼都沒有，可裡面滿滿的全是我——很久，久得甚至即將會就這麼一直靜止下去。他慢慢開口：「nian axi guone」，我像被捆住了似的，張合嘴唇，震動聲帶，跟著他一個字一個字地說：「nian……a……xi…… guone……」一雙年輕有力的手臂一下子快樂地抱住了我，緊緊貼著雖然單薄但正在火熱成長的胸膛上……輕盈的嘴唇，輕輕碰了一下我的，又碰了一下，接著再也不願離開……好久，才慢慢把我放開，放在原地，慢慢往後退著走路，一邊仍舊幸福地笑著看著我，一邊大聲說：「知道了嗎？nian axi guone，我喜歡你，要記住哦！」轉身，像一匹快樂的小馬一樣跑遠了……

我站在原地半天沒動……我和這個18歲的藏族男孩真的互相喜歡了。這種感動好久沒有過了，很乾淨，很簡單。一會兒看不見，就會想念，想去找到對方，一個表情就會牽動心思，互相看著眼睛笑就是最高興的事情，似乎世界上再沒有比靜靜坐在一起看太陽下山更美好的事情……除了喜歡就是喜歡，再說不出別的字。

黑夜不真是那麼黑，因為眼前全是桑央的樣子——他坐在我身旁，望著面前的山脈。山脈朝遠方遠遠地連綿，他的眼光也遠遠的，像望不到邊的天空，像堅韌純潔的雪山，像平靜寬廣的草原……微微翹起的嘴角總像有話要說，總像是在幸福地微笑。他那麼安靜，安靜地出現，安靜地離開，安靜地和他的紅棕馬在一起，安靜地望著我，似乎又不在看我，而是深深進入我的身體，落到一個無比清澈安詳的地方……

草原上，一匹年輕的公馬正在追逐一匹同樣年輕的母馬。有的時候親密地並排朝前跑，頭上的棕毛在風裡和諧歡快地飄揚；有時小母馬輕快地跑到前面，不時回頭看看小公馬，小公馬立刻迎著目光追過去……

我知道它們多麼幸福，我也知道自己現在的樣子多麼甜蜜，甜蜜而美麗。

小白馬是匹母馬，桑央不常騎，總是牽著牠慢慢走，見我端起相機，連忙羞怯的躲閃。

《在路上，我們騎馬》

在路上
我們騎馬
風讓我的頭髮和馬
顯出歡樂的樣子
兩雙眼睛在前面
滿滿的全是
綠草青青

不及歡笑

《太快》
變化

太迅速

不及防

不及防備

不及歡笑

不及落淚

　　事情怎麼會突然變得無法控制？像一匹瘋了的馬兒，完全無法預知地朝一個不知道對錯的方向飛快地衝去，隨時都可能面對懸崖，摔得粉身碎骨。

　　措姆慌張地跑來告訴我，昨天桑央回家跟爸爸說，他要跟我走，雖然自己什麼都不會，但可以在家裡做飯等我下班回來，那樣我就不會太辛苦……當時所有的人聽了都笑了，說桑央說傻話，沒當真，可今天早上桑央又跟爸爸說，爸爸不同意，他們倆吵架了，桑央生氣地騎馬到山上去了。

　　我不知道該怎麼辦，也肯定不好意思去問他爸爸，開始漫山遍野地找桑央。可走遍了所有的山頭，都沒有他，也沒有他的馬。我坐在山坡上等了他整整一天，他也沒回來。

　　第二天，情況更加混亂。措姆跑來找我，說爸爸要見我，要跟我談事情——談什麼事情？我一肚子的忐忑和疑惑。

　　在桑央爸爸面前端正地坐好，他爸爸一臉沈重，抽菸，開始問我問題：

　　「你是大學畢業的嗎？」

　　「是。」

　　「有工作嗎？」

97

搖頭。

「有存款嗎？」

搖頭。

「有房子嗎？」

還是搖頭。

爸爸稍微抬頭看了我一眼，長嘆了一口氣：「你和我們家桑央互相喜歡，我們不反對，但是我們藏族是不時興這樣的，不能這樣自己在下面喜歡，要嘛喜歡了，就好好談結婚的事。我們家桑央好多人家爭著要，我們都捨不得……你又沒房子又沒有錢，我們家桑央除了會開拖拉機別的什麼都不會，也不能到城裡去騎馬放馬吧？你們兩個結婚了還不是等著餓死？……」

我什麼話都說不出來——這是在幹什麼？這麼嚴肅，這麼正式。還有，如果喜歡了就要結婚？如果沒有房子就不能喜歡？如果……我的腦子完全糊塗了。

爸爸又嘆了口氣，接著說：「我們都捨不得桑央嫁啊，他太能幹了，又聽話，但家裡只能留一個，他哥哥已經留下了，桑央是肯定要嫁的。本來桑央明年就要嫁到兩匹山後面的那個村子，別人可是大戶人家啊……這樣吧，我們家桑央還小，我們這兩年也捨不得他走，你先去找一個工作，最好找一個國家公務員的工作，像他爺爺這樣，一輩子有國家養著，再怎麼也餓不著。你看，我現在這個房子，就是他爺爺留下來的，你知道要多少錢嗎？60萬。你先去找工作，掙錢，到時候再回來找我們家桑央，你說行不行？」

行不行？哪裡還由我說行不行，我哪裡還會判斷行不行？爸爸說的這些話完全不在我能判斷和考慮的範圍之內，根本離得十萬八千里，連邏輯都是我完全沒接觸過的……我像是忽然被推到了一個「不是也得是」的臺子上，完全已經被不由分說地納入了藏族人的婚俗程式裡。

爸爸接著像要最後確認一下地問我：「你是不是喜歡我們家桑央？」我點頭，「那好吧，那就按我說的去辦。」我仍然不能搖頭只能點頭。

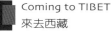

我恍惚地從房子裡出來，完全不知去向，還是給大家準備了午飯。吃飯的時候仍然不見桑央，我偷偷問措姆，她說好像是和舅舅一塊兒去山裡撿蘑菇了。

　　好吧好吧，先不管桑央你現在在哪兒，我得先自己好好想一想這件事情。

　　爬到山坡上，面對這個生活了很多天的小村子——現在，我和你有距離了，我出來了，站在遠處看看，這裡面到底發生了什麼？

　　我喜歡桑央嗎？是的，喜歡。有多喜歡呢？這是個傻問題，我回答不出來，就是喜歡。我要嫁給他嗎？這是個難問題，我……說實話，我腦子裡的所有思索，從來就沒涉及過這個問題，不，是在今天之前，從來沒想過。可現在這個從沒想過的問題突然出來了，而且迅速撲到面前，躲都沒法躲。

　　如果嫁給他呢？也沒什麼不好的，雖然還不是很知道「嫁」是個什麼概念，但如果只有「嫁」才能喜歡，如果這就是他們的風俗呢？

　　如果我真的喜歡他呢？……那麼，我是不是該去找個工作？剛才措姆聽了爸爸的話倒是特別高興地對我說：「那你就去縣城裡找個老師的工作，我陪你去！」

　　當個鄉村老師？

　　這是我一直以來的願望，可我覺得它是我一輩子的最後願望，要等我4、50歲了，把其他想幹的事情都幹了才要去做的，現在就提前把它實現了？還是帶著桑央到別的地方，比如城市裡？那，他能幹什麼呢？在家裡給我做飯？還是我可以慢慢教他一些「現代文明」的東西，先教普通話還是先教電腦？可他會不舒服的，會特別不習慣的，他在這兒這麼快樂，有馬騎有草原跑，去了城裡，完全被關起來了……

　　我的腦子都快把所有的問題和答案全翻遍了，還是沒有清楚的結果。不過如果有一點能確信，那就什麼都不怕了……我開始盼望桑央能從哪個山口忽然騎著馬奔過來，來用他堅定的目光看著我。

來不及歡笑 No enough time for joy

　　我住的房子又空又大。小河從它旁邊流過，幾棵高高的白楊樹在白塔旁邊站著，就在我的窗戶下面……這是一個美麗的地方，如果讓我一直呆在這兒，我也真的願意。

　　回到屋裡，一個人坐著，外面的天空，有幾隻鳥繞著屋子打著轉，嘴裡不斷發出奇怪的叫聲：「咕嗚——咕——」，太陽光在窗戶上的樣子一點點變小，一點點離開，等它完全走遠的時候，黑夜將是一樣的黑。

　　孩子們在外面找我，一直大聲叫我的名字，我沒動，一點都動不了。有人進了院子，開始上樓，是桑央嗎？！——是措姆和媽媽。

　　措姆一臉難過，拉起我的手，媽媽盤腿坐在地上。三個女人誰也沒說話，過了一會兒，媽媽哭起來，越哭越厲害，說著話，讓措姆翻譯，措姆不大情願吞吞吐吐地：「我媽媽說，她不要桑央嫁給你，說捨不得桑央去那麼遠的地方，桑央走了家裡就沒人幫忙做事了……而你也打不起勞動……」媽媽一哭，措姆也哭起來，像是我要搶走他們的寶貝兒子和哥哥。我沒說話，眼淚默默掉下來，不知道是不是自己真的做錯了什麼大事，鬧出這麼大的動靜，讓這些可愛的人都這麼傷心？

　　不知什麼時候，桑央站在了門邊，還是他已經站了好久。他走進來說了句什麼，措姆扶起泣不成聲的媽媽出去了。

　　這個像駿馬一樣的男孩，現在，就在我面前，這個喜歡我要跟我走的駿馬，卻一直把美麗的臉埋得深深的……很久，他終於抬頭，開始看我，定定地看，看我的臉，看我的眼睛，一大滴眼淚從他清澈的眼睛裡滾落出來。他向我伸了伸手，又緩緩放了回去，美麗的臉龐再次低了下去，「我……我……不喜歡你了，我們……從今天起，各走各的路吧。」說完，轉身飛快地跑下樓去。

　　眼淚嘩啦啦像洪水一樣瞬間浸濕了我整個臉頰——這句話？是桑央說的嗎？真的是這個我正準備不顧一切要嫁的男人說的？我完全不相信自己的耳朵。我追出去，他沒走遠，背對著我站在門口。我拉起他的手，他沒

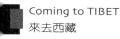

有轉過來，我問他什麼他也一聲不吭，我想站到他面前去，看看他，看看他的眼睛我就明白了，可他不讓我看，甩開我的手，真的走了……

又一次，獨自站在黑夜裡，可，我臉上的甜蜜和幸福哪去了呢？那些因為快樂和幸福而來的美麗哪去了呢？而那麼多疑惑和傷心怎麼不由分說地突然就爬滿了額頭呢？黑夜怎麼這麼黑，快要把我吞沒了，毫不費勁地要把我一個人孤單地扔到哪裡去了？

《我的美麗停止了》

我還是美麗的嗎？

問自己的時候

眼睛憂傷

憂傷是美麗的嗎？

是吧

也許……

眼圈很黑

昨天的睡眠很少

少得可憐

可憐是美麗的嗎？

問自己的時候

你看見

我憂傷而美麗的嘴唇

微微地動過

第二天，第三天，我，像個孩子，鼓起所有的勇氣去找他，去看他。他在河那邊放馬，我就在河這邊遠遠地看他，看他和馬說話，看他久久地坐在草地上，不敢過去，怕他見了我騎上馬跑得更遠，想等他什麼時候過來，聽他告訴我那些話不是真的。可他牽馬走來了，我又遠遠地躲起來。在路上碰見他，總希望再被他清澈的眼睛哪怕再看一眼，可他總是低著頭，眼神憂傷而黯淡，不看我，匆忙逃開。

完全沒想到自己會這麼傷心，我開始哭，開始整天整天完全無法控制地哭，完全沒想到自己能有那麼大的力氣，從早到晚地想他，找他，再接著哭……只是傷心，只是哭，再想不到別的理由和詞語能夠解釋，也不用解釋。

哭到第三天，桑央仍然沒有再和我說過一句話，甚至一直躲著沒再看我一眼。我覺得自己再也沒法呆下去了，如果桑央不理我，我在這兒可能會一直這麼哭下去，可我怎麼能這麼一直哭下去？在他面前把自己哭成一個悲戚難看的人？

又一次端坐在桑央爸爸面前，忍了半天還是沒忍住眼淚，「明天……我……想走了，趕快找一個工作，再回來。」桑央爸爸嘆息了一聲，不知是終於鬆了一口氣還是覺得只能這麼辦，「這樣也好，找到工作了回來，到時候再看是你父母來還是我們去你家，雙方家長見個面，再好好商量把這個事情辦了。你也別哭了，在這之前我們肯定不嫁桑央，好不好？」

不大分得清這是承諾還是只是打發我的謊言，不重要了，到這個時候我還能聽到這樣的話，已經很滿足了。

最後一晚，一個在桑央家幫忙的木匠雅安過生日，請所有的人吃飯，我去了，桑央也去了，依然不看我……他應該不知道我明天就要走了吧？

有生以來第一次把自己灌醉了，想想是多傻的事情，可那跟流眼淚是一樣無法控制的。

措拇說村裡所有的人都知道了我和桑央的事，大家都說桑央是傻子，說他要是真跟我走了就是吃軟飯的，沒骨氣，桑央生氣了，桑央難過了……我知道桑央肯定是難過的，他是個那麼驕傲的小男人，可無論如何，他是真的說了讓我沒法不哭泣的話，雖然我永遠不會相信它們是由衷和真實的。

不知道自己的樣子有多麼狼狽，不知道自己是怎麼一個人走過那條泥濘的小路回到屋子的。可有一個記憶那麼清楚：在我晃盪著走出桑央家院子，走上那條他曾無數次陪我走過的小路時，我看見了他，他在那兒，一直在那兒望著我，……再也捨不得多走一步，如果這是真的，如果可以就這麼一直看著他……

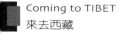

我的美麗停止了　My beauty stopped

　　夏天，過去好久了。夏天的大雨早就停了。

　　今天早上，我住的這個山谷裡，開始下一場很大的雪，直到現在還在下。世界冷靜得聽不到一絲喧嘩，平靜地把所有的故事都像夢一樣深深埋進了土裡。

　　遠處的山和山那邊的地方，看不見，不知道它們現在是不是也已經白雪茫茫。

　　一句話，像一朵雪花一樣忽然輕輕飄下來，落進我的耳朵裡：「冬天下雪的時候，來看我賽馬吧，我要在雪地裡騎馬給你看！」

　　那是好多天前，一個像駿馬一樣的藏族男孩在我耳邊說過的話，它跟著雪花一起回來了。

　　我朝遠方望去，山那邊的那片草原上，有一匹紅棕馬正在雪地裡飛快地奔跑，上面那個美麗的男孩，是不是正甩開鞭子，眼光是不是依然像天空一樣清澈，是不是正揚起嘴角，朝我露出微笑……

《紅棕馬》
我站在這塊山坡上
是在等紅棕馬
他會從我的左眼裡走過我
還會把我輕輕撂倒
我站在這塊山坡上
是在等紅棕馬
他會在下午6點
從我的左眼裡走過我
如果他不來
我會把他
忘掉嗎？

Note 1 好季節 A good season

　　季節有好壞嗎？好像沒有，可怎麼要這麼說呢？不過是些根據不同需要和臨時標準說起的。

　　這個「好季節」，是對要去高原地區的旅遊者說的。

　　春天來得晚點，5月底才暖和，才花開，到7月之前，是個有花有草的好季節，不過乍暖還寒，小心身體。

　　夏天，7、8和9的前大半，雨季，老下雨，不大好，路隨時被衝得稀爛，走不順暢，在路上被一個塌方堵個一星期是常事。雨還可能連綿並且鋪天蓋地，上哪兒都被澆，走路更是又泥濘又滑溜，不安全也不舒適，還很可能什麼都看不見，全被雨蓋沒了。

　　9月的最後一個星期、一整個10月，被很多人公認為最好的季節，世界最繁華，顏色最絢麗，物產最豐厚，雨也不下了，風也不颳了，雪還沒來，氣溫還頂溫暖。

　　11月中，秋天很快過完，慢慢蕭瑟，慢慢冷，越來越冷，直到第二年5月，漫長的冬天「無色期」，看不見什麼新鮮的，極簡單極內斂，只有雪很多。

秋天，富足絢麗，
公認最佳季節。

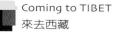

Note 2 nian a xi guo nie

這是我學會的一句關於「喜歡」的藏語，稻城方言，桑央的話，大概是這個發音，大概是這麼個意思，不肯定。

不肯定，所以在好些人面前試著說過這句話。稻城和不在稻城的其他藏族，幾個年輕男人，一個中年婦女，一對老年夫婦……有的似乎明白了我在說什麼，有的壓根一點不明白。所以接著問他們：「喜歡」怎麼說？對面的人全都羞澀起來、爲難起來，幾乎沒人能給我好答案。

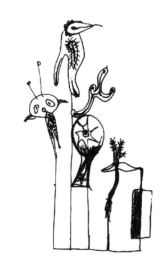

一個20多歲的老實男孩紅著臉想了半天說：「不知道怎麼說，我們好像……從不這麼說」。中年婦女一聽這問題，更是不好意思地笑著連忙躲開，像是我問了她「什麼時候第一次喜歡男人」之類的表情。

老年夫婦沒說話，對我搖搖頭，開始相對注視，意思似乎是：「這不就是嗎？不用說出來嘛！」

問到一個成家多年的不惑男人，才算得到了稍滿意的答案，也是先咧嘴一笑，也是先使勁想了想，從小時候想到現在，還是先說自己從沒說過，再解釋說：「我們藏族不這麼表達。」

那要是你喜歡了一個人該怎麼對她說？

「不說啊，不好意思說啊。只可以問。」

怎麼問？

「問：你喜歡我嗎？只有這種說法，沒有直接的"我喜歡你"這句話。」

原來是這樣，這麼靦腆，這麼曖昧含蓄。眞沒想到奔放自由的藏族人，竟然全部從不會說：「我喜歡」。

（那桑央教我的又到底是句什麼話？或者稻城人眞的直率野蠻些，能把這句別的地方人說不出口的美麗話語，那麼大聲地喊了一遍又一遍。）

好花開在 深山裡

Good Flowers in the Deep Mountains

之後：

　　在敘述下面這段故事的時候，我在一個艱難的處境裡，的確是的。從一開始進入這段回憶，明顯地，敘述上就出現了前所未有的吃力，我只能到那些貧瘠的山谷，重新出現在那幾個在記憶裡很重很深刻的人面前……

再一次站在它們面前，我發現自己仍然像多年前一樣，什麼都說不出來。

　　可能我更願意再一次深深地回去，而並不是多麼想把他們講成一個故事。而這就是它們，原原本本的它們，這就是我和它們在一起的日子，原原本本的日子。貧瘠、枯瘦就是這些山谷裡生活的模樣，那些人們也就是這樣一些，沒有鮮豔衣裳也不大會說話的人們。

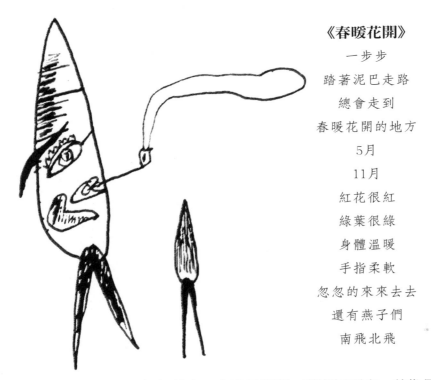

《春暖花開》

一步步
踏著泥巴走路
總會走到
春暖花開的地方
5月
11月
紅花很紅
綠葉很綠
身體溫暖
手指柔軟
忽忽的來來去去
還有燕子們
南飛北飛

　　春天又來了。春天年年都來，來了又離開，離開了再來。就像是身體裡的一種習慣，一旦養成，就開始被一種看不著的力量不由分說地往前驅趕。發現自己開始反復做同一件事情的時候，習慣和你已經融洽得不分彼此了。

　　和春天一樣，我也有好多習慣。比如會被哪怕點滴的溫暖的到來刺激起好大一股興奮，並且順著自己身體的衝動，開始往外邁步，開始出去看看。

107

天被走黑了 Walked until dark

天又黑了，天總是走著走著就黑了。

我知道自己正在往越來越深的山裡走，從頭頂那些越疊越厚的山影子就能知道。

身體的前方，不間斷地飄過來陣陣涼空氣——是山身上特有的香味，一種說不出來是什麼，淡而又淡的味道——清透直接地朝我奔跑過來，皮膚上每一個在塵土飛揚的途中一直禁閉的毛孔，迫不及待地全面張開，讓那些山們，能一點一點、越來越多地趁著夜色混暗，進入我。

幾乎沒有半點聲音。偶爾從經過的草叢裡，傳來一兩下「唏嗦」或者一長串「唏唏嗦嗦」的草動聲。還有一隻呆鳥，不知停在哪棵樹上睡覺，做夢了，夢裡自己逮住了一隻肥壯的肉蟲，一聲「呱——」，半小時以後又逮住一隻，一高興，又一聲「呱——」……再沒別的響動，耳朵裡全是自己的腳板，越來越笨重地拍在土地上的聲音。

光，這會兒也全沒了。星星和月亮，還在天上，還在原來的地方，掛著。

一朵巨大的雲飄來，把閃爍的明亮的全遮住了。這朵巨雲裡還裝滿了毛毛雨，它們開始玩似地往下落……實在挨不住了，放下包包拿出雨衣，順便掏了4節電池。

手電筒總要節約著用，特別是有月亮的時候，幾乎完全用不著它。月亮不但能把路照出來，還能把山照出來，還有路和山上的小起伏、小細節都照出來，弄得鬼魅神秘的，比白天更能吸引我左顧右盼。

隨著巨雲的到來和小雨點開始，能見度一口氣減低了80%還要更多，抬起來的右腳放下去是個什麼地方，都搞不清楚了。手電筒必須用了，但電池就剩4節——完全不知道前面還得走多久，所以只能這麼用：一兩分鐘開一次，一次幾秒，把後一兩分鐘要走的路照出來，只要知道自己不是朝著旁邊的河溝衝，並確定那條小碎石黃土路還繼續往前伸著，就關。

四面八方的雨，四面八方的漆黑一片，連呆鳥要死不活的「夢叫」也

沒了……就剩我手裡一亮一滅的手電，還能讓在高處飛過的鳥或是神仙什麼的，發覺這個山谷裡還有這麼個活物。

瞎摸亂撞了快一個小時，10點30分，小雨點早就迅速把我從上到下降溫成功，包括腦子裡的那些最應該保持高效運轉的部分——這已經是今天連續走路的第11個小時，身體肯定是累了，那倒還好，可要去的那地方怎麼還沒半點蹤跡？到底有沒有這個地方？到底是不是該走這條路？還是壓根就在另一條山溝裡？

各種問號，很多問號。

一天三次日出的地方
The place with sunrise three times a day

去這個地方是臨時決定的。

昨天在虎跳峽裡走了一天，晚上在半山腰的一家小客棧裡，聽旁邊的老鄉聊天，說有一個地方，全部是紅色的大石頭山，一天有三次日出……聽著，像是一個藏著巨大秘密的神秘地方。連忙打聽方位，發現離我明天下山之後的那個橋頭小鎮不是很遠，但當天肯定走不過去，除非有車。

還說那地方在一個死胡同裡，只一條路進去，同一條原路返回。

當然這說的是車路，有長途汽車到那兒的，每天兩班，從麗江縣城開。不走車路的話，要翻山越嶺也可以。麗江離我現在的方位有點兒遠，還得走回頭路並不順路。那先生馬上出主意說，橋頭肯定能找到車去。

好吧，那明天就去看看，這地方到底住著神仙還是住著鬼，一天能出三次太陽，還是這地方比別的地方多了兩個太陽？

這地方，應該叫黎明。現在只敢說「應該」了，越念這個名字越覺得可疑——不會是老鄉開玩笑，隨口拿了個香港歌星取樂來著吧？那這玩笑也真有點可以的，害苦了我這小姑娘了。越想越可疑，弄得我眼前一花，腳底一溜，坐到了稀泥裡……

109

怒江峽谷裡的任
意一段碧水。

今天早早趕路，到橋頭下午1點，心想怎麼也夠折騰到這個「黎明」的了。沒填肚子就先開始找車，鎮上的確停了好些跑客的小麵包車，我一個一個的跟所有的司機打聽，每一位都想做我的生意。可是！近20個司機裡居然沒有一個知道這個「黎明」的！司機們倒是熱情，有拉著我四下打聽的，有一個勁兒遊說我去別的地方的……總之一通折騰，比剛才走的20公裡山路還費神。

算了！坐到馬路邊，卸下包包，乾乾汗，吃點兒喝點兒。

對面全鎮的司機們聚成一團，翻地圖的翻地圖，打聽的打聽，全被這個「黎明」難得滿頭霧水，心裡倒暗喜——沒人知道？那說不定那真是個有點兒什麼的好地方。不過，總得至少有一個人知道在哪兒，我才去得成吧！

正想著，一個剛才沒有露面的老司機從馬路那頭走過來。所有人都吆喝他的名字，要找他請教，看來是位見多識廣的「老江湖」。果然馬到成功，經他一指點，人堆裡馬上傳出「哦——哦——」的「明瞭，明瞭，原來是這樣」的聲音。可據我遠距離觀察，真有把握的還是沒有，要不然也不會大家一致認為，還是讓「老江湖」親自出馬比較穩妥。「老江湖」也當仁不讓，走到我身邊，一聽就是愛去不去、這可是辛苦差事的一聲：「200塊！」

怎麼可能？！你把我當有錢大戶還是傻子？！老鄉昨天可告訴我了，就80多公裡的路，而且誰知道你是真知道還是假知道。

「太貴了！」我不怎麼客氣，就算我十分想去這個地方，就算它偏僻了點，也不能容你這麼欺負它和我！

「好吧，180，不能再低了。」

還是太貴，這筆錢可是我一個星期的吃住費用，繼續搖頭……

「那你自己想辦法吧！」完全沒什麼再商量的可能，轉身走了。

一絲沮喪湧上心來，低頭接著咬手裡的麵包，慢慢籌劃：我就在這兒等過路車，能搭一段搭一段，到時候再走路，又不是沒幹過，不就80公裡嘛，還能去不了？沒什麼地方去不了的……

一張地圖伸到我眼皮底下，一個瘦長白淨的小伙子司機，手指著地圖上的一塊兒地方，問我：是不是在這兒？我「假裝」看了看——唉，真不知道這個「黎明」到底是個多麼神奇可又多麼小而偏的地方，已經看過好多張不同版本的地圖了，一張上都沒有它。我對它的方位瞭解就僅限於老鄉嘴裡的「從這裡到那裡大概多少公里」這樣的模糊概念。

不是我不事先做好準備，是老鄉也說不大清楚，只是很有把握地說：「橋頭司機全都知道」，誰料到橋頭司機連一個知道的都沒有呢？

「應該是吧！」我剛剛才放棄了花錢去這個地方的念頭，所以回答不

是很熱切。哪知這小伙子冒出一句：「我送你去」，著實嚇了我一跳——真有這種好事？「為什麼？」雖然這種好事也不是第一次遇見，可天上掉的餡餅哪能老是專門往我頭上砸呢？「我今天要去一個遠房親戚家做客，在石鼓那邊，正好在你要去的地方的岔路口，進去就很近了，如果是我剛才指的這個地方的話。」小伙子說話輕言細語地，倒不像瞎編，我又問了一句：「不要錢？」「嗯……就不收錢了，順路嘛，要不然你自己看著給吧。」說話的時候臉都快紅了。好吧，看你老實，成全你，就讓你送了。

下午3點半，在橋頭折騰了兩個多小時，終於坐在一輛嶄新的「長安之星」上開始朝黎明出發。

可是，天上掉的不全是好吃的餡餅———一路順暢地過了石鼓，來到小伙子親戚家所在的「岔路口」：金莊。小伙子停下車，我心想：該下了。沒想他似乎並無此意。看了看錶，我也看了看：5點。接著他主動下車找了兩個老鄉打聽，回來跟我說：「就從這兒拐進去，不大遠了，說一小時都不用……我把你送去吧，要不然你也搭不到別的車。」也沒容我考慮和問問題，他就這麼替我安排好了。

那就這樣吧。

車一拐上岔路，情況就不那麼歡快了——柏油馬路瞬間變成了彈石路，而且剛剛鋪好似的，一個個深溝淺壑接連不斷。小伙子心疼車，車速從剛才的80碼，驟然降到20碼，有時還不到。

開始還湊合，倆人都還能強撐著沈住氣。可一個小時早過去老久了，四下裡還一個人影都沒見著。小伙子肯定是後悔莫及，一句話不說，悶頭躲閃一個又一個的大坑，我一面著急一面過意不去，要是真把我送到了，我要怎麼感謝他啊……終於，在又一個小型塌方路段面前，小伙子停車了。下車查看了一下情況，回到車裡對我說：「過不去了」。

我馬上拿著包包下車，「哦，那……我……就自己走進去吧，應該馬上就到了。」

不知道是出神了還是好好想了想，小伙子最後終於點頭了：「那……你一定要小心啊……」帶點兒歉意，但更多的是從自己一時衝動的熱心腸裡解脫的輕鬆，目送我爬過了前面那個小小的土坡。

日出的之前、中間、以後
Before, during and after sunrise

　　再不到，得想辦法露營了——下車走路三小時之後，我幾乎已經確認自己進錯了山溝，計畫不再往前走了，等天亮再說——可這漆黑一片，可這春雨綿綿……

　　就在這時候，一隻狗在我左手邊幾百米外的地方叫起來，接著越來越多的狗在各種方向跟著嚷起來……看家狗發現我正朝它們的家靠近。那麼，我已走進「有人地帶」了！緊趕幾步轉過一個大彎，隱約的燈光和隱約的巨大山峰恍然已在面前。我還是走到了！

　　路很快把我帶進一條兩邊都是二層小木樓的小街，一塊寫著「黎明鄉供銷社」的牌子，向我證明確有「黎明」這個地方存在，並且我正走在它的街道上。

　　依然沒有路燈，所有房子的門都關著，大部分連裡面的燈也熄了。夜裡11點多，在山裡早就是夢都做了好幾場的時侯。隨便敲開一家掛著「旅館」牌子的地方。估計是樣子實在狼狽，讓主人心生憐憫，又是給我打熱水，又是煮來了一大碗熱騰騰的麵條。腳泡在熱水盆裡，稀哩呼嚕把面吃得精光，身子微微回暖。把脫下的濕衣服和自己一塊兒塞進被窩，被子潮得幾乎能擰出水來，哆嗦了一小陣，疲倦打敗寒冷，熟睡過去。

《星星堆滿天》

星星　　　　　　　　　看見所有的星星
在前面　　　　　　　　排成長長的一排
一顆接一顆　　　　　　往前走
一直伸到黑夜裡　　　　要去一個地方
往前多走幾步　　　　　停下來
又能多看見幾顆　　　　堆成一堆

走過月色，終於找到傳說中「一天三次日出」的地方。

一睜眼，天已經亮了，雨也沒下了，被子也被自己焐暖和了。兩三隻小鳥在窗子外面叮咚叮咚地叫，太陽正在出來。該是第幾次日出呢？早上7點30，要是半夜沒出過一次，那應該正好是第一次。

出去一瞧，先看見四面赫然立著巨大紅色石頭山，太陽正從其中一座背後往外出，每移出一點，小街上的暗地方，就由東到西的少一點，等它一點點把我面前的街全照亮了，第一次日出完成。

我開始順著這條細小的街往下走。有一些石板，有一些黃土，人很少，來來往往就那麼幾個。沿街的鋪面，現在正在陸續開門，幾家飯館裡已經蒸好的玉米粑粑往外冒著白色

熱氣，飄得整條街像是下了場玉米香的小霧。沒一會兒，500、600米之後，街就到頭了，面前流著一條小河，有一座小木橋過河，那邊的黃土路開始往山裡鑽。我折回來，坐在一家小飯館的迴廊上，吃一碗米線。

這兒的居民主要是傈僳族和納西族，也有怒族，食物基本上和麗江的沒什麼區別，只不過沒那麼多弄虛作假的花俏玩意兒，很樸實：米線就是米線，玉米粑粑就是玉米粑粑，是什麼就是什麼，地裡長什麼就吃什麼。

黎明的第二次日出，在中午1點，4小時後日出又一次來到——第三次日出在傍晚5點左右，太陽從西邊的又一座巨大的紅石頭山裡出來，再一次把鄉場上唯一的小街照亮，不過方向和早上正好相反，是從西往東地亮起來。但很快，太陽落到了更大的紅石頭山裡，直到明天早上再也不會出來。

恍然明白黎明為什麼叫黎明：這裡的黎明特別多——被無數巨型的紅色石山緊緊圍在中間的這個小鄉場，太陽從周圍的大石頭裡爬出來，又鑽進另外的石頭，再出來，再鑽進下一個，每天有三座大山，擋在了太陽要經過的路上。大紅石頭山就是著名的丹霞地貌，黎明的三次日出就是這麼被「生」出來了。

和老闆娘聊著天，忽然聽見一陣快活的琴聲傳來———一把木製的陳年老琴——很快從沈著果斷的音色鑑別出。腦子裡的鈴鐺「鐺」一聲響，「注意注意。」琴聲漸近，很快，一個穿傈僳族傳統黑色對襟褂子的男子，已停在面前，仍舊撥弄琴弦，開始和老闆娘說話——這個男子，30出頭，微卷的頭髮，黑瘦，牙齒潔白，臉上有陽光，笑容無比燦爛，只是左眼似乎有別於常人。

從我能猜測的10%對話裡，男子大概是說今晚上有什麼活動之類的……我趕緊插嘴：「我能去嗎？」這麼問只是想開始交談，其實就算自己不請自到，也會受到熱情的歡迎。這是小地方人的習慣，不光是對外來的人特殊對待，就是對自己人，也會儘量的溫暖備至。

「當然！」男子面向我，停了琴，開始用普通話簡單的打招呼和寒暄。老闆娘連忙介紹：「他是我們這兒的民間藝術家！」

「你這琴是？」

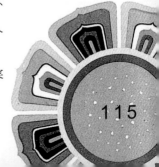

115

太陽的出沒，在巨大的紅石頭山上留下清晰的足印。

「父親留給我的，他臨終時還抱著不願撒手呢。」

看得出，一說起音樂，這男子就像被春天的小暖風吹過的湖水一樣，愉快地盪漾個不停，而且頻頻起身唱了一支又一支的山歌，我錄音機的「rec」鍵也頻繁地被按下。

好聽自不必說，另有一點很重要——他唱的，他喜歡唱的，都是淳淳的民間山歌！

之前遇到很多自稱和被奉為「民間藝術家」的人，常讓我失望。太少人能意識到他們的歷史和文化中真正的寶貝是什麼。要不是只會唬唬玄虛理論的老朽，貨真價實的東西一樣也拿不出來；要不就是附庸風雅傢伙，說是致力發揚民間音樂，結果卻只是弄幾首土不土洋不洋的「流行民間歌」，趕上什麼「古老和現代融合與發展」潮流一類的……

看著面前這個「唱山歌的民間藝術家」，心裡無比快樂和欣慰。

當我告訴他自己也是做音樂的，也一直在搜集民間音樂和樂器的時候，他臉上的快樂簡直連綻放花朵都不足以表達。立刻要給我唱一首自己寫的歌，說等他唱完之後我也一定要唱一個。

他放歌，一股清冽冽的質樸旋律開始對我進行從頭到_的衝洗，衝開了初見面時還只是半開半掩的門，和著他大聲唱了起來。

對歌和狂歡提前開始，並且有預兆的會一直持續到深夜，持續到很多

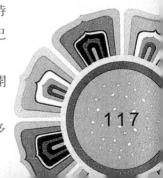

天以後。

　　第三次日出後不久，我跟隨男子走進一間只有三面牆的房子，裡面有破舊得已無法好好站直的60、70年代電影院翻板排椅。當頭一個小舞臺，正經八百地拉著紅色燈心絨幕布，這就是鄉文化站的禮堂了。

　　今天是星期六，晚上會在這舉行的「文娛表演」，其實是村民每周一次的聯歡活動。

　　幫著男子仔細地把所有的椅子都擦了一遍，他又領我到狹小的後臺，指給我看滿滿一牆各式的樂器：大部分是有四根弦的木琴和大大小小的用葫蘆和細竹筒做的「葫蘆笙」，有些是他自己做的，有些是多年以來從老鄉那兒收來的。

　　我問這四根弦的琴叫什麼名字，男子想了一會兒，搖搖頭，「就是"四弦琴"嘛，我們就叫它四弦琴，還能叫什麼？」正想打聽在傈傈話裡該怎麼叫的時候，輕輕走進來一個年輕的漂亮姑娘，面容柔和溫婉，不出聲在男子身旁站了一會兒。他倆相對無語只是笑笑，不久姑娘走進了後臺的小房間，不一會兒穿著一身黑色和紅色為主的傈傈族衣服出來，開始打掃舞臺，給琴弦上松油⋯⋯

　　鄉親們開始陸續來了，有的要參加今晚的演出，直接鑽進了後臺。早到的三五個老人找到一個好位子坐下，他們的孫子在旁邊吃糖，或者在周圍飛快的奔跑。人越來越多，所有的翻板椅很快被坐滿，很多人像我一樣站在後面，估計黎明鄉場上所有能來的人差不多都來了。

　　8點，掌燈，幕布徐徐拉開，男子和那個姑娘一個彈琴，一個吹笙，跳著「踢腳舞」旋轉著來到舞臺中間，你一句我一句地唱罷一段後，男子站定，神采奕奕地宣布「演出開始」。

　　幾個節目下來，男子和姑娘已經出場數次，不僅又唱又跳，還和說了一段相聲，台下的觀眾也已經數次衝將上臺，即興演出了好幾把。幕布這時再一次拉開，一排塗著紅臉蛋的老婆婆手牽手上來，台下喝彩聲、歡呼聲震天。老婆婆們跳著跳著跳到了台下，跳著跳著整個小禮堂都跳了起來，當然包括我，當然還包括我手裡的錄音機⋯⋯

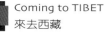

一個小願望　A little wish

　　半夜2點，曲終人散，男子邀我到家裡坐坐，我說「好」，不過他並沒出門，只是把我帶到了禮堂後面的一間10來平米的木棚：「我不是本地人，我家在怒江，來這幾年一直住這兒。」一小盆碳火微微放暖，我和男子這才自報家門——「阿布才」和「張小靜」，正式愉快地認識了。阿布才又指了指在旁邊靜靜坐著微笑不語的姑娘：「這……小美，」未等話完，兩人又是凝望一笑。

　　我告訴阿布才希望能搜集一些這個地方的民間音樂：「這也是我特別想做的事情，而且已經做了好些年了。好多特別好聽的老調子只有老人會

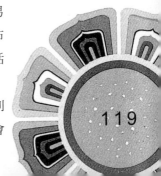

119

唱會彈，現在的年輕人成天只唱港臺歌，自己的老歌子根本就不想學。這些老人每天都在去世，那麼多好歌子關在他們的嘴巴裡，捏在他們的指頭裡，都跟著入了土，從此再也沒有人會了，實在可惜。

可不是嗎，這個地球看上去欣欣向榮、日新月異，可有多少寶貴而美好的東西，每天都在悄悄消失，一去不回，就像從來就沒有來過這個地方一樣，不見得一乾二淨的。就是這種太徹底太迅速的消失，才讓我總希望能趁它們還在的時候，多看幾眼或者能記錄下哪怕點滴它們的影子。

「那你收集的音樂都在嗎？」「在呢，」說話間從一個舊花挎包裡掏出厚厚一摞紙，「都在這兒。我自學了一點簡譜，也不知道記得對不對，不過自己看著倒是能唱出來。唉，就是不大方便，又慢又不準確。」

我一篇篇翻看這些「譜子」，的確儘是些只有他能懂的數位和符號，讓我來識還真識不出來。

「4年前剛進這個文化站工作，就跟上面說，你們不給我工資都可以，能不能給我配一個錄音機——就是你用的那種。」他羨慕地望了一眼我手裡的採訪機，「這是我最大的願望了，其他什麼都好像沒那麼著急，如果我能用錄音機記錄老人唱歌，現在可能能多記好幾百首老歌子了。我年年都申請，每個月都去問，別人都煩死了，但到現在還是一點影子都沒有！

阿布才無奈地笑笑，低著頭不說話了……

我能體會這種沈默裡的艱難和遺憾——1998年元旦之前，手裡的這個採訪機是我多年來最想收到的新年禮物，當爸爸終於把它放在我手上的那一瞬間，一種長久期盼最終得到的快樂、一種心願實現的幸福，已經成為我終生難忘的幾個瞬間之一——這200多塊錢一個的磁帶採訪機，對任何一個城裡人來說算得了什麼？可它卻是眼前這個熱愛音樂，對保留民族音樂有強烈天生使命感的山裡漢子，一輩子最想要，卻似乎永遠沒希望和沒方法得到的東西……

我的眼淚驟然湧出眼眶。

深山再深山，峽谷再峽谷
Deep mountains and deep mountains, gorge and gorge

阿布才抬頭重新笑起來：「明天帶妳去找一個葫蘆笙王，是這一帶做葫蘆笙和吹葫蘆笙最好的人。他吹了一輩子葫蘆笙，現在70多歲了，一個人住在一座小山頂上。但「要往怒江裡走兩天的路，行嗎？」

「呵呵，半點問題都沒有。」

第二天一大早，吃過小美做的小米粥和玉米粑粑，把阿布才準備的一大堆酒和鹽往自己包包裡裝了一些——他說山裡人最缺鹽，最愛酒，帶上，好走路。

才走過昨天經過的那座小橋，小美拿著一件外衣追出來，一邊幫

金沙江到虎跳峽，眼看就要被兩座山脈截下來，江水匯聚所有的力量洶湧，才得以繼續向前奔騰。

阿布才穿上一邊說：「山裡頭冷，還是要多穿點兒。」再上下仔細打量了阿布才一遍，才在他胸口上一推：「走吧，早點回來……」又是一段不短的凝視，姑娘先轉過身快步回去了，阿布才才轉身，伴著一聲輕嘆，我緊步跟上去：「小美……？」還是沒好意思，把話吞了回去，「她對我真是

121

太好了，可是……」自然沒有繼續追問，就光這個「可是」，已經知道是個一言難盡的長故事，就等阿布才什麼時候想說再說吧。

　　阿布才很快從離別的愁緒中出來，指著對面一座紅石頭山山腰上凹進去的一塊平整的草地說：「你下次來，就到那兒去找我吧。那兒是我的『世外桃源』，我要蓋一個小房子，養很多鵝和鴨，還有兔子，還要種很多樹，桃樹、梨樹，再開一個菜地，還要種很多花，整個草地上全開著花……」

　　走了不久又指著前面溪邊一眼細泉說：「每年8月15，這口泉裡的水就會變成墨綠色，而且水量大增還特別臭。方圓百裡的人到時候都要來喝這臭泉的水，或者用泉水擦洗身上有病和受傷的地方，特別靈，好多人都被這泉水治好了病。」

　　我看著這麼一股普通的泉，實在很難信以為真。阿布才見我不信，指了指自己的左眼：「你看，我這眼睛前些年已經完全看不見了，這兩年每年用臭水洗一次，現在又能模模糊糊看見東西了。」我這才仔細觀察了早就覺得彆扭的阿布才的左眼：黑眼仁幾乎已經沒有確切的形狀，模糊一團，像是被白眼仁包在裡面。我猜測不是白內障就是什麼奇特的眼疾，「沒去醫院看看？」「這都十幾年了，開始也治過，找了些人也沒人能治好，就不管它了，總之也不大礙事，還有只眼能看就行了嘛，要不然老天爺幹嘛要給人兩隻眼睛，不就是以防壞了一隻還有一只能用嘛。」

　　一路走的都是羊腸小道，偶爾爬一個小坡鑽一個樹林子，輕鬆地朝怒江福貢地區前進。一直輪番唱歌，歡聲笑語不斷，半點勞累都沒有。

　　差不多每走幾個鐘頭就會遇到一個村莊——有傈僳族的也有怒族的，也有混在一塊兒住的。大的20、30戶人家，小的就幾戶人家——阿布才總會找一戶人家帶我進去坐坐，然後打聽有沒有老樂器能買。如果人家拿出一把琴我們看中了，就用帶著的酒和鹽換，或者由阿布才去談價錢。別說，還真收著兩把好琴，一把是用一瓶酒換的，一把給了50塊錢。

　　阿布才似乎能跟所有的怒族和傈僳族用語言通暢地交談，我是一點都聽不懂，不禁誇他：「你懂那麼多語言，還懂普通話，比我厲害多了。」

「我是怒江的傈僳族，周圍總是有很多怒族，也懂一些怒語。可如果外人真要學怒語啊，那可難了，方言特別多，一個地區和另一個地區的怒語都完全不是一回事，一個這兒（福貢）的阿怒和一個貢山的阿龍見面了，要是用他們的方言講話，說不定互相一句都聽不懂。不過大部分怒族都懂傈僳語，而且出門跟外鄉的怒族也說傈僳話，還都用傈僳文。所以啊，是他們懂我的語言，是他們厲害呢。」

這可是真的，我還聽說過更稀奇的事：這麼傈僳文也不是傈僳族自己創造的，而是一位本世紀初長期在緬甸八莫傳播基督教的英國牧師，叫付能仁的，瞭解到怒江地區的人們幾乎都「有語言無文字」，而大多數怒族都懂傈僳語，為了把基督教在這一地區廣為播灑，搜集創造出傈僳文……有點驚訝吧？！這個地方讓你糊塗，讓你摸腦撓腮的地方還多，還多。

傈僳族是後來才遷到怒江裡來的，之後就一直跟怒族人住在一起，也

怒族老奶奶每天都要翻頌聖經。

說不清是誰影響誰，誰改變誰了，或者大家都是被大自然教化了。只知道到現在，看上去，怒族啊，獨龍族啊，傈僳族啊（甚至彝族，藏族，各種地方，各種不同的人群）好些風俗都有相似和根本一樣的地方，根本混在一起，難分彼此。比如說房子，我這兩天走的福貢地區，有傈僳族也有怒族，和貢山地區一樣，他們都住在簡陋的幹闌式木楞房裡。都是木頭疊起來做牆，茅草木板蓋頂，從外面看根本看不出一間房子裡住著的是傈僳人還是怒人。再加上都在一個地方生活，看傈僳人種水稻，怒人也開始種水稻，大家都吃地裡最好長的玉米，婦女都用大麻織布，給全家人做衣服，都光著腳，還都說傈僳話……當然也有區別，這是絕對的，只不過這些區別可能已經是幾百年前的1/5，或者1/10了，而且仍然在減少中。

這兒的天氣比南方怒江冷，而且潮濕多雨，屋子當中的火塘裡長年不斷地燒著柴火去濕除寒，也是因為潮濕，柴火很難曬乾，一燒起來狠命地

往外冒大黑煙，把一間房子從裡到外一點不落的全熏成了黑。生活貧苦，全家的生活用品就那麼十來件，零星地散落在地上，一目了然，床（或者用來睡覺的木板）啊，被子啊，鍋碗啊，甚至是裡面住著的人，被煙一熏，全都黑乎乎的，黑乎乎得看著更苦。

怒狗倒是猶如它的名聲那麼凶悍。我們總是謹慎地站在離屋子幾十米的地方，等阿布才把屋裡的主人吆喝出來摁住這些忠實的傢伙，才敢靠近。不過狗其實總是在我們吆喝之前就大叫開來，只有當主人出屋拍拍它們，告訴它們這是朋友，才停止惡叫，但凶狠的眼睛會戒備地死盯著你，直到已經看不見你很久之後。

一進屋，往往是一陣抓瞎，是真的除了抓住了「瞎」，啥也抓不著。屋裡光線極暗，最多有一兩個小窗，再加上所有的東西全部黑乎乎的，你完全就是忽然闖進了個黑洞。要是沒人引路，你最好站在原地1分鐘，再

怒狗，名如其狗，不過只要主人出屋子拍拍它，就不會攻擊陌生人，但他們是絕對會看家又忠心的狗，總是死命的戒備著，直到陌生人離開很久以後。

《髒老屋》

光
被黑色的房樑
擋在外面
只有很少的
透進來
變成一束束的

如果那一束束本來是空的
那現在
已經灌滿了屋裡的灰塵
這是現在
唯一能看見的
在這個黑漆漆的屋子裡

使勁地眨眨眼睛，才能強迫自己臨時變成一隻夜間動物，開始活動。

　　白天幾乎見不著女人，呆在家裡的全是男人，而且大都酒味四溢。不是剛剛暈了二兩，就是已倒地昏睡了好幾天，或者乾脆一醉醉了好幾年。似乎魂魄早在酒鄉不知什麼地方弄丟了，空著一副乾癟的軀體晃回來，再也醒不過來。

　　這樣醉生夢死的「酒仙」，這種全村男人集體賦閒在家喝酒的情況，我在很多寒冷而貧窮的地方也常見到。

125

怒族的火塘雖然是家裡最重要的地方，但也只能這樣簡陋，看不出絲毫的富足。當時我並不知道，我身後竟蜷伏著一個昏睡了好多天的「酒仙」（右）。

左邊穿白襯衫的男子是阿布才。

一場美宴歡歌和一個小驚詫
A delightful feast and a little surprise

　　路上的第二天中午，到一戶怒人家小歇。和所有人家一樣，這家人門邊屋簷下也放著一台織布機。阿布才告訴我：怒族男女選物件的時候，有一句俗語做標準：「羽毛華麗的鳥肉酸，外貌美麗的人心狠」，也就是，醜的一般比較好，誰要是長得太漂亮就小心找不到老婆或嫁不出去。另外男的還要看是不是個打獵高手，女的要看織布的手藝好不好。所以，每家屋裡是必定會有台織布機的。

　　屋裡照例沒有桌椅，在火塘邊的一圈木板上坐了會兒。身上還有乾糧，本無意吃飯，而且一進門就發現這家人沒有地板，腳進來是直接踩在土地上了。而我的印象裡，只有家境非常窮的怒人，才會住沒有地板的房

子，所以更不願意添人麻煩。可酒意正高的男主人盛情挽留，也就從了。

　　5月剛好是這一帶怒族的「歐桃」月，該是種包穀、栽秧的日子。剛回家的女主人，綁在小腿上蓖片編成的腿籠裏滿黃泥，想必是剛從地裡回來，知道家裡有客人要吃飯，撂下鋤頭就忙開了。

　　先是從家裡唯一一件家具——一口大黑櫃子裡，拿出一袋舂成麵的糧食，往一口土陶鍋裡倒了不少，又往裡加了些水，端到火塘上立著的三塊呈三角形的石頭上垛好，再把火燒成文火，蓋上蓋子又出去忙活。

　　男主人拿出一節竹筒和兩個用細得多的竹子做的杯子往我和阿布才面前各放上一個，抽開竹筒上方的小孔裡插著的木棍，往我們的杯子裡滿滿的倒上了酒——阿布才在我耳邊小聲說：「包穀酒，不大醉人，不喝就是瞧不起他，他會生氣的。」——自然是會喝的，只是怕自己一喝起來，今天就哪兒也走不了了。先給阿布才打了個預防針，哪知他說自己就三杯的量，「好嘛，我至少也要五杯之後才倒下，雖然這杯子著實有點大，可虧得你還是這兒土生土長的……」

怒人在市集上賣蘭花。

　　正開著阿布才的玩笑，見男主人端著自己的酒杯過來了，一把用右手摟住阿布才的脖子——這是要幹嘛？強迫？威脅？阿布才絕對上道，也伸出左手把男主人的脖子一摟，右手和他的左手共同扶住酒杯，頭挨頭，一塊兒把杯子放到兩張嘴中間，同時含住杯沿，最後動作極其豪爽利落地同時向後仰頭，掀杯子。漂亮！居然一滴沒灑出來，兩人各喝了一半。打聽這個高難度動作叫什麼名字，原來是怒族（傈僳族和其他民族也這麼喝）著名的「同心酒」，表示兩人從此心連心（嘴連嘴，頭連頭），肝膽相照，成為好朋友的幹活！

　　男主人很快又往自己的杯子裡倒滿了酒，有點緊張，「我也要來？！」

倒不是因為別的，比如因為要頭連頭，嘴連嘴什麼的，主要是擔心技術動作從沒操練過，把這本來英雄氣概、豪情萬丈的儀式搞砸了……見我微露難色，阿布才跟男主人說了幾句什麼，男主人會心一笑，改成國際慣例的「碰杯敬酒法」，跟我溫柔地碰了碰杯，嘴裡雖然仍用不大靈光的漢話說了句「好朋友！」可氣勢一下差了好遠。不過癮！心裡暗自計劃，下來就找阿布才練習練習，以後絕對要主動跟他幾個怒族喝這酒，交他一堆知心朋友。

三杯酒下肚，女主人端了一大盤類似醃肉模樣的肉類過來，掀開土鍋蓋，一陣讓人渾身踏實的糧食香飄出來，阿布才衝我一樂：「有口福了，今天吃蕎米砂飯，還有琵琶肉，這可是怒人招待貴客的規格。」

女主人看了看鍋裡的情況，舀了一木勺水，從高處，均勻地往已8分熟的蕎米上澆了一圈，再把那盤肉放在飯上，蓋回蓋子。坐到火塘邊，把一堆薑、辣椒、核桃仁往舂子裡一扔，開始「咚咚」地舂起來。等把這些小玩意都舂細之後，全倒在一個裝了開水的土碗裡，灑了點鹽，變出來一碗顏色漂亮的濃湯汁，再去掀開鍋蓋。

鍋裡剛才加進去的水，現在已經全蒸乾了，跟著一塊兒蒸的「琵琶肉」看來也到了火候。女主人拿出幾個蔑條編的小簸箕，舀起鍋裡蒸得鬆鬆的飯往簸箕裡裝，裝滿了第一簸箕笑眯眯地先遞給了我，我雙手接過。簸箕

正在織布的傈傈族老婦。

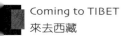

飯碗——看來是手抓飯，試著把手指頭往飯裡插了插，旁邊的三個人一塊兒讚許地衝我點頭。捏起一把塞進嘴裡，好香！蕎麥是我小時候總吃的東西，最近好久沒吃了，這下忽然又進了嘴裡，那個樸實，真讓人舒服，再加上這本來就是只去了蕎皮但舂得不是很細的蕎米砂，這個嚼頭啊，更是一下是一下的，實在得很！

　　女主人一直笑眯眯地看著我吃，見我吃得高興，她也不住發出「咯咯咯咯」的笑聲，又端來剛才精心製作的那碗湯汁，往我的「碗」裡倒了好些，浸濕了一大團飯，示意我拌一拌。阿布才在旁邊解說：「辣子泡飯。」我把浸濕的飯和留在表面的辣椒粒、核桃粒拌勻，往嘴裡送，好吃好吃，

怒人就起取材建
造的房屋。

香辣爽口，食欲無限量大增啊。

　　很快肚子就填飽了，男主人又端起了酒杯，一指「琵琶肉」，嘴裡蹦出三個漢話：「吃，好吃！」意思是用它下酒，接著喝！可面前這個晶瑩剔透的棗紅色豬肉，只能心領了，「琵琶肉」已相遇無數回，都是各種主人家極力推薦的東西，但我不吃肉，至今沒領教過。酒是沒問題，來，不就是醉嘛，不就是高興嘛，不就是唱歌跳舞嘛。

　　阿布才先彈起琴，男主人從黑乎乎的牆上也摘下一把，我一晃眼還以

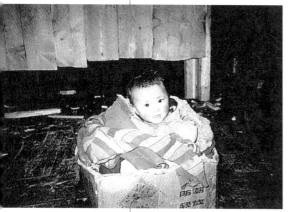

孩子的臉上永遠是單純和自在的，哪怕露出驚訝。

為他把牆掰下來了一塊兒，見他手上的東西可以撥弄出聲音，才看清，又是一把好琴：跟阿布才的琴長得有點兒像，不過別人有「名字」，不叫「四弦琴」，叫「達比亞」。兩個男人先跳唱起來，依然是以腿腳的踢踏伸縮，身子的前俯、後仰、擺動、轉圈為主的動作。

　　我揣摩著，應該只有像傈僳族、怒族這樣，跳舞的時候手裡總拿著樂器，還非得邊彈邊跳，不能乾在旁邊彈而不跳的民族，手沒空，才只靠腿腳蹦噠。看別人蒙古族、維吾爾族，有的跳舞，有的在旁邊彈琴，手上的花翻得多漂亮。女主人很快也起身加入，不過手裡依然沒空，拿了「幾味」（口弦）撥弄。我早就學著他們的樣子開始轉圈、踢腿好一陣了，這種歡樂時候，我是不會害羞的，就算有再多的村民聞聲拿著自己的樂器跳進屋子……

　　我終於成功地把自己的頭轉暈，倒在了火塘邊的木板上，正想在眼前的歡歌中慢慢閉眼，結束這美好的一天，忽然覺得身子躺著的木板怎麼扭動起來——「喝多了，喝多了」——可那木板接著更劇烈的扭動了兩下，還開始發出「嗚，嗚」的聲音——什麼玩意兒？！——一下子酒都醒乾淨了，起身扭頭觀察木板：只見上面鋪著的破布開始呈隆起狀，像是要鑽出什麼東西來……不會吧？破布在繼續扭動，鑽出一個……一個……我一時說不好……一個……立刻也看不清……一雙賊大但空無一物的眼睛杵在我臉前面……一雙眼睛？不！一個東西？什麼東西？一個活的？對，還動著……是什麼東西呀！？我「噌」一下蹦了起來，還小「啊」了一聲。女主人見這邊有動靜，忙跑過來，蹲在那「東西」旁邊。阿布才也跑過來，一看，哈哈大笑，跟我說：「再去仔細看看？」我重新壯了壯膽，往前稍微走了兩步，女主人正在撫摩那「東西」的頭：一個只有幾根長毛髮的人頭……一個……皮包骨頭的，裸體，男，人！好，夠了，不用再描述了，我已有嘔吐感了。在他旁邊坐了一下午都沒丁點動靜，居然還是個活人？？這就是一個我說的「酒仙」，據說不過30多歲，可10多年了，全是這麼一醉十天半個月，最長的一次7個月都沒醒過一回……

溜 Glided

　　好了，好了，歡樂也歡樂了（雖然歡樂永無至盡），現世活「酒仙」也見識了，該繼續上路了。

　　本來兩天的路，因為我們這一路跳舞一路吃喝的，往後了多了兩天，變成了四天的行程。第四天的路本該是第二天走的，要翻一座山過一條河。

　　先過河，早晨出發沒多久，便遇到了瀾滄江。我猜著該坐溜索了，跟著阿布才順著江往上游又去了一公里，見著一巨大的物體正掛在江上的鐵索上，一邊往對岸迅速溜去，一邊撲騰。定神一看：一匹馬被拴在了溜索上，正溜著。眼看就要撞到對岸的石坡上了，說時遲那時快，馬把腿往前一伸，著陸，快翻幾下蹄子，減速，安全到達。想來是一匹天天溜這條索，溜了好多年的馬兒，技術相當嫻熟穩健。

　　走到溜索邊，見對岸還有一對人馬，等著用另一根並排的，不過是朝我們這邊傾斜的溜索過溜，心想等著再欣賞一遍馬的精彩表演，誰知這匹小馬初出茅廬，沒怎麼玩過溜索，站在岸邊都直往後縮腿，看來主人要帶它過河了。主人先把小馬綁在一個滑輪上，再把自己綁在另一個上面，一手抓緊綁馬的溜帶，一手抓牢自己頭頂上方的溜帶，開溜。一切順利，除了小馬因為害怕「噗噗噗」一陣噴鼻泡以外。主人緊緊把小馬拽在自己身邊，快溜到這頭的時候最關鍵，要是技術掌握不好，很可能連人帶馬一塊兒撞到石坡上，不稀爛也肯定骨折。主人利索地開始擰頭頂的溜帶，溜帶

131

開始夾緊溜繩，再加力擰，速度逐漸放慢，直到非常平緩地著陸在我們身邊的平地上，技術好得了得了得的。

　　輪到我們，阿布才要帶我過，我哪能不親自試試這麼好玩的玩意兒。再說以前也玩過這個，只不過是另一種叫「平溜」的，只有一根鐵索，兩頭高，到河中間凹下去，像一張反掛在河上的弓，過的時候只能溜到「弓」上離河面最近的地方，剩下的一半往上的距離，得自己反過身子，用手拽著一點點爬過去。阿布才一臉嚴肅：「那可比這個陡溜安全多了！」那倒是。不過這比平溜快多了，刺激多了，而且根本不用自己費力。

　　我堅持自己試試，阿布才拗不過，開始給我講技術要領，我覺得關鍵就是減速，只要能減好速，就沒什麼好危險的。握住溜帶又抓又擰地試了試，覺得自己行了，說：「走嘍——」離了地，到了河上。沒想到速度非常快，從我覺得該擰溜帶到擰的短短幾秒鐘，身子已往前飛出去好幾米，眼看就要撞山了，但速度還沒來得及減下來。一瞪眼，一收腿，一縮身

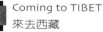

子，幾乎縮成一個肉球才躲過了石頭，總算是「全身」而過，該在的都
在，一樣沒落到江裡也沒撞碎什麼。

　　過完河，緊跟著翻山，我問這叫什麼山，阿布才說這很難講，只能說
當地人都叫它黑山，就像他叫他的琴「四弦琴」是一個道理。

　　下午1點開始翻山，山不算太大，是碧羅雪山山脈的一個小不點，海
拔只有3000多。到山頂用了3個多小時，下山一路小跑，一個多小時到了
山腳的村子。算是走得相當快的，稱得上是當地年輕人的速度。下山的時
候我甚至比阿布才還快那麼20多分鐘。阿布才喘著氣追過來，嘴裡反復念
著：「想不到想不到，小小姑娘這麼能走，」朝前一揮手臂：「看見那個
小山了嗎？」

　　順著他指的方向，一座秀麗的寶塔型小山，就在一大片玉米地的盡
頭，鬱鬱蔥蔥，婷婷在幾間小木屋背後立著，一朵紅雲剛好遮住山尖……
吹葫蘆笙的老人正在紅雲環繞中……

怒江和它沿岸的
小村莊，溫暖而
幽靜。

老人氣定神閒的
吹奏葫蘆笙。

葫蘆笙老爺爺　The aged with a bottle gourd

　　去小山的路上，阿布才給我講了他和老人的故事：不是因爲山高，不是因爲路遠，也不是因爲處所幽閉，只是老人平日不願見人，才使得無數慕名而來的拜訪者即使已到了山腳，也不能見上一面。

　　「我算是他老人家的關門弟子吧。8年前的夏天，我帶著自己的小兒子流浪到這兒，夜裡在這個小山腳下露宿。兒子那時只有3歲，每天要聽我給他彈琴唱歌才能入睡。當時我正唱著一首本該媽媽唱給孩子聽的小調，一個老人從旁邊背著一背兜葫蘆經過，聽見歌聲停了下來，沒轉身看我們，只站在那兒一動不動。直到我把歌唱完，走過來，抱起我熟睡的兒子就往山上去。我著急地撿起行李就追，使勁問他這是想幹什麼？老人不發一語，緩步向前，嘴裡還輕輕哼著我剛唱的那個小調，不時看著懷抱裡的孩子微笑……我不再問，只是跟著老人，來到了山頂。

「山頂上有一間小木屋，老人開門，把我兒子輕輕放在床上，看了一眼門口依然驚訝不已的我，從牆上取下一把葫蘆笙，走到了院子裡。我這才還過神看見滿牆掛滿了葫蘆笙和別的樂器，又驚訝又高興。老人的笙在外面吹起來，我歡喜地跑過去坐在他身旁，伴著笙曲彈琴……」

「第二天，老人就讓我在他的小木屋旁邊搭了間草棚，我和兒子在裡面住了一年。」

「這一年裡，他教會了我做葫蘆笙和別的好些樂器。那時候，總有人來買老人的葫蘆笙，還有很多人老遠地過來訂貨。白天我們倆做樂器，晚上就在月亮裡吹笙彈琴，還教我兒子，我兒子特別聰明，學得很快……」

「後來，就在我住滿一年的前一天夜裡，老人嚴厲地告訴我，不能再呆在這裡，說他要去做別的事情……其實他是不想讓我陪著個老頭困在這小山上……我走以後，他就不見人了，也再沒開口說過話。」

「他還見你嗎？」

「見，據說只見我和他的小女兒。他有個小女兒一直照顧他，本來是嫁在山下的村子裡的，誰知6年前，在四川打工的丈夫，出意外死了，去年剛改嫁到了貢山，很遠，一年回不來幾次。現在老人家就靠著以前女兒

老人的女兒剛好來看父親，但第二天就走了，小兒子剛一歲，生病了，要趕緊去縣城找大夫。我和阿布才把老人的女兒送了一程又一程。

走進這樣的怒族小屋，就走進一場簡單艱澀，但無比質樸純真的歡歌。

婆家的人，不時送點糧食上來。他又不見人，別人想照顧他都照顧不上……可只要聽見我的琴聲來了，他就會笑著開門，不過也再沒對我說一句話，只是笑」。

阿布才忽然開始彈琴，我才發覺，自己已經接近山頂，小木屋就在眼前，屋裡的燈亮著。

阿布才端端正正地站在門口繼續彈琴，我躲在他身後。很快，小屋裡傳出清脆的葫蘆笙的聲音。門開了，一個身材瘦小的老人，捧著葫蘆笙，邊吹著邊笑眯眯地向門外迎出來。可當老人看見阿布才身後的我時，臉色忽然一變，轉身幾步進屋，還把門重重地關起來。

我一陣難過，一下子不知往哪兒站好，自己實在是唐突，破壞了那麼情深意切的相見場面。真想自己忽然會個隱身術或者鑽地法，馬上消失掉。

阿布才安慰了我幾句：「沒事，我去跟他說。」

先敲門，肯定是敲不開的，又趴在門上，朝裡面細細地說話，不知道

把什麼好話都說盡了，也不知把我說成了個什麼大好人，快一個小時了，老人屋裡仍一點動靜都沒有。阿布才有點灰心：「他是一個人呆久了，越久越不願見人。」

是什麼特別原因，讓一個人忽然對別人產生這麼大的拒絕和防備？

阿布才把故事接著講了下去：「那年我離開這裡之前，發生了一件特別讓老人傷心的事。有一天來了個人，說是昆明什麼民族音樂研究所的，要辦一個國際民間樂器展，專門到鄉下老藝人手裡借老樂器做展品，想借老人的幾把老笙。老人看這人衣冠楚楚，又有名片，再加上聽起來的確是件好事，就狠心把自己爺爺的爺爺親手做的一把清朝時候的老笙，和別的幾把特別老的笙翻出來，給了這人，千叮嚀萬囑咐用完一定馬上還給他。那人一口一個『肯定、絕對、放心』，拿走了琴，臨走還說讓老人去昆明看展覽」。

「一個月，兩個月，三個月過去了，展覽早該結束了。老人每天都要站在山頭盼好幾個小時，琴還是沒回來。又叫我去打這個人名片上的電話，根本就沒有這個號碼。他知道琴回不來了，可還是站在山頭盼啊盼，最後大病一場，病好後就開始慢慢不說話不見人，也再不做笙了……」

小屋的門這時吱嘎一響，阿布才一下蹦起來，「走，他想通了。」我一面跟上去，一面問：「你剛才跟他說什麼了？」「我說，你是好人，是個真正愛音樂的人。」

老人的小屋非常小，而且簡陋之極。放了一張自己睡覺的木板之後，就只剩木板和牆之間一小塊地方能放個火盆。老人拿著旱菸袋坐在木板上，看不出是什麼表情，一隻小黑羊縮在老人身邊。除了一口鍋，一副碗筷和另外幾樣生活用品，就是滿牆、滿地的葫蘆笙。

呆立在屋子中間，也不敢多看那些笙一眼，怕老人以為我也是壞人，只會打他笙的主意。半晌，老人忽然用手掌拍了自己身旁的木板兩下，望著我微點了一下頭，「讓我坐？坐在他旁邊？真的？」我有點受寵若驚，看阿布才，他微笑點頭，我才小心翼翼地坐下……

阿布才蹲在門邊，老人抽菸，小黑羊睡覺，誰也沒說話，在小山頂的第一個晚上，靜悄悄地過去了。

是什麼在閃閃發光？　What was glittering?

接下來的日子，慢慢像河流一樣流暢起來。給老人剪頭髮，洗衣服，換新被子，打掃小木屋，換新床板，整理屋後的小菜地，到山下村子裡用剩下的酒和鹽換回糧食和肉，給老人做好吃的，晚上再給他炸個包穀米下酒……

老人對我的態度一天天變好，一天天親近。從開始正眼看我，到看著我微笑，到我洗菜的時候，過來拍拍我的頭頂……每天傍晚吃完晚飯，我洗碗，老人和阿布才就坐在院子裡先開始彈琴吹笙，等我過來，阿布才總讓我先唱一個，我就和著他的琴唱一個，等我唱完，老人總會先哈哈大笑一陣，再吹一段快樂的曲子。三個人的笑聲和歌聲總是要到深夜，才會在這個寂靜的山谷裡漸漸困倦，消失。

這樣的日子過到第6天晚上，阿布才顯得心事重重，琴的調子沈悶起來。老人先回屋睡覺了，阿布才抱著琴坐在外面，嘴裡輕輕哼著個調子，是那天「文娛表演」的時候，和小美一塊兒唱的調。

「想小美啦？」，我坐到他身邊，「沒有！」搖頭掩飾，「想兒子了啊？」……好半天，低頭沈默，嘆出一口氣：「我的兒子啊，他太乖了……」阿布才終於開始講我一直想聽而沒聽到的故事。

「10年了，也不知道為什麼，可能是嫌家裡窮，嫌我只知道彈琴不會掙錢吧，我老婆說也沒說一聲，偷偷走了，聽說是出去打工，也不知是真是假。我帶著兩個兒子，大的5歲，小的才1歲多，在家等了兩年，她也沒回來，也沒半點消息。

「我把大兒子托付給親戚，帶著小兒子離開老家開始找她。可是茫茫人海，從何找起，身上沒錢，兒子還小不能餓著，開始一個村子一個村子的賣藝，能有人給點錢就收點錢，沒錢給個粑粑也就滿足了。不過我兒子特別乖巧，很小就會吹笙，而且特別會唱歌，好些人都是看著他可愛給我們錢的。」一說起兒子，阿布才露出了他一貫的笑容，甚至比一貫還要溫暖的笑容——「我兒子叫小巴三，前年在全省的少兒文藝調演裡代表黎明鄉得了個第一名，被組委會給了個『傈傈族小歌王』的稱號。昆明的磊耳音樂學院破例收了他，而且給了他直到大學畢業的全額獎學金，現在他在

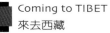

昆明上學呢。」

　　不忍看見阿布才臉上的幸福光芒消失，沒有再接著問下一個問題，不過，阿布才看來也希望把故事講完，慢慢拾起那段不快樂的回憶。

　　「就這麼走啊，找啊，三年多轉眼過去了。我和小巴三幾乎走遍了雲南所有的村子，還是沒有一點音訊，到後來想，她是不是已經在家裡了，打算回家看看。

　　「經過黎明，也是在街上賣藝，被文化站站長看見。他說覺得我是個人才，希望我能留在黎明工作。當時也不知道再有什麼地方能去，就答應了。

　　「我心裡有個疙瘩一直放不下，答應站長留下之後，還是回了趟老家。但除了4年沒見的大兒子快認不得我了之外，她還是一點蹤影也沒有。村子裡有個從外面打工回來的年輕人說，在廣州看見過她，也不知道認沒認錯人，說看起來過得挺好……她過得好就好，只能這麼想啊，讓自己死心。到黎明，呆了下來。」

　　「然後認識了小美，她對你很好，這不是挺好嗎？」

　　長長地搖頭：「唉，小美……她對我的確太好了。一個年輕漂亮的姑娘，偏偏看上了我這個又沒出息又糊塗的瞎眼流浪漢。她對小巴三也特別好，還特別聰明好學，我只是偶爾教她一點琴，一點笙，她現在吹得比我還好。可是……卻讓她受苦……」

　　「為什麼這麼說？你們在一起看著就特別幸福，幹嘛不結婚呢？」

　　「我老婆去年突然回來了，可能外面的世界也不是那麼好待吧。回去見了一面，她變化很大，說回來就是要重新跟我過日子。可是我等了她10年啊！心裡除了傷心已經沒有夫妻感情了，何況小美……我提出離婚，她堅持不同意，和我吵架，天天吵架。」

　　「現在呢？」

　　「她在老家，我不願回去。」

　　「這就不對了，你不能躲啊！她現在在這兒，正好能把事情明明白白地講清楚，躲是躲不過去的。況且你有權利有新的幸福生活啊，要是躲著舊的問題不解決，新的生活也開始不了，你要為自己的未來想，你還要為小美想啊……」嘩啦啦說完這通話才覺得有點怪，一個小姑娘教一個大爺

們如何處理感情問題？不過，我是有話直說。阿布才也是認真在聽，而且像是真的受到了鼓勵。

　　他微微仰起臉，「我明天想回去，小美會擔心的。你說得對啊，我也每天都在想，應該快點把這個事情解決了，可旁邊也沒個人商量，也不知道自己這麼做對是不對。聽你這麼一說，給了我很多勇氣，真是很感謝你啊！」他不住的謝我，倒讓我不好意思，不過就是說了幾句想說的話。

　　心裡一直惦記著給阿布才一個更大更實在的快樂——從包包裡掏出採訪機，取出裡面錄著這些天我們和老人在山頂唱歌的磁帶，把機器遞到阿布才面前。他明白了我要做的事情，慌成一團連忙推辭著，甚至擺著手站起來，退後了好多步。我也跟著站起來，仍舊把機器遞到他面前：「我能幫助你的就這麼一件小事了，這是你最需要的東西。」

　　見他仍然拒絕，我接著說：「你比我對這個地方瞭解得多，就算是拜託，就用它把更多的好音樂記錄下來，好嗎？」抓起他的手，把採訪機塞了進去。阿布才低著頭，盯著手裡的採訪機，半天沒動一點兒……抬起頭，眼睛裡有幸福有感激，看了我半天，張了幾次嘴，卻什麼都沒說出來。慢慢摘下胸前的四弦琴：「這個你一定要拿去！我也沒什麼能送妳的，甚至連話都不會說。這個不值錢的小東西，你一定一定要收下！」

　　「不不不，這怎麼行呢！這是你父親留給你的，太珍貴了，我不能要，說什麼也不能要……」輪到我推辭了，輪到我往後躲了。

　　阿布才沒有迎上來，一手舉著琴，一手握著採訪機，站在原地開始不住地流眼淚，好半天才勉強哽咽著說：「你給了……我這個世界上最……好的東西，你知道……我……多麼高興……嗎？這把琴你……絕對要拿著，要……不然我會一輩子……不安心……的……」捧著琴走過來。

　　我沒有別的選擇，只能伸出雙手接下，「好，我收下，這是多麼好的事情，不要不安心，我希望你能快快樂樂地把更多的好音樂找回來，我還希望你能幸福，還要帶給小美幸福，帶給更多人幸福，要好好地蓋你的小房子，下次我來就到你的『世外桃源』找你……」

　　「嗯！嗯！你一定要再來，等你再來的時候，我肯定已經有好多好歌要給你聽了！一定要回來找我！」阿布才終於重新展開了笑容……

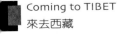

很多個後來

這個山坡現在是否已經鮮花滿園，是否已經立起了阿布才的小木屋。

　　第二天早上，我很早起床，到小山另一邊的山坡上吹風，是故意不想面對離別，那樣會難免傷心的。這些天和阿布才的相處，有很多回憶，特別是一個素昧平生的山裡男子能把這麼多心裡話都說給我聽……可是這些都已經在昨晚有了一個完美的結束，那就這樣結束吧，不管它是暫時的還是永遠的分別。事情總是會以各種各樣的方式最終走到結束，能有一個這樣完整而美麗的結果，已經很難得了。

　　我呢……看見前面連綿不絕的山了嗎？我應該會繼續走過下一個再下一個山頭，那些被晨霧包裹的地方，正在被初升的太陽一點點打開，一點點地向我張開雙臂。那些世界裡無窮無盡地故事每一秒都在發生，每一秒都是嶄新和未知的。

　　快到中午，老人到山坡找到了我。阿布才已經走了，我回小屋給老人做了午飯，他吃得特別高興。一陣心酸——我走了，他還能這麼高興地吃飯嗎？還有人給他剪頭髮洗衣服嗎？……

　　離開總是需要要緊牙關。我鐵了鐵心，搬出背包，蹲在老人身旁。老

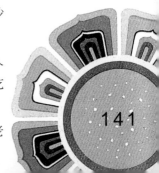

人知道我要走了，可臉上竟沒有一絲不快，笑眯眯地拿起我的手看了看，又輕輕放回原處，從頭到腳慢慢、仔細地看了我一遍，拍了拍我的肩膀，意思是：「好，你走吧。」

我站起身，悄悄往老人的枕頭底下塞了100塊錢，最後朝老人使勁地笑，把我當時有的全部的笑都留給他。迅速轉身，跑下山去。跑著跑著，覺得背包裡有陌生的清脆撞擊聲，到山腳下打開包包，看見裡面躺著兩隻老人屋裡最小巧的葫蘆笙。

我的眼淚又沒堅持住，流下來。抬頭望向老人小屋的方向，輕輕說了兩個字：「再，見……」

《再見》

瞳孔像雛菊

一個男人的臉在裡面

他唱著

再見再見

唱著唱著

變成嬰兒

唱著唱著

滿臉皺紋

唱著唱著

再也唱不出聲來

從這裡再往前走半天，就能遇見一條公路，是去貢山的公路，在那兒我可以搭上車。阿布才沒問我要去什麼地方，只是把四個方向我能走的路都告訴了我。決定又一次往貢山，因為我聽說，從丙中洛有一條清朝時候就有的馬道，翻一座山，一天就能到德欽縣的永支村，那將是我下一個故事發生的地方。

之後，我又在怒江逗留了不長的一段時間。看見了無數外國人修的教堂，極其突兀而彆扭地出現在一片玉米地邊或者一個全是木楞房的小村莊

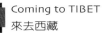

裡，像是被天空外面伸進來的大手，強行插在地上的積木房子。外國人那麼早就不辭艱難困苦地把自己的宗教文化精髓「賜福」給了我們，先別提文化侵略、文化殖民，先不說他們自不自大，也先不提實際上的確給當地人的文化生活帶來了一些積極的改變……只是那種看上去的尷尬和感覺上去的彆扭，就是我對怒江最大的感受：一個混合了各種文明，各種文明混合的窮鄉深谷。

這種感覺不僅來自這些基督教堂和裡面傳出的唱詩聲，還有搞不清自己是傈僳族還是怒族的老人；用自己的語言無法交流卻能用傈僳語溝通，不再狩獵（當然有狩獵受到法律限制的原因）開始耕種水稻的怒人；至今甚至還衣不避體卻已信奉基督教幾代的獨龍人……

我要走了，老人和小黑羊出來送我。

而這種混淆，同化，影響，侵蝕，覆蓋，在怒江以外的很多地方，中國以外的很多地方都隨處可見，而且每分每秒都處於加劇的進行狀態。不是恐慌，不是抗拒，只是看見了，只是想再多看見一些，或者還希望能有更多的人能看，能看見，然後再做一些真的好的事情。

之後，我一直沒有機會再見阿布才，但我常常想起他，會忽然在去一個地方的長途車上，以為是要回去看他了。想去看他是不是已經蓋起了他的小屋？他和小美是不是幸福地生活在一起了？小巴三是不是已經長得比他高了？我送給他的採訪機還在用嗎？他要給我聽的老歌子是不是已經多得三天三夜都聽不完了？他種的花，開了嗎？

我知道我會回去的，總有一天，就在我該回去的那天。

之後，很多年的日子過去了。

就在昨天，毫無預期地，我重新看見了阿布才，還有小美，我太高興了，因為他們看上去很幸福。

茫茫地下著雪，我在窗邊站了很久，看我住的小村子一點點被白雪蓋

起來。有一個念頭突然強烈地出來：我要去一下書店。這個小地方唯一的一家書店，在城鎮的最南邊，離我很遠，我很難有機會去那兒看看。但我那麼想去，而且特別想去看看音像製品。

　　走到書店，棉襖已經被大雪撲濕了，直奔賣ＣＤ和磁帶的地方，蹲下來一張張仔細看，也沒什麼特別的目的，就是習慣性地看看是否能找到好音樂。看到架子的最底下一排，看見一張ＣＤ上的一行字：「傈僳族打跳」——封面上那個男人怎麼這麼眼熟，還有旁邊美麗的姑娘！？

　　——阿布才和小美！絕對沒錯，就是他們倆一塊彈琴出的ＣＤ。

　　阿布才，真的是他，依然一臉燦爛的陽光，微笑著彈著琴，似乎年輕了，渾身上下沒有一絲陰暗，完完全全快樂了，深情地望著旁邊的小美。小美依然美麗，神情依舊安然，還多了無限的甜蜜，兩個人對望的眼睛裡，滿滿的全是閃亮的幸福……

《幸福的顏色》

他又在我對面唱歌
這是多年後的第二次
我一聽就知道
他現在的生活
很幸福
越聽越快樂
還看見他的頭頂

慢慢開出好多
幸福的小花
一朵幸福的花
應該是什麼顏色
你覺得
幸福應該是
什麼顏色

Note 1

天上的餡餅（女子篇）
The meat pie from the Heavens (for ladies)

你以為天上的餡餅真是一天到晚胡亂往下砸，砸著一個算一個啊？可不是這麼簡單呢。餡餅是長眼睛的，會精挑細選，還會見人給貨呢！另外這些餡餅還分超級餡餅，極品餡餅，優質餡餅，一般餡餅，偽裝餡餅，爛餡餅或者過期餡餅」……總之好爛兩種。

女子在路上，是比較容易被餡餅砸到的，不管是爛的還是好的都比較容易。是不是餡餅覺得女子「好欺負」？還真有點這個原因——

個頭就比男人小啊，包包扛不動了，會有男人上來幫忙。腿走疼了，那咱們今天就不走了。找不著路了，甜甜一笑，甜甜一喊：「大——叔！」你能不願意清清楚楚把路指給她？到最後還很可能是：「哎，說不清楚，我還是帶你去吧。」搭不上車了，站在路邊一揮手，誰也不忍心看一個小女子背一大堆行李，在這荒郊野外，舉目無親，就不擔心她被狼叼了去，還不停車？」……這些都是女孩能揀到的多種好餅子中的一小部分。看看，餡餅不是亂砸的吧！誰叫男人天生長得壯實，天生覺得自己比女子屬害，還特別願意在女子面前永遠表現得更像男人呢？多謝男人們憐香惜玉，給了女子這麼多好餡餅。

女子柔弱，女子好欺。騙子來了，你善良我騙你。強盜來了，你柔弱打不過我我搶你。色狼來了，你是女的你漂亮我喜歡我要你。大家餓極了搶一鍋饅頭，不把你扔遠點兒就是可憐你」……女子頭上砸下來的壞餅子不砸則已，一砸往往輕者餓著重者喪命的極爛品，要是能男女交換，我肯定願意又扛揹包又找不到路，只要那些壞傢伙們一個指頭都別覺得能動我。

所以，女孩子獨自上路，一定要明白，好餡餅多多益善，砸暈了都不要怕。壞餡餅來了，最好在砸到你之前，當空攔截或者溜之大吉。切記切記。

老鄉也說不清楚
Even the fellow villager couldn't tell clearly

　　說的是問路。主要還是問路的距離——其實老鄉說得清楚，而且村裡的人說的一般都是大實話。不過，如果你問一個村民：到橋頭還有多遠啊？他回答：不遠啦，半個小時就到了。你走了半個小時還不見橋頭的影子，你可別怪他們。別人走得快，就只用半小時。如果你問：到紅果村還有多遠啊？他回答：還有10公里吧！你一定要再問一句：是公里還是里啊？一般年紀大的村民只會用「里」，但也難保這兩年他們受了「現代文明」的教育，學會了說「公里」。如果你走了10公里，還不見紅果村，你還是不能怪別人，因為他絕不是用尺一尺一尺地把距離量出來的，他所說的也就是他腦子裡的10公里。計算方法是：有一天自己在有里程碑的公路上試了一回，一小時能走7、8公里，走一個半小時能到的地方就該是10公里嘍。沒錯啊，一點沒錯。

　　所以說啊，當地的村民是說得清楚的。不過你得自己斟酌，最好的辦法是多問幾個當地村民，雖然會得到很多個不同答案，但你就可以用折衷法、排除法捉個大概。

　　還有，最好在他們報給你的所有小時、公里的數後面根據自己的體力與體能（你該知道自己能走不能走，有多能走吧）酌情，往大的數推算再加點兒數——一般來說只有加的沒有減的，除非你有把握比天天走、走了一輩子這條小山路的當地村民們還快。那你就試試吧。

我們就叫它四弦琴——還能叫什麼？
We name it 「four-string zither」 — what else can we call it?

　　「四弦琴」是有另外的名字的，它又叫「啓本」。不過這也是個滑稽的名字，跟「Mary」是「瑪麗」，「Tom」叫「湯姆」一樣，都是絕對的音譯，連要找哪幾個漢字填這些音都沒個定準兒。怪不得阿布才想了半天也只能告訴我它叫「四弦琴」。他是個走南闖北，漢語很好的儸儸人，所以能把名字翻譯了告訴我，他還總替別人著想，因為我不懂儸儸話，跟我說「啓本」幹嘛？而且「啓本」不就是「四弦琴」嗎？

　　當然，也以為別的地方的樂器名字會比這「四弦琴」寓意深遠？我們說的「東不拉」、「曼陀鈴」，其實也就是個「木頭琴」、「羊皮肚子琴」。

　　所以說老百姓實在，是什麼就是什麼。四根弦的琴就叫四弦琴，飯裡泡辣椒水就是「辣子泡飯」，黑色的山就是「黑山」。

Note 4

被大自然教化了
Taught and reformed by the nature

　　大自然教了我們無數事情，我們現在會的東西基本上都是它的教化。

　　有的時侯，我們和別的動物沒什麼兩樣。冷了，我們知道多穿點衣服，狗到冬天也會多長很多又厚又密的毛。口渴了我們要喝水；沒水我們就吃水果；再乾旱了我們就往地底下挖，總之找水；牛渴了也找水，找不到水就吃樹葉或者多吃幾口青草。山上的人不會捕魚，但比水邊的人更會打獵，山上的獵狗也許也不會抓魚，但他們比水邊的狗更懂得如果追捕一隻野兔……大自然教會了我們也同時教會了其他動物很多本領，在大自然眼裡，我們和別的動物都是它的學生，它總是一塊兒上課，從沒給我們開過小灶。

在多雨的谷地，有很多這樣的木楞房。

　　山坡上的土地不再肥沃，就該往山腳走走，墾出一塊兒新地。雨季來了，就要築堤防洪，別讓泛濫的山洪衝走了你的果樹；旱季來了就要蓄水引渠，別讓你的莊稼乾死在地裡。從外面來的人你帶了水稻種子，可這裡的土地和天氣已經不是你的家鄉，種不出水稻，那就趕緊看看這兒原來住著的人都在種什麼吃什麼，是玉米那就快種玉米，是小麥就趕緊去弄小麥種子。這兒的地勢不平，還是要修房子住人，不想鑿地這麼麻煩，就在地上豎高低不一的椿子，把地板墊平。這兒的天氣炎熱那就別在穿羊皮襖子，穿穿紗籠，拖雙涼鞋……

　　這叫什麼呢？叫「上有『政策』，下有『對策』」，還是叫「適應自然，適者生存」……這些都是人的詞語，大自然不管你人叫這是什麼，總之好多事情，你不得不服不得不依，你得聽它的話，要不然就要餓著、凍著過不上好日子。

幹闌式木楞房
The railing-type wooden house

「幹闌式」：很多多雨的山地河谷地區，人們都會選擇蓋這種式樣的房子。其實跟「吊腳樓」的意思差不多，就是用長短不一的木椿把房子架起來，離開地面。這樣雨水就不會進到房子裡啦，雨水裡長出來的小毒蟲什麼的要爬進屋子也難點啦。支起來的架子和屋子的地板中間那塊空間，還正好做個牛圈，好處實在很多。

「木楞房」呢，就是用長短一致的原木橫豎起來做牆，木板或者茅草蓋頂。據說這樣的一間房子一天就能蓋完。當然，那肯定要全村上下集體出動才行。

那麼「幹闌式木楞房」也就很清楚了，把它倆加在一塊兒。估計已經能自己畫出來了吧，我就不多說了。

腿籠 The metal cage

綁腿我們都挺熟悉的。中原和尚小腿上，紅軍戰士小腿上，江南農民小腿上，裹的都是綁腿。

怒江福貢地區的婦女腿上卻裹著一圈筷子粗細的篾片。這個叫「腿籠」，而且只有婦女帶它。

女人總是在田裡幹活，這已經完全不值得驚訝了。怒族的好多田，都開在山坡上，這也不稀奇，好多別的地方的田也都在山坡上。不過，怒江裡的山幾乎都是那種一碰一動就往下滾小石頭的砂石山，可種地你不挖不埋是不可能的嘛，所以老早已經上山種地的怒族女人，總是被上坡自己挖鬆的石頭滾下來砸傷小腿。想個什麼辦法呢？

足球運動員以前也老是被人用丁鞋踢傷半月板，後來就想出了在半月板上面，球襪裡面，夾一層硬塑膠板，這下你來踢試試，是你的腳硬鞋丁硬還是我的板硬。怒族婦女也想出了對付砂石的辦法，就是用堅硬的篾條，把自己血肉做成的小腿整個包起來，給小腿套一層盔甲，就有了腿籠的出現。

Note 7　酒仙 An alcoholic

酒仙，不是愛酒之人，不是酒徒，不是酒鬼……全在他們之上。

想想，都成仙了，那就已不在世上走動，而是飛身上天了。能修煉到如此地步，絕非一日之功，那得要把自己泡在酒罈子裡，數年數月，等血管裡的血都置換成了酒，血管也不叫血管了，改叫做「酒管」；人也不叫做人了，也做不成人，回不來，醒不來了啊，那麼才算酒仙修成。

酒仙出處無數，哪裡有酒哪裡就會出現酒仙。我的印象裡，酒仙特別容易出現在寒冷貧窮的地方，特別是貧窮的地方。比如涼山，比如怒江比如西北或者蒙古的一些地區等等等等。在這些地方常能聽說誰誰又喝死了——喝死了成不了酒仙，只是想說明這些地方的人喝酒到了什麼程度。到了什麼程度呢？天天醉時時醉，沒有一刻不喝的人很多。在這些地方你還常能看見這麼一種景觀：

路邊上，大白天躺了個人，第一次看見以為眯著眼曬太陽，過幾個小時看還在那兒一動沒動，哦，是睡著了。過了兩天路過看，還在那兒，姿勢依舊沒變，你一驚：是不是死了？死了早有人拖走了，又不是只你一個人看見他，一天平均有幾十號人過去把食指放在他的鼻孔下檢查，所以沒死沒死，在成仙途中，正飄搖著呢。

為什麼越冷越窮的地方酒仙越多？我想了想：

1，越窮越沒事幹，越沒事幹越窮，沒事幹就喝，越喝越覺得什麼都不幹最好，越喝越什麼都幹不了，什麼都幹不了就越喝，就越窮……循環往復。

2，冷的地方，冷嘛，喝點兒酒能驅寒，冷嘛，一年裡也沒多少時候莊稼願意往外長，也沒幾種莊稼好種。閒的時候多，加上冷，多喝幾口，再多喝幾口。

3，窮，就苦，就愁。日子不好過啊，生活難啊，沒錢討老婆養孩子啊之類種種。借酒澆愁，喝，愁更愁，再喝。醉了就啥也不愁了，醉了就有老婆有孩子了，還是別醒了好。

酒仙自己倒是快活了，可害慘了別人，這麼要死不死，要活不活的，要是真不在了、沒了反倒痛快了。要是有老婆孩子的，老婆孩子天天對著一個活人，跟沒這個人一樣，孩子倒是會叫爸爸了，天天在耳邊叫：「爸爸，爸爸，」爸爸早忘了還有這麼個孩子，一聲也沒答應過……

酒仙還是少點好，是吧？人還是要當人好，是吧？

春天夏天的一些時間裡
SOMETIME IN SPRING & SUMMER

花總是會開的——

Flowers would bloom anyway

【3月12日，黃昏】

　　黃昏是個柔軟的時光。我和我的朋友，還在翻動泥土，在越來越曖昧的光線裡，把樹種完。

　　7點30分，天剛有黑的意思。

　　地裡耕田的一對對大稱牛，完成今天最後一圈工作，成功把原來平整的土地，勾刻出一塊塊紋理不一、花樣相異的圖畫，現在被主人鬆了犁架，輕鬆地晃悠著巨大的身子，背著夕陽回家。公牛似乎有使不完的力氣，開始朝母牛示愛，整個山谷回盪起它澎湃熱烈的巨大鳴叫。

　　每年的勞動都會在一個星期前——藏曆大年十五之後開始。現在青稞、油菜已經種下去，肥也施了，再把泥土翻鬆，就等著小綠苗們一個個長出來了。媽媽說，家鄉那個富足潮濕的地方，已經颳起了溫柔的小暖風，到處是翠綠新鮮的顏色，所有的花都開了，油菜花、桃花、杏花、梨花……已盛開成無邊的海洋。

　　停下手裡的鋤頭，抬起頭看看這裡。

這裡還像冬天，山巔還蓋著不少白雪，陽光燦爛的時候正在離開，快要冷起來，黑夜開始的時候，霜凍會降下，依然鋪天蓋地。

草原還是去年冬天留下的樣子。山也是，樹木也是，都還躲在外面枯黃乾瘦的殼裡睡覺，沒醒沒新動靜。沒有花，沒有葉子，還看不見比藍天上的晚霞更鮮豔的顏色。

【4月29日，星期四】

從第一棵小草回來到現在，快一個月了，又有好多小草回來了，樹枝裡的小葉子也有好些回來了。山坡上早堆不住雪了——現在大地的顏色一半綠一半黃，綠的是新的，黃的還是舊的。還不見花，還不見五彩斑斕。

世界的身子，仍然半暖半寒。高原上的冬天走得特別慢吧，到春天，還有多遠的路要走？一步一步那麼清楚，每一天都能在地上發現冬天離開的腳印和春天探出的小腦袋。

【5月25日，星期天，大下午】

白雲白得發亮，晃眼。光線到處跳躍，歡快得不行。有兩天了吧，沒去草原了，這會兒正在朝它走。

什麼時候出來的？可真的全出來了。

我是說花啊，它們像忽然從草地裡鑽出來的，或者是昨天夜裡，天上的星星全都落了下來，每顆星星都變成了花朵……給我這麼大的歡喜。

一夜之間，草原盛開了。

花們來了，等了那麼久之後終於來了。漫山遍野，絢爛得不得了，身上的顏色哪兒來的，怎麼調的？怎麼又讓我目瞪口呆，說不出話來？大的小的，什麼樣兒的，我只能叫出一種最大的，它們是杜鵑。就算是杜鵑，也和別的我不知道名字的一樣。

全是野花，天生就是野的，哪兒來的不知道，有一天不見了也不知道。

我高興無比，在花裡轉著圈狂跑了一陣，像一匹也歡喜無比的馬兒一

151

樣。發現自己眞的完全被花們團團圍住之後，往花叢裡一躺，做那件我最愛做的事情——朝著太陽，攤開身子，仰起臉，閉上眼睛，讓自己能有最大的面積全面接受陽光。我太愛這樣做，滿臉的炙熱溫暖眞的能讓我感到幸福。它們正在來到我的皮膚，正一點點進入身體。還有太陽的顏色，也會一點點進來，留下來，讓我的樣子變黑，一看就知道是被陽光寵愛的孩子。

泛濫 Overabundance

【 7 月 9 日，突然大雨 】

每天，我都會去草地上摘幾朵花回來，只摘幾朵，就夠了。

而它們來了一批又來一批，不停地凋謝，不停地有更多的新的上來，展開花瓣。

花瓣是一片片慢慢打開的，打開的時候，把耳朵湊近點兒，再近一點兒，就能聽見一種綻放的聲音，——如果草原上的無數花骨朵，全都一塊兒打開，那會是多麼熱烈的一大片響聲。

《花開了》
這朵花
在我眼前慢慢開了起
來
一瓣一瓣

一瓣
花瓣離開骨朵
變成
花瓣
花開的聲音

很輕
啪啪
啪

找到7朵藍成紫色的單瓣花兒，現在在我手裡，被太陽照著，顯出快樂的樣子。還有我和周圍的整個世界，全都一塊兒盡顯快樂。

快樂得簡直要發瘋了——你看所有的樹拼命地往外長葉子，葉子們拼命地綠，水草拼命地豐美，牛羊拼命地肥壯，我和所有人的臉上拼命地盪漾衝動和狂想。好多喧囂的、狂喜的動作，張揚、顯露無疑的姿態，在衝鋒，在使勁更絢麗、更奔放、更驕傲地出來……

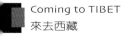

　　野花，開著開著就開沒了蹤影，找是找不到的，根本就野沒了。不過都整整美了一個夏天了，也折騰夠了。

　　雨還沒走，估計還有一個星期的時間好宣洩。人來人往還在繼續，這是大多數人旅遊遠行的季節，上路，相遇，歡聚，離別。

　　瓢潑樣的大雨，好像從沒在天黑著的時候下過，可今天晚上，來了。熱鬧過去了，舞蹈跳盡了，大門鎖了，意猶未盡的我們還醒著，還醉了。

　　音樂緩緩，話語緩緩，不傷感、不執著，被劈裡啪啦的雨聲蓋住不少，也露出不少。身體柔軟，眼光迷散，心思晃盪飛舞。是溫柔的，是鬆軟的。如果開始相互依偎，也會像流淌一樣，只是到了這裡。

　　夏天倒是夏天，溫度卻怎麼也沒高到哪去。就這麼一季難得的濕潤，水多起來，滋潤是滋潤了，可反倒濕乎乎、涼冰冰的，老大不習慣的。

　　一個高大的人在敲打窗戶，大雨澆得他深深縮進衣服裡，臉都看不見。去開門，讓他進來。滿身的泥漿，我知道路又被衝斷了，離這兒有10公里。他應該是剛走過來，除下包裹著身子的濕衣帽，露出一雙碧藍的眼睛，皮膚雪白沾滿水珠。

　　他應該從遠地方來，他的樣子就是遙遠的。大雨不知道能不能算這地方給他的禮物？遞給他一大杯熱茶，他對我微笑，會說「謝謝」，他還會說：「有沒有vodka」，我也笑：「有tibetan vodka（青稞酒），你要嗎？」

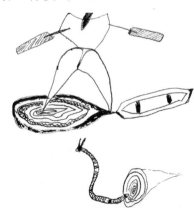

《不會發生的發生》

海鳥浮在海面休息
晚上的海
很遠
遠處的海
在遠處
在海鳥的身體下面
輕輕搖晃
沒有什麼適合說出來

現在
他和它們只是
這樣地在一起
開始
發生關係
開始
依偎
開始可能會發生的
一些信任

153

第二部　秋天冬天
PART II FALL & WINTER

女神緬茨姆和她腳下的尼姑一塊兒，出現慣有的從容不迫。

轉圈
Revolution

我只是想去看看他們 I'd just like to see them

《逃離》

王子　　　　　　　　　　　　　　在中途
是利用一群野鳥的遷徙　　　　　　他可能還在另一個地方停過
逃走的　　　　　　　　　　　　　說不定
很可能抓住了最大那只的後腿　　　正好遇上一條河
鳥們飛的方向　　　　　　　　　　順流而下
不一定是他要去的地方　　　　　　直到河流乾涸
那麼　　　　　　　　　　　　　　把他擱在了這片荒漠

如果這條大河，真的能在明天早上天亮之前追上我，我就答應，在它身邊呆上一夜。

可現在我剛剛改變了往南的打算，調頭往北，越北越冷。還是往西，再往西？……河怎麼能猜到連我自己都無法知道的方向，我又怎麼能在它身旁躺下，和它度過一個晚上。

跳下往南的汽車，走到公路的另一邊，伸手攔車……我真的又往北去了。

……

很多時候，很難知道自己將要去哪兒？將在什麼地方停下，又將從什麼地方開始，再一次離開……地方這麼大，只要一直往前走，就會走得很遠，很遠……很遠了之後，再千裡迢迢回到原來的地方，繼續重復這樣的來來去去。

能用什麼解釋自己這種「反復無常」的舉動？——是不是所有的行動都應該有一個動機，才能算得上完整？可不可以只是：為了行動而行動？

如果非要讓我說出來，我只能說：我想去看看他們。

我知道他們在那兒，很多年了，一直在那兒。

在一座美麗的雪山腳下，一年一年，一

路程是遙遠的，每一步的每一個片刻，都是過程中的一瞬。

圈一圈，圍著山，轉圈。

　　2003年，藏曆水羊年，梅里雪山的年，60年一個輪回。今年繞梅里轉一圈的功德，會是往年的60倍。因爲這個，會有比往年多無數倍的藏人，從雲南、四川、西藏、青海，從自己家鄉的村莊，長途跋涉，來到梅里腳下，轉更多的圈。

　　我不是藏人，沒有受過繞著雪山轉圈的傳統教育；也還不是個信徒，雖然肯定信仰著什麼；除了滿腦子找不到一個詞語能表述的，因爲驚豔而來的讚美，梅里雪山也不是我的神，不是我的崇拜。

　　只是，從聽說的那天起，整整一年，一直盼望能有一天，去山腳下看看這些美麗的人們。看看他們是不是塵土滿面，看看塵土下的眼光，是不是依然堅定清澈……

　　我的順風車，再一次把我從香格里拉帶到了德欽。

黃沙漫天，一個巨大的塌方阻斷了從德欽到羊咱的道路。

這是一次任何可能下的出發，沒有籌劃、沒有約定，只是在路邊遇到一輛北去的汽車，看上去像是等了整整一年的一輛汽車，在它該來的時候，在我該上路的時候，在身邊停下來，把我接走。

緬茨姆，永遠讓你失去一切的語言能力，在看見她的一瞬間，你變成了一個滿臉髒泥的冒失孩子，只能傻傻地望著她，聽她輕輕對你說：你到了。

梅里雪山，一座通體晶瑩的巨大雪山。尊貴的卡瓦格博在上，光芒冷靜而璀璨，在公路轉過一個大彎之後，瞬間占有你的雙眼，再裝不下別的任何東西，那麼大，那麼明亮，那麼堅決。開始凝望你，開始保護你，開始讓你身體裡所有的暗和髒的東西，頃刻消失，感到安全。

進入德欽縣城。

依山而建，依然樸素。依然只有一條和另一條沒有修好的馬路。而多出的無數張更加遙遠的臉龐，湧動的一隊隊更加粗糙的男女老少，從大卡車上下來的身軀雖然疲憊，讓我立刻感到了衝動和興奮——他們在，他們來了，他們的臉上撲滿塵土。

每天，都有十輛以上這樣的大客車陸續從德欽把轉山的人運到羊咱橋，已經是11月的寒冷天氣了，每天到來的人群仍將近1000人。

《半坡花還開著》

以為花	滿滿的
已經都死了	花
早就已是冬天快來的時候	你們還在
突然	真讓我高興
轉過一個彎	你們只剩下
山坡山	紅的和白的
冒出來了	你們在風裡
滿滿半坡	晃得有點厲害
還有半坡	也一樣
還有半坡	那麼讓我高興

把一生都背在身上。

決定跟他們一起走是立刻的——我要更多更好地看見。

買了一些糖、巧克力和幾塊壓縮餅乾。一切準備就緒，離開德欽縣城，開始往羊咱橋走。

羊咱橋，轉圈開始的地方，所有方向的人都會匯集到那兒，開始一步步，無數天的漫長路程。

江邊，一條黃沙漫天的土路，經過一輛輛停在路邊掛著「藏、青」車牌的藍色卡車，每輛車的四周都散布著幾十數百個藏人，正在生火燒茶。土路上，遠遠的前面，成群的細小身影在黃沙裡，節奏迅速地往前邁步……興奮地追上去，走進這個隊伍裡。

聽說，從前，這些遠處來的藏人是能把自己的大卡車直接開到羊咱橋邊的，似乎是出了些不大的事故，德欽縣政府幾天之前開始，不再允許卡車載人在這條路上行駛，不過提供了10輛左右的中型客車，負責在德欽到羊咱之間接送人群。

可路在兩天前被一個很大的泥石流衝斷了，就在眼前，一個山一樣的土堆，攔住了我們。隊伍被迫停下來，在挖掘機揚起的塵土和煙霧中等待，等待機器停止運作的間隙，結隊爬過土坡，繼續等待似乎再難出現的客車。

從我在他們身邊出現的第一秒起，從我開始注視他們的第一個眼神開始，好奇和疑問的眼光同樣多地落在了我臉上。有些會漢話的藏人開口問：「你也來轉山？」我只是笑，怎麼告訴他們：「自己是專門來看你們的」。而更多的人只是朝我微笑片刻，繼續趕路——我只是他們一路上遇到的無數陌生人中的一個，現在擦肩而過，片刻相遇又片刻離開。這樣的事情每一秒都在發生，他們的目標明確堅決，在往前走的強烈願望面前，我的出現，和路邊一棵形狀奇特的樹的出現，沒有區別。

混入馬群　Sneaked into a herd of horses

早已經變成「經幡橋」的羊咱橋。

而客車去了哪兒，怎麼一直不見影子？下午4點，所在隊伍裡的幾個中年男子開始交頭商量，然後一塊兒向一輛正在發動的卡車跑去，和司機說了些什麼。接著其中一個留兩撇小鬍子的康巴男人，朝隊伍吆喝了一聲。所有的男女老少開始互相幫助往卡車貨箱上爬。我也迅速跑到車箱底下，抓住一隻伸下來的年輕手臂，被他一把拽了上去。

迎來一雙清澈的眼睛，一個頭纏英雄節的16、7歲男孩，看見這次拽上來的是個……別的人，愣了一下。不過他立即被車下一個舉起雙手的老奶奶叫了去，沒來得及立即觀察我。

貨箱裡很快擠上了足足近百人，車開了。

這是一群多麼漂亮的人啊，康巴藏族，幾乎所有的男人頭上都纏著長辮，垂著紅穗，穿著楚巴和長靴，所有女人長長的頭髮辮成千萬條小辮束在腰後，長袍及踝，滿頭的綠松石，滿身的瑪瑙珊瑚……他們身上的色彩，雖然被長久的風沙和勞累蓋在了下面，但所有的灰土、髒亂也遮不住，臉上像用刀子精心雕刻出的鮮明輪廓和永遠不會渾濁的清澈目光。

別提多麼高興能擠在他們中間，更別提多麼喜歡和他們美麗的眼睛一雙接一雙地相對，哪怕對面的眼睛裡疑惑多了點兒，決沒有絲毫的懷疑和警惕。

大家開始嘗試著說話，我說：「你好，」他們全笑，我說：「你們是哪兒的？」他們全茫然。把我拽上車的男孩在我的左邊肩膀後面，一直睜大眼睛觀察。他旁邊的老爺爺，高大身軀雖然衰老，但目光依然矍鑠，開口對我說了段話，我遺憾地笑著搖頭。一個年輕的聲音出來幫了忙：「你是哪兒的？」一張紅潤的臉蛋從人堆裡探出來。我找了一個大地方回答：「成都的，你們呢？」「察雅。」「你叫什麼？」我想繼續嘗試知道這個孩子到底能說多少漢語，他聽懂了，「那松。你呢？」我說了名字，「你，一個？」我點頭，那松不相信直搖頭，我再使勁點點頭……

那松很快被確定為我的絕

對翻譯，雖然他會說的漢語也僅能很吃力的表達「吃喝拉撒」，但已經比其他人強多了。在他的幫助下，我跟向我伸出手臂的男孩認識了，他叫嘎馬；在嘎馬身後一直羞怯地微笑的是嘎馬的姐姐：阿尼姆；剛才指揮大家上車的小鬍子男人是嘎馬的叔叔：都吉；另一位是嘎馬的表哥：扎布……

為了聽懂和回答我的幾個簡單問題，那松掏盡了肚子裡所有的漢語辭彙，想半天說一句，再想半天，再出幾個字，伴隨著豐富的比劃：「察雅，拉衝……我家做生意，我會漢話一點……媽爸在家，我，一個人……學沒有上，嘎馬也沒有……嘎馬，我表哥，他們放牛……牛……」埋下頭，兩隻手在頭頂上支出了牛角，望我，詢問是否說對了。

對了對了，我使勁點頭。那松哈哈笑了，嘎馬笑了，阿尼姆也別過臉偷笑了，小鬍子都吉側過身，捏起鼻子：「哞——」哼了一長聲，車上人全笑了。

山谷裡，江邊，車子緩慢朝前搖晃，直到天黑。大家開始緊緊依偎，抵擋迎面而來越來越多的寒冷。

被子、青稞麵、鍋碗、水、糌粑和滿懷信仰的身體，坐上大卡車千里迢迢的來到這裡。

有些新來的隊伍裡，
會帶上一兩隻小毛
驢，它們能為大家馱
上更充足的糧食。

分食乾糧。

上一個山坡，前面隱約出現
了燈光，車也停下來，說是不敢再
往前開，下面鄉上有交通檢查站，
貨車載人是會被罰款的。

叫醒靠在肩上睡著的小姑娘，和
大伙一塊兒爬下車，各自背上被子、糧
食。到羊咱橋還有20公里，沒再商量討
論，沒有別的辦法也不需要別的辦法，沒
人高聲說話和猶豫，開始走路吧。

慢慢靠近燈火的地方，中途也有滿載的客車經過身
邊，但我的隊伍裡沒有一個人願意上車拋下大家，所有
人都埋頭繼續走路，包括我……似乎聽到了歌聲，還有
歌聲下面的人群，在呼吸，在說話……半夜1點，火光

在前，羊咱橋到了。

　　無數堆的篝火，無數席地而坐或已進入夢鄉的藏民，無數被火光照出隱約影子的臉孔和身軀，在路兩邊堆出小堆和大堆。所有醒著的人注視著我們這個來遲的隊伍，用眼睛打招呼或者喊出簡單的詞句。

　　我走在嘎馬後面，像一隻混進馬群的黑羊，突然走進了更大的馬群，欣喜極了。

　　嘎馬沒停我也就跟著往前，上了羊咱大橋——本是普通的鐵索橋，早已被無數信徒層層疊掛滿了經幡，在夜晚的河谷裡像一艘張滿銀色風帆的大船。所有的，根本無法計算數量的經幡，被河面的風劇烈地揚起，拂上我正在經過的身體，輕輕拍打臉頰……

　　心裡一顫，感覺到一股巨大的力量就在四周湧動，很堅定，很清晰——但它是什麼？我還說不出來，也不知道到最後，能不能說清。

康巴藏族，一群多麼漂亮的人。

165

爺爺正在解開無
數糌粑袋裡的一
個。

我們一起去 We went together

江對面有幾棟木房子，供轉山的人在開始行程之前過夜。2塊錢一個
木頭地板上的鋪位，還有少許空地方，但嘎馬他們似乎完全沒有打算要住
進去，其他很多人也同樣沒打算花2塊錢去有屋頂的地方睡一覺——兩棟
房子之間稍微平坦的地上，已經密密麻麻睡滿了早些時候到的人，連一小
點伸腳走路的地方也沒留下。

我一直跟隨的這個隊伍是個大隊伍，全村100多號人，老老小小，從
西藏察雅縣沖古拉村出來，要先在草原上走兩天到公路，上卡車再顛簸9
天，昨天早上剛到德欽又一點沒休息直到現在……

那松能說出來告訴我的不多。已經很不錯了，除了語言，還有很多種
辦法可以交流，有的時候說話反而是誤會和屏障的開始。沒有語言，心和
感知的力量會被展開、放大，交流反而變得更近、更直接。

卸下揹包，在很快升起的火堆旁找了個地方坐下。嘎馬又抱了一堆柴
過來，哥哥扎布從皮囊裡掏出一摞小破搪瓷碗，每人一個，也分了我一

個。嘎馬提起快要燒開的一壺水，在水裡扔了些茶葉，給我們這堆的每個人倒茶。估計這就是嘎馬一家了，只是全是大而硬的男人，不見女人，大概是找地方睡覺去了。

糌粑很快來了，嘎馬提起裝糌粑的麻布口袋，往我的茶碗裡，抓了一把又一把，在我喊完第五個「夠了」的時候，終於在碗裡堆了一個高高的小山出來。我看他，他滿意地呵呵笑，五指並攏在嘴邊做著「吃」的動作。我抬頭看大伙，所有人停下所有的事情看我，特別是看我的手——揉糌粑倒是駕輕就熟，可這麼一大堆麵，這麼小的碗，真把我難住了。試著放指頭進去，還沒動呢，糌粑已經灑到外面了好多，大伙一陣大笑。扎布對嘎馬說了句話，嘎馬翻出一個大碗換走了我的小碗，接著開始往糌粑裡倒水，可還沒等我喊出第一個「夠了」，水已經明顯多了，嘎馬再往碗裡倒糌粑麵，一倒又是一大堆……反復折騰了半天，仍然十分不成功。大伙一通又一通地笑，嘎馬這小子，玩得高興得不得了。

嘎馬是個什麼樣的小子呢？

是那種你一看就會喜歡的小子，剛剛長大，剛開始有越來越多成熟男人的樣子。他的面孔是開放的，五官清晰分明，一個是一個，沒有一點秘密，沒有一點陰霾。

看著嘎馬的乾淨小臉發呆，扎布把他手上剛揉好的一團糌粑遞了過來，換走了我手裡的碗。才想起來，自己也有吃的，拿出壓縮餅乾，掰開，每人手裡發一塊兒。

一個中年男人，大概是嘎馬的另一個叔叔，起身在自己的包袱裡翻了半天，舉出一個巨大的梨，塞到我手裡。一看，感動得要命——這是從老遠的山下背上來的吧，多麼辛苦，就給我了？這怎麼行？我使勁搖頭，說：「大家一塊兒吃，分。」扎布和嘎馬似乎都明白了，不過他們說：「你吃，你吃。」怎麼可能一個人吃得下去？我堅持，還拿食指在梨上使勁「切」，扎布笑了，拿出刀子，開始分梨。

分完梨，扎布繼續把我剛才沒能成功揉好的糌粑揉完，揉出兩個無比大的糌粑團給我——那是多麼大的糌粑團啊，粗略估計超過兩公斤重。見我一手舉一個大糌粑團有點張口結舌，嘎馬又在地上的一堆爛七八糟的玩

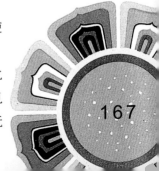

媽媽正在給嘎馬做背夾，而這副背夾最後被我背在了身上。

意裡一陣翻，翻出一個白不白黑不黑但絕對不再透明的塑膠袋，把兩個大團裝了進去，繫好，扎布說：「明天……吃。」

他還說：「你明天……去？guo lan jio……去？」邊說邊伸出食指，指著天，畫著圓圈——這個動作和這個音節，一路上已聽到無數次，雖然現在還沒學會怎麼念出來，不過意思是絕對明白的——「你明天也去轉山嗎？」

不知道是被梨感動了還是被大糌粑團感動了？還是太高興，又被這些美麗的康巴藏人迷暈了？……我居然笑眯眯地毫沒猶豫，點了頭：「嗯，去！」扎布看我點頭，高興了：「明天……一起去！」

好，一起去！

去就去，雖然自己是來看看你們，可一起去，就能混在你們這些漂亮得不得了的人裡，天天看。我絕對「好色」，也絕對永遠好奇，還有點膽大，就算前面有7座大雪山等著我，我也有大梨大糌粑團，有嘎馬、扎布和好多山一樣的人在身旁。

那就趕快睡會覺吧。大部分人都已各自找了塊地睡下了，我說：「睡覺……」扎布看看錶，2點，「不睡了嗎？馬上走嘍！」——啊！？開玩笑，絕對開玩笑，今天可是折騰一天了，你們還比我多折騰10多天，你們是再好的馬也得吃草睡覺！我是被那個背包壓得夠嗆，雖然已經是最基本行頭了，可這些年越來越多的這機器那機器，全都不是什麼棉花，還有我再怎麼也捨不得不帶的音樂和一兩本書什麼的……實在有點沈。

靠著火堆鋪開睡袋，嘎馬也拿著自己的被子去了男人們那邊，剩扎布一個人守著火堆，望著火苗出神。看著看著，扎布怎麼被看出了點滴的憂傷，看著看著，就看不動了，眼睛閉起來，只剩滾滾江水依舊滾滾向前。

雖不是「馬上走嘍」，也實在夠快的。覺得自己剛閉上眼，最多5分鐘，有人就開始在我身上跨來跨去。人群開始活動，我變成了擋路的石頭，不時絆人一下或是被踢一腳，有一腳踩在我小腿正中，眼睛疼開——

天還黑著，根本就沒有絲毫接近亮的跡象，扎布已不在火堆旁，換了好些消失一夜的女人，比如阿尼姆，一邊燒茶，一邊把兩根彎成「n」形的細木頭的四個腿，用繩子綁起來，做成個中間空著的「夾子」，把自己的東西和一些糧食放在裹成一滾的被子中間，用夾子一氣夾住，再在兩個裡隨便哪個「n」上，綑兩根稍微粗點兒寬點兒長點兒的繩子，做成背帶。

睞著眼看了半天，正疑問這東西是背的嗎？能背嗎？嘎馬抱著這樣的東西出現在我頭頂上方。我立即從睡袋裡鑽出來，他指指手上的東西指指我，指指我正收拾的揹包指指他自己——

轉圈途中幾位藏族婦女聚在一塊兒聊天。

交換？

嘎馬一臉的不好意思跟昨天夜裡一樣，繼續重複剛才的動作，同時嘴裡：「你，我，你，我，」扔下自己手上「包袱」，拿了我剛收拾好的包就走。

昨晚……嘎馬……！哦！明白了——

昨晚我拿相機給他們拍照，嘎馬好奇想看，我給了他，玩著玩著沒拿穩，掉地上了，當時就嚇壞了，臉脹得通紅。我也嚇了一跳，趕緊拿過來檢查，發現還能對焦，至於其他暫時看不到的問題就不大清楚。不過，就是個相機嘛！就算真壞了也不必這樣過意不去非要「將功補過」不可。但盛情難卻，我沒和他爭搶，讓他安心點兒舒服點也好。

人群的行動是非常迅速的，男人們很快各自背上自己的包袱，開始沿著河邊的一條小土路，出發了。

5點，天上的星星很多，月亮被雲遮住了，我背上嘎馬的被子（這玩意兒還真能背），和100多個西藏察雅牧區來的藏民一起，開始我們的轉圈旅程。

有很多方法可以取暖、生火喝茶，唱歌講故事，或者只是緊緊地在一起，就是所有溫度的源泉。

披著星星的旅程和我們 The journey with stars and us

該怎麼告訴你，這是一個什麼樣的旅程呢？

看看我的身體，它很好，除了被凍傷的腳還沒有完全恢復，很多地方還像冰一樣硬以外，早已不再疲憊了。

床，又一次成為可夢想不可及的美好事物，又把泥巴和雪地當床了，每天躺下盼望能做夢，夢見一張柔軟溫暖的大床，好好的睡一個長長的覺。能睡在床上的日子，一定要好好珍惜，多睡幾下，因為很多時候真的很難尋。

等重新回到床上躺下的那天，我整整睡足了20個小時還醒不過來，但卻沒感到自己曾經疲憊過。

是辛苦的吧，但辛苦怎麼那麼不容易察覺呢？

茫茫的雪山上，碎石黃土小路旁飄揚無數經幡；密密麻麻排成整齊的隊伍，在風沙和大雪裡，從山腳到山頂綿延整個山脈，緩慢向前的巨大漫長隊伍；無數老人衰老蹣跚，依著拐杖，互相攙扶但從沒有停下的腳步；無數孩子，被揣在母親懷裡，被爸爸背在背上，或者自己用小腳一點點地走，睜著大眼睛，糊滿泥巴的紅臉蛋，除了不斷露出燦爛的笑容，從來沒有丁點難受和不快的表情……那麼清楚地在眼前閃著光，那麼無法忘記。

是日夜兼程，是披星戴月的。

這是梅里的外轉路線，很多路在西藏境內，繞著整個梅里雪山山脈轉一圈，要翻七座雪山的埡口。

轉這個圈的幾乎全部是遠遠的、純純的藏人。別的人也來，比如偶爾一兩個英勇無畏的老外，雇上很多匹馬，雇上好幾個背夫嚮導，走得快能11天完成，慢的就得13天到15天。

以上是我之前聽說過的，但這次，我這個混進馬群的小黑羊該怎麼走？會走多快多慢？一點也不知道，也似乎壓根兒沒想過，就聽馬群頭兒們怎麼說怎麼算了。不過我也有一個「背夫」，可愛的嘎馬，他因為第一天晚上的「過錯」，用他的被子交換我沈重的背包，背了一路。

一路都是這樣走的：一天翻一座雪山，不分白天晚上，走到夜裡12點還在走，淩晨3、4點又開始走，只是實在累了餓了停下來。有的時候睡在木板棚裡（附近村子裡的老鄉專門搭給轉山人住的地方，之前還有人在這些地方賣水和糧食，但現在天氣太冷，看攤的熬不住都下山回家了，留了空空的棚子），有的時候睡在樹林裡，有的時候在岩石下找個避風的地方。

一堆堆篝火，一個個家庭，一人手裡一碗揉著糌粑。短暫的休息，接著趕路……這樣的景象將在未的旅程經常出現。

《星光大道》

黑夜那麼黑

除了星星

看不見別的

你只能跟著星星

向前走

去他們要去的地方

　　扎布和小鬍子都吉是我們這個隊伍的指揮官，由他們決定大家在什麼時候什麼地方停下來，什麼時候繼續出發。

　　我們的路線和大多數人的路線有一點區別：第一天早上，其他的隊伍都往河的下游走，去了永久村，我們卻去了河的上游。那松告訴我，他們那兒的活佛說，這邊才是梅里雪山轉經的眞正大門。走進一個溫暖的山溝，經過一個叫永支的美麗小村子。要是沒有村口的那塊石頭牌子，我會像接下來無數天那樣，不知道自己到了什麼地方——那松要照顧自己的爺爺，很快就落在了隊伍的後面，我因爲身上只有嘎馬的一個小棉花被，完全沒負擔，跟著青壯男子們走在隊伍的最前面。嘎馬是一點漢語都不會說的，就剩扎布和都吉偶爾能蹦出幾個要靠發揮所有想像去猜的漢話，完全不夠告訴我更多的事情。

　　都吉，我一直懷疑他是個沒落貴族。30多歲，留著兩撇精致的小鬍子，五官精致靈巧，極幽默。第一天晚上，我們走到和另一邊路匯合的地方停下。都吉先是拿出一大堆治肚子的藏藥給我看，又捂著肚子，臉上表

演極痛苦的樣子，接著哈哈大笑，接著說：「跟我……回家，好不好？」我不理他，他就不停地說，見我還是不理他，自己也覺得沒趣，於是打開包袱準備睡覺。我一回頭，他居然正在往一個白色布口袋裡鑽——好傢伙，還有睡袋！別人都躺在地上蓋一個被子或者拿自己的衣服一裹，他倒奢華講究。見我看他，又嬉皮笑臉地「到我家，好不好，好不好」。

扎布呢？是個沈穩的傢伙，沈穩得有時會嚴肅起來，微微沈重起來。他是有點兒心事的吧！要不然怎麼總是在火堆邊留到最後，看著火苗發呆，微微露出憂傷的表情？後來問了那松，說扎布今年已經第七次來轉這個圈了，說扎布的爸媽24年前就死了，就在到梅里轉圈的時候，那時候扎布5歲吧

那天，路過一個溫暖的村莊，老奶奶把她的小黑手套送給了我。

173

……那松再說不出別的，但我已完全明白扎布臉上時不時露出的憂傷裡，全是對父母的懷念，而這座神聖的雪山，正是雙親安身多年的地方，扎布每走一步是不是都會想起他們？

……

女人們是怎麼睡覺的呢？後來終於發現一到晚上就集體消失的她們去了哪裡。其實就在火堆邊，阿尼姆和好幾個年輕姑娘，緊緊挨著並排跪下，頭往下埋放在地上，身子縮成一團，等都跪好了，再拉一塊毯子把自己罩在裡面，變成了看不出是什麼，只是偶爾微動的一大堆。年輕姑娘都這麼睡，年齡大一點的，可能是身子沒那麼軟和了，倒還是躺下正常姿勢睡。

阿尼姆是個很年輕的姑娘，如果嘎馬16歲，那她最多18歲。她和所有的女人一樣，是穿著自己最漂亮的衣服，戴上所有首飾來的，雖然所有的首飾也沒幾樣，雖然臉已經花了，衣服也早髒了，但美麗一點兒都遮蓋不掉。她還帶著自己的兩個孩子，大的3歲，小的看上去還不到1歲，都和阿尼姆一樣美，一樣單純得像草原上的小野花。

從生的牛腿上剮肉吃，是一路上和喝酒唱歌一樣最讓人興奮和享受的事。

　　每天阿尼姆都會把小的孩子放在自己胸前的衣服裡兜著走路，或者放進一個綠帆布包，背在背上。孩子的小臉常常露在外面，大眼睛使勁地轉，看這邊看那邊。大孩子跟在阿尼姆腳邊，有的時候抓住阿尼姆的長袍，有的時候自己蹦跳著跑在前面。

　　晚上睡覺的時候，孩子都跟著外婆，我也跟著他們的外婆，嘎馬的媽媽，和年長的女人在一起，身子貼著身子，在天空下，大地上，相互取暖，度過寒夜。

語言再次無用　Languages were useless again

　　隨時會遇見別的隊伍，或者和別的隊伍走在一起，變成幾百上千人的一個大隊伍。

　　陌生的面孔相遇了，對他們微笑，食指朝天一邊轉圈一邊說：「卡瓦格博，gu lan jio，」再加上一句：「pa yi ga lei。」他們會告訴我他們家鄉的名字：青海的玉樹、囊謙、雜多、南青，西藏的昌都、左貢、察雅、江達、貢覺，甚至更遠的丁青、那曲，都是常聽到的名字。他們全是順著江水而來的康巴藏人，兩條帶他們來的江水是瀾滄江和怒江。

　　隊伍裡的人群是容易區分的，牧區的人比農區的人服飾更傳統，基本

上不會穿漢人的衣服，女人的長袍長頭髮上都會墜滿無數美麗鮮豔的珊瑚、瑪瑙。西藏人比青海的人「粗」，「野」，衣服更漂亮，顏色更絢麗，臉孔也更精緻；而青海人的衣著樸實，顏色也沈著得多，他們還戴一種毛線帽子：「強盜帽」，大都是外面鐵紅色，裡面明黃色，頂上有一個毛線球，帽檐可以全部放下來，除眼睛的地方留一個「觀察洞」，臉的其他部位可以全部被遮起來。

語言是極其複雜和混亂的，也是失效的。

不說我是絕對失去語言能力了——雖然本來也就不大好，但在這兒，更沒一個人和我用同一種語言，他們的語言我也幾乎一句不懂——就是藏人們自己，也不見得能用語言交流。各個村子的方言不一樣，隔座山隔條河就有好多詞壓根完全變了。青海的藏語更是和絕大多數藏區的藏語差十萬八千裡，看過一個昌都的喇嘛和一個玉樹的喇嘛見面了，都光頭穿紅袍，開始打招呼，你來我往好多句了，兩對眉頭依然緊皺著，不停發出「嗯？啊？」，臉上除了茫然還是茫然。

阿尼姆的小兒子有時在媽媽懷裡，有時在外婆的背上，總是歡笑。

不過這沒什麼大礙。有微笑就行了，有滑倒的時候伸過來的手臂就行了，大家都在這條路上，大家在一起，就足夠了。別的什麼話都可以不說，也沒什麼語言能真的把心裡的東西原原本本地說出來。

不是嗎？好多東西是說不出來的，說出來的不是假話不騙自己就很不容易了。更別說語言多麼窄多麼小多麼追求技巧，可那麼寬那麼自由那麼無可名狀的東西，怎麼放得進語言裡，怎麼能找到一個乾癟的詞，裝進去，再說出來？

熱情地騷動了一下
A passionate excitement for a while

　　一個青海的20多人「青壯年男子隊伍」，在第三天的夜裡趕上了我們。

　　這是一天極長的行程，從凌晨3點開始走到夜裡9點，整整18個小時，才在一座雪山的半山坡上，一塊巨大的岩石底下，停下來。岩石下已經住了一個隊伍，30來個人，大多已經睡了。外面的山坡上全是積雪，海拔估計將近5000米。

　　大家看來很累了，但還得生火吃東西。大隊人馬還在後面，扎布和嘎馬放下行李馬上往不遠處的樹林走去，找柴火，我也跟了過去幫忙——不知道自己怎麼會有那麼多的力氣，可就是奇怪了，總是這樣，走了一天下來，累是累得半死，但歇兩分鐘，馬上就能重新有力氣，幫嘎馬他們做事。

　　火升起來的時候，我們的隊伍基本都到了。正坐下喝茶，黑夜裡一陣熱鬧的音樂突然特別意外和唐突地響起來，越來越近，越來越大聲——有兩個高大的男人走上來了，其中一個手裡拎了個錄音機，正「咚咚嗆嗆」地往外冒著迪斯可，後面跟著好多個同樣高大的影子，黑壓壓20多個大個子立在了面前。

　　這些大男人很快在我們旁邊升起了火，其中幾個的嘴裡一直不停地唱著山歌，他們還背了酒上來，一人一口傳著白酒瓶。有幾個老早就發現了我，不住轉過臉朝我一笑，露出潔白牙齒，不住拋點小眼神過來。有一個穿一身「休閒服」的大眼睛，朝我招招手，嘴裡喊：「過來坐！」其他的人也一齊轉頭看我，呈期待狀。

　　我過去了，「大眼睛」在身邊挪出個地方。我坐下，所有眼睛全部盯著我閃光，由「大眼睛」代表大家和我說話。問我名字，然後自我介紹說叫仁青。說他們從青海玉樹來，自己在四川當過兵，所以漢話很流利。說我好，說我不嫌棄他們，說德欽縣裡賣東西的小姑娘都嫌他們又髒又臭，

愛搭不理⋯⋯說到第9句話，仁青用藏語和伙伴們說了點兒什麼，大伙大笑之後，他開始向我表白了：「我好喜歡妳哦，我們兩個結婚嘛⋯⋯

又來了，這已經是第多少次了。情感就是能這麼坦率的表白，連不怎麼會說漢話的都吉都結結巴巴地表達過無數次要帶我回家，還有縣城裡開鋪子賣羊皮的大叔，無數個眼神狂野的適齡青年⋯⋯

還有更滑稽的——來這兒之前，我遇到一個穿著僧袍戴著墨鏡鑲著金牙的喇嘛，50、60歲了吧，被一個小喇嘛扶著，說是從四川幹孜來。我請他喝了杯茶，又攙扶著他四處走了走。離開之前他要了我的電話，哪想就開始每天給我一個電話，漢語極不好，說不出什麼話來，但還是天天打。有一天電話一接通就是：「我想你啦，你想不想我啊？我們都喜歡你啊，你喜不喜歡我啊？⋯⋯」聽到這兒還可以接受，一直在想是不是語言障礙影響表達？也許就是些美好祝福的話，但最後一句真的把我嚇了一大跳，以為自己聽錯了，反復問了三次：「你說什麼？！」我們兩個交朋友，行不行啊——？

天啊！電話那頭到底是不是那個老尚嗎？！我愣了半天，使勁想是不是自己弄錯了？拿出那天他給我寫名字的紙條來，一個字一個字地對。真是這一個人！他還在那邊不停追問：「行不行呀——？」「不⋯⋯不行啊。」「真的不行啊？」「真⋯⋯的。」「那⋯⋯對不起嘍，那by-by嘍，古得拜——」

有意思吧，要是這個人真像他看上去的那麼像個真和尚，我還真是開眼了。

仁青嘛，繼續緊追不放。我嘛，像往常一樣當玩笑聽著，甚至最好不要讓他覺得你真的在聽——這樣的表達裡，雖然有70%可以完全相信他們是真的喜歡你。可也有很大的比例是玩笑和另外的目的，雖然也不是什麼壞目的。就是直接，直接得一點遮攔都沒有。

男人們很快把大家弄得越來越快樂。錄音機裡放了迪斯可又放藏歌，一個接一個唱起來，一唱，就有另外幾個起身，甩開袖子跳舞，所有人輪番上陣。我們那邊也好些人也加進來，特別是都吉，早就跳了好幾個了。

雖然都吉、扎布他們一路上也唱歌，走著走著扯起來就是一嗓子，整個隊伍前前後後此起彼落，每天走完路，也得唱上一段才睡覺，可哪兒抵得上這麼多年輕力壯的，還有個會唱歌的錄音機……不過鬧騰的都是男人，女人們在旁邊三五成堆地看，但從不出聲更不會出來跳舞。就我一個姑娘，在男人堆裡被逗得前仰後合，不知道是不是很不成體統，也管不了那麼多了。

舞越跳越歡，酒也越喝越多。

藏人說喝酒是「騎白馬」。好馬要性子剛烈，不卑不亢，白馬一般都是又驕傲又倔強的好馬，要有本事夠英武的人才能駕馭得住，跟青稞酒一樣，要是稍遜酒力，就會被它摜倒扔下，常常有藏人痛飲之後騎馬回家，沒到家門已經死在馬背上……

仁青開始對我展開又一輪進攻，先是朝我身上靠，又是抓我的手，話也借著酒勁越來越「猛」，紅著眼死盯著我看，把嘴湊到耳朵邊，聲音狂野曖昧：「今天我們一起睡，好不好？」我強壓住心裡的噗通和嘴角的偷笑，堅持冷靜，堅持強裝沒聽見。見我仍舊不理，仁青急了，一下子從地上躥起來，語氣暴烈地跟伙伴說了些什麼，話還沒完，又有幾個小伙子躥了起來，同時不斷側臉看我。

事態似乎不妙，身旁一個年齡大一點兒的男人，推了推我，示意我快走。一直在一旁靜靜看我們的嘎馬，過來一把將我從地上抓起來，扶著我的肩膀，小跑著把我送到女人們睡覺的地方，讓我趕快在媽媽身邊躺下，自己蹲在地上，把我擋在後面。

那邊，扎布、都吉還有我們這邊的另幾個男人，跟仁青他們面對面站著說了好半天話，中間還有推搡，也不知彼此是不是聽懂了或者到底出了什麼事。老半天之後，忽然有人又按響了錄音機的音樂，咚咚嗆之後，氣氛才緩下來。仁青他們雖然仍舊不住往我這邊看，但也沒再過來，只在他們的火堆邊坐下，不久也都各自睡了。

只是一次平常的酒後騷動，明天天亮就萬事太平了，說不定仁青還會為自己的酒後行為害羞呢，而嘎馬在我前面守了一夜，保護了我一夜。

離別忽然就來了　Came the sudden leave

這時候，我的隊伍已經取到了竹子，這是每個轉圈的人都要從神山帶回家的聖物。

　　我的軍用膠鞋，是轉山的專用鞋——一半以上來這兒的人都穿著它，好些家裡窮的人，還會特別羨慕能穿這麼一雙「好鞋」的人。它便宜而且也挺好走路，雖然底子薄了點，不過可能我的腳底板早跟老鄉的一樣，被磨練得堅硬又結實，倒沒覺得地上的石頭怎麼尖銳鋒利，不過它真的一點都防不了水，也不防雪。

　　大雪開始下了，雪山上的雪更厚了，一腳踩進去，整個腳都在雪裡了，有的時候連小腿也一塊兒被埋了。冷是肯定的，關鍵是雪進去了化成水，再結成冰……腳很快就整個變成一雙冰塊兒腳，一點知覺都沒了。也不疼也不癢，這樣也好，這樣就可以暫時忽視已經出現的問題，繼續走。

　　後面的路因為天氣的變化變得艱難。

　　第4天，第5天，幾乎每天用20多個小時，緩慢地翻過一個雪山，再下到山腳。大家背來的糧食吃得差不多了，我的糖和巧克力也已經一路分給

遇到的孩子，所剩無幾。

　　第5天的夜裡，住在一個村莊，村子裡的人們給我們送來了些糌粑和酥油，雪中送炭，但仍然不夠補足這100多人接下來幾天的需要。我從剩下的糖裡，拿出11顆分給我們這個隊伍裡的11個小孩，沒去火堆邊吃東西，直接躺在了嘎馬媽媽的旁邊。嘎馬媽媽坐起來，仔細把我們兩共用的被子的一邊，壓到我的身體下面，把我緊緊裹好，自己才重新躺下──自從那天「酒後騷動」和嘎馬媽媽睡一個被子之後，我再也沒用過自己的睡袋。一是自己一身極髒，睡袋睡髒了也不怎麼好洗，二是睡在媽媽旁邊好像比自己睡睡袋還暖和。於是每天都在她身邊綣成一團，用手握住冰涼僵硬的腳，希望能讓腳稍微恢復點知覺，或者能讓它們不至於繼續凍得更厲害，半夜開始發疼，疼醒。

　　有人過來輕輕拍我的背，一下，又輕輕一下，我翻過身，是嘎馬和那松。嘎馬塞給我一個塑膠口袋，裡面有一塊比第一天扎布給我的還大的揉好了的糌粑。那松在旁邊告訴我，明天，他們要走另一條路直接出去到西藏那邊，他們的大卡車在那兒等他們，不翻最後一座雪山了，也不回德欽了……嘎馬在旁邊像他一直以來的一樣，大眼睛一覽無餘地看著我，靜悄悄地，也不說話也不笑。

　　我那會兒可能已經睡著了，聽那松說話像在做夢，沒力氣多想，直到第二天，離別忽然就來了。

　　嘎馬依然像每天一樣，背著我的揹包，走在前面。到了難走的地方轉過來等我，或者伸出手臂。這會兒他又發呆了，不知道在想什麼，總是這樣，看著什麼地方就出神了。嘎馬不是個特別能笑的小子，沈靜是大多數，除非我追上他，盯著他看，或者使勁對他笑，他的燦爛笑容才會和羞怯一塊兒被我逗開。

　　小河在旁邊流，接著又開始爬坡

　　扎布忽然在前面回頭，對嘎馬喊了句什麼。嘎馬停下來了，猶豫了片刻，開始把我的揹包從背上卸下來。我才發現扎布和帶頭的幾個人已經走上了旁邊的一條岔道，後面的隊伍也跟著去了那個方向。

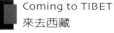

嘎馬把揹包放在我面前，睜大眼睛看我，不動也不笑。我背著嘎馬的被子，站在他對面，發呆了。

是不是到了一個時刻？一個我和嘎馬好像都不大願意迎接的時刻，由不得我們的不喜歡，真的來了？

扎布和都吉從隊伍前頭跑下來，阿尼姆和懷裡的孩子一起停下來，那松和爺爺還有媽媽和另外好多人也走過來，圍在我面前，全都只是看我，不說話也不動。

我，不管情願不情願，應該這麼行動了——開始卸下背上的被子，交給嘎馬。嘎馬背起自己的被子，又和扎布一塊兒幫我背上包。

大隊伍在眼前繼續向前開路，所有朝夕相處的人們，一個個經過我，全部在朝我揮手，喊著：「ge lie」（再見）。

都吉揚起小鬍子，還是他能笑出來，仍然是說了六天的那句話：「跟我回家去？」那松也說：「到我們家去吧。」嘎馬在旁邊使勁點頭，阿尼姆拉起我的手……

我一個一個看他們——他們那麼美，身上再髒也不能阻擋乾淨堅毅的眼睛繼續放射光芒……我多麼想跟他們繼續走下去，多麼想再多看他們幾眼，在他們身旁再多呆些日子……

我的隊伍，很快走遠了。扎布拍拍我的肩膀，依然沈穩甚至又露出了憂傷；都吉也來拍拍肩膀，又是一臉灑脫得不得了的笑容；阿尼姆慢慢放開我的手，那松扶著爺爺，爺爺慢慢舉起大手掌，朝我揮動了兩下；嘎馬，站在原地，風吹起他的英雄節，圓圓的大眼睛不停閃爍著問：「為什麼不跟我們走？」

扎布在前面朝嘎馬喊了一聲，嘎馬期盼地看我最後一眼，轉身向前跑走了……所有的他們慢慢走遠，每一個仍不住回頭看我，一個接一個消失。嘎馬在消失之前，最後一次回頭，仍然那麼期待，期待我能朝他跑過去，繼續跟在他身後，跟著他跳上回家的大卡車，去他家的牧場，看今年剛下的兩隻小牛……

真的離別了，就在眼前，一點一點地，我和這些可愛的人們越來越

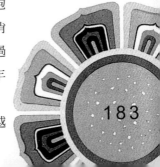

遠。他們對我那麼好，那麼無條件，無原由地好。

　　他們沒有什麼，嘎馬家除了十幾隻羊和5頭牛，再沒有更值錢的東西，可卻從自己的嘴裡，甚至餓著肚子，給我省下那麼大團的糌粑。他們不認識我，卻從第一秒就接受了我這個莽撞陌生的姑娘，一路辛苦地幫助和照顧我……可現在，他們走遠了，很可能永遠不會再彼此看見了，從這一秒開始，我的眼睛裡再不會有他們可愛的臉龐，他們的草原上，也不再會有我的影子。

　　雖然這樣的相遇和離別每一秒都在發生，可如果這些時間裡有了回憶，有了不僅僅是看得見的更多的內容，似乎就變得難以割捨和放下，似乎就讓人為這種瞬間的似乎不復存在的永遠失去而難過。

　　我哭了……望著親愛的人們離去的方向，不知該往哪去，唯一能做的，只是讓眼淚很快沟湧地濕透所有的面龐。多麼想隨他們而去！多麼想再在他們身旁多呆上幾天！可身體為什麼最終沒法這麼行動？

《晚歌》

一些人被帶走　　　　走下去

還有一些　　　　　　總能走到一個地方

是自己走的　　　　　再和另一些人

離開這兒　　　　　　肩並肩走路

去下一個地方　　　　說起一些什麼

一些東西模糊了　　　流下一些什麼

一些還很清楚　　　　各自唱各自的

比如一個晚上　　　　或者

大家肩並肩　　　　　還是希望

高矮不齊　　　　　　在終於犧牲之後

前後錯落地　　　　　得到

朝同一個方向　　　　選擇回去的權利

走下去

看著他們越走越遠，所有的患難與共，朝夕相處開始變成回憶。離別一點點更加真實，我，流淚了⋯⋯。

可能，一直以來，都有一些無法看見的力量牽引我的每一個動作，生命下一個瞬間將要發生的事情，早就安排好了。

只有這張小臉，它不會笑
Only this small face, it didn't smile

　　像一隻掉隊的小黑羊，離開了呵護自己好多天的馬群，開始一個人走剩下的路，但很快又遇到了新的馬群，他們同樣收留了我。

　　最後一天，翻最後一座雪山，我和我身邊的人，遇到了暴風雪。

　　大雪在我們快要接近山頂的時候，突然猛烈地來了。世界頃刻被稠密的雪片灌得滿滿的，幾分鐘的工夫，地上的路就完全被雪蓋起來，看不見了，甚至不能看清離我兩米之外的人去了哪裡。大風也來了，走路甚至站立，都變成了十分困難的事情。

　　這樣的情景是不能翻埡口的，太危險。大家決定找個避風的地方停下來休息，等風雪小一點再繼續往上走。

　　我埋頭，儘量彎低身子走路，仔細辨認前一個人留下的腳印，再踩在腳印裡往前走。

　　地上仍然能隱約看見一些人們留下的衣物——藏人一路走一路把自己身上的東西扔下，有的時候也幫他們沒能來轉山的親人扔——耳環、帽子、衣服……像是把自己的一部分永遠留在雪山和他們心中的神身旁，就算自己離開了，也能繼續朝拜，繼續得到賜福。

　　忽然看見一枝青翠的小松枝，在不遠處的雪地裡艱難地立著。走近了……我……我看見了……看見了……一張……孩子的臉。

　　松枝旁，他的身體，已經完全被雪蓋了起來，只有仍然光滑的臉蛋露在外面，仍然睜著眼睛，嘴唇微微張開——我見過這張小臉，還有這雙眼睛——

　　兩天前的下午，我和嘎馬他們在怒江邊的一個小村子裡休息，村子裡有一個溫泉，很多人都用泉水洗臉洗手，甚至洗身體。據說泉水有神力，能把身體上壞了的地方修好。

　　溫泉邊，有一個父親，不斷地用毛巾沾上泉水，往懷裡抱著的孩子臉上擦。我走過去，打算像平常一樣給這個孩子糖果。

在父子倆面前蹲下，把糖遞出去……孩子沒有動也沒有笑，父親的臉上全是憂傷，對我搖搖頭，說：「他……不好……」我仔細再看手臂裡的小孩兒——是一個可愛的小男孩，可是……他的臉上沒有一點兒表情，更沒有別的孩子那樣的笑容，他的大眼睛……似乎不會動，似乎看不見前面的我……

一陣心酸。

父親悲傷的眼睛裡，似乎隨時都要湧出眼淚。我不忍心再多看他和孩子，哪怕完全出於善意，也不願再用多一點點的注視，加重他們身上的傷感。只輕輕把糖放在父親手裡，聽他不斷說「謝謝」，轉身，強忍眼淚。

而現在，這張不會笑的小臉蛋和這雙不會轉動的大眼睛，躺在我腳邊的雪地上，就要被大雪埋掉了……似乎就在剛才，在他微弱的呼吸終於停止的那一刻，爸爸是多麼痛心，多麼難捨，把他輕輕放在雪地上，為他插上小松枝，把自己心愛的孩子留在了卡瓦格博神的身旁……

我沒能再一次忍住眼淚……大風把巨大的雪片和冰渣一陣又一陣甩在我臉上，我不敢再看那孩子的臉，閉上眼，一下跪在了雪地上。

有人來到旁邊，拉起了我的手臂，一個青海來的大爺，關切而溫暖地看著我滿是眼淚的髒臉，接著把自己頭上的「強盜帽」摘下，不容拒絕地套在我頭上，要我拉住他的衣袖，帶著我頂著風雪，一點一點往上走……

這是我得到的第四件禮物：一個老奶奶給了我一雙她新買的小毛線手套；阿尼姆從頭上摘下一顆綠松石；在一個山頂遇見一個中原來的和尚，打著綁腿穿著灰色僧袍，只背一個黃色布包，見我和周圍的人稍有差異，過來攀談，說自己從貴州來這兒，3月份開始，已經轉了25圈，說自己去年繞著崗仁博齊轉了200多圈，留給我一支竹杖，飛快地奔跑下山。

沒想到還會得到第5件禮物，而這第5件禮物到底是什麼，至今仍不能真正說清楚。

187

我遇到了一個什麼寶貝？　What a treasure I've found

　　大雪仍舊鋪天蓋地，不過風小了許多。很多人開始繼續往山頂出發，就剩我一個還坐在快燃盡的火堆旁。現在才真正知道，嘎馬到底幫了我多大的忙——背包實在太重，再加上沒日沒夜走路已經第7天了，手腳麻木冰涼，身體的溫度幾乎已經全部耗盡，可能海拔也高了，腦子不聽使喚地翻來覆去亂轉，轉出好多張臉，好多好多在星星裡走路的晚上，還有火堆，歌聲……

　　是不是餓了，暈了——我實在不好意思再吃別人的東西了。走到現在這個地方，所有人背來的糧食幾乎都吃光了。

　　嘎馬給我的糌粑團還剩鴨蛋那麼大一塊兒，掰成兩半，吃一半再留一半，還有5顆巧克力——100來顆巧克力全都分給孩子了，自己一顆也沒吃過。七天裡，除了糌粑什麼別的也沒吃——要不要吃一顆，暖暖身子，慰

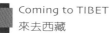

勞一下嘴巴？

　　望著手心裡的巧克力正猶豫，風雪裡隱約出現了一片藏紅的影子，慢慢清楚……5、6個紅衣喇嘛在雪坡上緩緩地前進，簇擁攙扶著一個年老的喇嘛。老喇嘛幾乎已經走不動了，非常緩慢、一步比一步艱難……

　　兩個年輕喇嘛先跑到我呆的這個石頭洞來，四處查看了一下，又去旁邊找了一些樹枝把快要滅了的火重新生起來。

　　老喇嘛終於走了上來，年輕喇嘛又在一塊稍微乾淨的地方放了一個坐墊，才攙扶著老喇嘛坐下。

　　老喇嘛盤腿坐下，閉上眼睛。70歲上下，骨胳寬大、臉龐方正圓潤，雖然衰老但依然散發著明亮祥和的光澤。過了一會，面容上剛開始的難過表情微微緩和，緩緩睜開眼，接過年輕喇嘛遞上來的水和幾粒藥丸，吃下。

　　看見我，朝我點頭微笑——他是累壞了，雖然笑容很溫暖很慈祥，但那麼慢地一點點給我一個微笑，已經耗費了他為數不多的體力裡的一大部分，又開始微微喘息。

　　我看了看手裡的5顆巧克力，看了看他，站起來，走到他面前。旁邊的年輕喇嘛一下子警惕地站到了老喇嘛前面，似乎是要把我擋住。老喇嘛對他們說了句什麼，他們讓開。我把巧克力放在老喇嘛的大手上，他微笑地望我，我也朝他咧嘴一笑，轉身回到背包那兒，開始收拾，準備上路。

　　一個年輕喇嘛過來叫我，像是老喇嘛讓我過去。走到老喇嘛面前，有人要我跪下——這是發生什麼事了？所有的年輕喇嘛表情肅穆，我看看老喇嘛，他依然輕輕微笑，眼睛溫暖極了——那就跪下唄，也容不得我想太多。

　　老喇嘛拿出一串白色的佛珠，讓我把頭伸過去，掛在了脖子上，又把大手放在我的頭頂，嘴裡輕聲念了好一段經文。完了，旁邊的人讓我磕頭，可我有點兒為難，倒不是不願意，是實在不知道該怎麼磕。老喇嘛看出了我的為難，微笑著搖搖頭，大手往上抬了抬，意思是：起來吧，不用了。

　　就這樣，經過一翻看來絕不是遊戲的儀式之後，從一個老喇嘛那裡，我懵懂糊塗地得到了又一件禮物。帶著這件禮物，和老喇嘛告別，先上路了。

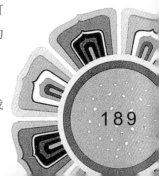

189

也奇怪，剛才還巨大的風雪，忽然就小了很多，走到埡口的時候居然全部停了，天地很快亮開來，回頭看看剛才在暴風雪裡走過的路，不僅一身冷汗——還以爲是什麼大山坡，根本就全是懸崖，稍微踩偏一點說不定自己現在就已經掉下去，沒了——不過埡口這個晴朗來得正好，讓我這麼多天第一次看見了在繞著轉的這個銀光閃閃的梅里雪山，那麼近，那麼大，像伸手就能摸到一樣，眩目極了。

還奇怪，我只不過在埡口耽誤了幾分鐘時間，老喇嘛和年輕喇嘛們就趕上來了。老喇嘛雖然依然步履艱辛，但似乎也不那麼累不那麼喘氣了。山兩邊都是極其陡峭的懸崖，我還是擔心他老邁的身體，一直陪著他慢慢走到平緩的地方。

更沒想到的是，從遇見老喇嘛起就沒有別的人和我們一塊兒走，到了平緩的地方有很多人在燒茶休息，我走在老喇嘛旁邊，走近人群，幾個西藏的牧民先發現了我們，全部齊刷刷跪在地上，緊接著所有的人無一例外，一個跟著一個跪下，……朝老喇嘛磕頭。

我趕緊從老喇嘛身旁跳開。老喇嘛依然微笑著，緩慢地從跪倒一片的人群中間穿過，走遠了。

我摸著脖子上的佛珠，一個人呆立在一大片跪著的人裡面，剛才被老喇嘛摸過的頭頂，火熱火熱的……

這個慈祥的老人到底是誰？是什麼人？他又到底給了我個什麼樣的禮物？

只有一圈花瓣　Only a circle of petals

轉圈，這一次，在開始之後的第7天夜裡11點，結束。

重新回到開始的地方，所有的藏人開始跟我說藏語，我的樣子和他們一樣，布滿塵土和風霜。

所有的日夜和日夜裡的故事，留在了身上——外面和裡面。

有一些人是勇敢的，有一些人是極度簡單的，有一些人是比美麗還美

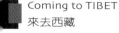

麗的……你見過他們嗎？

　　有一些美麗是單純的，不炫耀的，有一些美麗是沈默的，說不定是隱藏起來的……你見過他們嗎？

　　眼睛能看見多少東西，耳朵能聽到多少聲音？我們能知道的，有多少？我們還剩多少耐心，多少慈悲，多少忍耐？

《眼睛是看不見的》

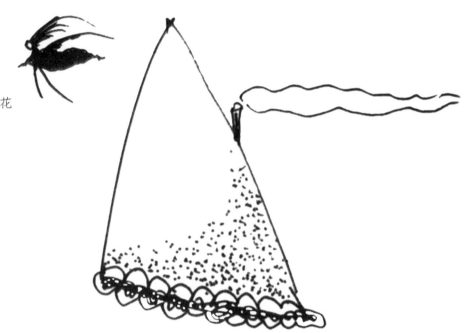

最美麗的東西
眼睛是看不見的
比如一種你看不見的花
她們只有一圈花瓣
只是安靜的在那兒
不占地方
也不打擾別人
甚至沒有
想被你看見的願望
因為你從沒見過
你很可能會說她們
並不美麗

　　還有多少的心，願意往下看，往遠看，往質樸和真實裡看？

　　我看見了他們，無法記數的他們。

　　但我又一次說不出話來。

　　只能告訴你，他們是如此簡單又如此美麗。

　　「一方水土養一方人」，這是真的。什麼樣的土地天空，長出什麼的人來。寬闊的草原上永遠不會有陰險狹窄的人，高聳峻峭的雪山上永遠不會有軟弱膽怯的人，甚至樣子都是雪山和草原的樣子——堅強而澄淨，英俊而寬廣。

　　而感動無時無刻不在激盪，還會這樣一直盪漾下去……

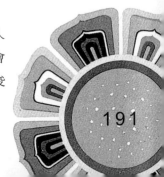

甚至沒有一雙像樣的鞋，甚至沒有一件像樣的乾淨衣服，只背著一袋青稞麵，扶老攜幼，長途跋涉，浩浩盪盪地來，來圍著他們心中的神山，轉圈。

從沒想過奢華和富貴，生活如此貧寒，永遠綻放的燦爛笑容裡卻沒有絲毫辛苦和埋怨。

一年又一年，一輩又一輩，血脈相承。生命裡所有的內容只有一個，像血液和呼吸一樣堅定的信念——再沒有一群人像他們這樣天生相信，天生執著。

相信輪迴，相信人的一生不只一世，相信生命是一個永無止盡的漫長過程……這些信念讓他們每一天的存在，從容而灑脫，讓他們對物質和眼前的利益毫不計較，微笑地經歷困苦和艱難，讓他們自由，讓他們堅強，讓他們善良質樸，純真坦盪。

還是說不出來，也不打算繼續像笨蛋一樣，試圖堆砌更多無用的詞句。

很多世界我還沒看見，很多事情很大很深，我還不完全明白，也不能說清楚，就像不清楚自己是不是因為5顆巧克力，得到了活佛的加持。我在體會，慢慢理解。我想，我已經開始了。

胖胖的，彌勒一樣的喇嘛，名叫區丁（最右）

一個喇嘛和他的孩子們　A lama and his kids

　　回去的路上，在白馬雪山上的一所小學停下了。

　　區丁是個出家人，在印度學習了很多年的佛教哲學，8年前，從印度回來，在寺院裡當藏文哲學的老師。

　　白馬雪山是他的家鄉，依舊貧窮。很多孩子沒錢上學，幾乎所有年輕的藏族已經不會藏文，還有很多孤兒連飯都吃不上……區丁從寺院回到家鄉，在一間尼姑寺的廢棄屋子裡，收留下幾個無家可歸的孤兒，開始教他們藏文和別的知識。孩子越來越多，區丁又用木板在山上搭了兩間小房子。

　　出家人是沒有收入的，所有孩子的生活都要靠區丁一個人四處找人捐助。到村民家要一點糌粑，一點麵，要是能要來點錢，就給孩子們買點兒肉吃。

　　一天，區丁帶著孩子去白馬雪山上的書松鄉買菜，因為沒錢買肉，只能買別人不要的聾牛頭和腸子。世界自然基金會的亞洲區負責人盧女士和

193

白飯土豆，白飯
土豆，再沒有別
的東西，孩子們
依然快樂且津津
有味，他們太懂
得知足的道理。

　　白馬雪山自然保護區的管理人員，在當地考察。正在水渠邊洗牛頭的區丁
和孩子們引起了他們的注意。跟著區丁去了兩間破木房的學校，盧女士看
了這個四面漏風的學校，決定幫助他們修一座新房子。

　　幾個月後，新房子蓋好了，孩子們有了寬敞的教室，住進了不漏風的
宿舍，可生活仍然很艱苦——白馬雪山缺水，離學校最近的水源在四公里
以外，之前學校的用水都是區丁帶著孩子們到旁邊的村子挨家挨戶送哈
達、送酒要來的。新學校建好以後，所有的孩子開始在山溝裡一點點挖
土，挖了一個月，終於引了一條水渠到學校來。另外山上荒蕪寒冷，孩子
們每天吃土豆，很難吃到綠色的蔬菜⋯⋯

　　這些是學校唯一的老師（如果區丁算校長的話）達娃告訴我的。達娃
從前是德欽縣普利藏文學校的老師，一次區丁生病，學校沒老師給孩子上
課，才被盧女士請來的。

　　區丁不會漢話，是一個總是微笑的胖胖的喇嘛，今年45歲。我到學校
的時候，是星期天。區丁正帶著孩子們在學校前面的荒地上搬石頭，要修
一個菜園，明年春天要自己種蔬菜。

　　學校現在有46個學生，有附近村莊的，有四川德榮的，最遠的一個從
四川木里送來。大的15歲，小的6、7歲，全部在地裡工作著，兩個年齡大

從六、七歲到十五
歲。

一點的女孩和一個小男孩負責做飯。

中午11點半，飯做好了，但正做著田裡工作的孩子們不吃，說要趁太陽還沒太毒，再多做一會兒。

除了土豆就是白飯，再沒有別的東西。

接著繼續一個下午的辛苦勞動，我在旁邊看著他們，也去幫幫忙。他們做得特別嚴肅認真，沒有一個孩子在玩鬧，大點兒的幾個男孩井然有序地指揮大家，根本不用區丁操心。

總有孩子親昵地依偎在區丁身旁，和他說話，看得出孩子們多麼愛他，而他總是像個菩薩般眯眼笑著。

吃過仍然是白飯土豆的晚飯之後，星期天，孩子們可以看電視。電視是世界自然基金會給的，有些VCD，也可能是別人捐助的。

先放了一個香港神話武俠片，大伙兒正看得高興，忽然出現了男女主角接吻的鏡頭，所有孩子一下全背過臉來，區丁叫班長換碟。換了一個李小龍，還好，嘿嘿哈哈地打得挺熱鬧，哪想又忽然出來一個穿著暴露的外國女人，區丁連忙叫班長「快進快進」……

第二天，星期一，該上課了。

195

孩子們正在酷日下賣力地自己的菜園。

我住在孩子們的宿舍旁邊，天離亮還早著呢，孩子們起床的聲音就在我四周響起來。一陣陣急促的小腳步聲，一個接一個關門聲，不一會，樓下就響起了整齊明亮的讀書聲。

我下樓看他們，天仍然沒亮，孩子們全擠在一樓的一間教室裡，一邊哆嗦，一邊使勁大聲地用藏語讀書。已經早是冬天了，可所有的孩子都沒有厚衣服，全穿著單薄的運動服，很多孩子連鞋都沒有，穿著拖鞋的小腳在課桌下面冷得不住地晃。

下課鈴和上課鈴就是一個大點兒的男孩嘴裡的哨子，這個孩子也是體育委員。早上的讀書時間結束，太陽也出來了。體育委員吹著哨子，大家排好隊，跑步做操。

早飯是一大鍋白米稀飯，一個孩子吃一碗，我和區丁也各吃一碗。區丁開始給孩子們上課，我往遠處走走，坐在學校對面的公路上，看它。

在白馬雪山的埡口，公路邊，很顯眼的兩層白色房子，外牆畫著鮮豔的藏式圖案——生活是窮困的，條件是艱苦的，也因為這些困難讓這裡的孩子比其他孩子更懂事，更知道珍惜和感激。不過至少有了一座嶄新的樓房，不用再住在隨時都像會被風颳走的木板房裡……可全中國還有多少比這還困難的學校，還有多少學校沒有桌椅板凳，還有多少孩子連土豆和白飯都吃不上，更別提上學。

區丁，這個和藹豁達的喇嘛，用盡力量在做一件自己想做的事情：收留無家可歸的孤兒，教藏族孩子自己民族的語言和文化。很多善良的人們不斷在給予他們幫助，一起努力讓困難一點點減少，讓孩子們的生活一天

天好起來。

　　就是這樣，很多事情很簡單，簡單到都不用多思考。全心全意做一件自己想做的事情，似乎就足夠了。

　　要離開了，我告訴區丁，過年的時候將會為孩子們買些鞋子和好看的ＶＣＤ送來。問他在不在，達娃幫我翻譯，說區丁會一直在學校，和沒家可回的孩子們一塊兒過年。

　　區丁給了我哈達，雖然我什麼都還沒做。用他寬厚的大手牽著我，把我送到公路邊，等車。

　　學校在香格里拉到德欽的半路上，這條路車不多，冬天裡，更幾乎沒有車經過。我們坐在公路邊等，區丁一直握著我的手，那麼冷的天居然把我的手握得熱了出了汗。終於等來一輛長途班車，區丁走到路中間伸開雙臂把車攔下，跟司機仔細交代了些什麼，汽車才開動。

　　回頭，胖胖的區丁一直站在路中間不住朝我揮手，直到汽車拐彎，看不見他。有一個藏族大叔給我讓座，說自己馬上就下了，我沒好意思坐，找了一個稍微寬敞的地方蹲下。

　　我正在離開，離開給我力量給我溫暖的人們，離開簡單、堅硬、寬闊的地方，往回走，往擁擠和繁複裡走。

　　眼淚讓我的不捨毫無機會躲藏，雖然完全明白，這不過就是在把圈轉完。

區丁以前搭的木板房現在仍然立在新學校旁邊。

　　繼續轉圈。

　　繼續回去，繼續出發。

　　就這樣，坦然的面對和接受，一個圈接著一個圈，到最後，總是同一個：從出生到死亡再到出生的步行或奔跑。

梅里雪山　Mei-Li. Snow Mountains

屬橫斷山脈，雲南迪慶藏族自治州德欽縣和西藏的察隅縣交界處，距離昆明849公裡。梅里雪山屬於怒山山脈中段，處於世界聞名的金沙江、瀾滄江、怒江「三江並流」地區，它逶迤北來，連綿十三峰。

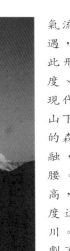

這一地區強烈的上升氣流與南下的大陸冷空氣相遇，變成濃霧和大雪，並由此形成世界上少有的低緯度、高海拔、季風性海洋性現代冰川。雨季時，冰川向山下蔓延，冰舌直探2600米的森林；旱季時，又強烈消融，縮回4000米以上的山腰。由於降水量大、溫度高，使得梅里冰川的運動速度遠遠超過一般海洋性冰川。劇烈的冰川運動，更加劇了對山體的切割，造就了令所有登山者聞之色變的懸冰川、暗冰縫、冰崩和雪崩。也讓它迄今仍然是無人登頂的處女峰。早在1902年，英國派出一支登山探險隊首次向神女峰發動衝刺，結果以失敗告終。後來，美國、日本、中日聯合等4支登山隊，接連4次大規模向神山攀登，均無一次成功。1991年1月，17名中日登山健兒在卡瓦格博峰下不幸遇難，至今屍骨未明。

氣候變幻無常，雪雨陰晴全在瞬息之間。梅里雪山既有高原的壯麗，又有江南的秀美。藍天之下，潔白雄壯的雪山和湛藍柔美的湖泊，莽蒼的林海和廣袤的草原，讓你覺得什麼都太劇烈，什麼都太濃重。

十三峰中最高的卡瓦格博峰，為雲南第一高峰，海拔6740米，是藏傳佛教的朝覲聖地，寧瑪派分支伽居巴派的保護神，位居藏區八大神山之首，是康巴藏民頂禮膜拜的"神山"。每到秋未冬初，西藏、四川、青海、甘肅的一批批香客，千裡迢迢趕來圍著神山繞匝禮拜，少則七天，多則半月。逢藏曆羊年，轉經者更是增至百十倍。

逶迤北來，連綿十三峰。

Note 2
康巴藏族　Kangba Tibetan Kangba Tibetan

藏東地區的藏人幾乎統稱"康巴人"，總覺得康巴人是古時候吐蕃王國擴張土地時派出來的戰士和他們親屬的後代，仗打完了就留在原地繁衍生活了。藏語裡"康"有"邊地"或"外地"之意，也似乎能部分肯定我的猜測。

他們實在太英武，太驕勇，太美麗了。在二次世界大戰期間，頑固殘忍的法西斯頭子希特勒曾說：日爾曼和康巴人是世界上最優秀的民族，曾有引進康巴人種與日爾曼人種相配，以誕生特別強壯、聰慧、美貌的新一代優良人種。這個計畫是否屬實無從得知，反正，這個世界瘋子的主張實在不值得信奉和推崇，不過由此倒是可窺見康巴人在人種上的好名聲。而在藏地，也早就盛傳著「安多的馬，康巴的人，衛藏的教」這句老話。

他們除了美麗還特別野，特別狂，特別不羈。有一首在康區人人會唱的《強盜歌》形容的十分貼切：

我遇見的一個康巴漢子。

我騎在馬上無憂無愁，　　　　凶猛野牛是我的家畜，　　　　我驕傲從不想找靠山，
寶座上的頭人可曾享受？　　　不必把牛羊拴在門口。　　　　長槍為我壯膽，
我漂泊無定浪跡天涯，
藍天大地便是我家園。　　　　獨自喝慣了大碗酒，　　　　　我俠義是無人陪伴，
　　　　　　　　　　　　　　對頭人從不會說恭維的話，　　只有快馬快刀是我的伙伴。
我兩袖清風從不痛苦，　　　　獨自吃慣了大塊肉，
早跟財神交上了朋友：　　　　從不會用手指扯肉絲。　　　　我是俠客從不願拜頭人，
從不計較命長命短，　　　　　我雖不是喇嘛和頭人，　　　　高高藍天是我的主宰，
世上沒有什麼可以留戀。　　　誰的寶座都想去坐坐，　　　　我是俠客從不去點香火，
　　　　　　　　　　　　　　我雖不是高飛的大鵬鳥，　　　太陽月亮是我的保護神。
岩石山洞是我的帳篷，　　　　哪有高山就想歇歇腿。
從不用學怎麼搭建：

另外，康巴人還特別會做生意，流傳在藏區的一句話是這麼說的：看見他們就像見了「衝巴」（商人）、「阿西」（流動的女商販）、「加納寧巴」（古董）……他們也是所有藏族人中最虔誠的信徒，帶著最美麗的面孔，穿著最美麗的服飾，爲朝聖磕破前額，並且有1/3的康巴人都出家爲僧，潛心修行。

軍用膠鞋 Military rubber shoes

我把我的軍用膠鞋留在了山下的房子裡，回到城市的第一天，要出門，望著滿櫃子無數雙各式各樣的鞋子，居然找不出一雙願意穿上的，腦子裡一直想念著我的兩雙軍用膠鞋。

沒什麼出息是早就知道的，沒出息到就是喜歡穿20塊錢（人民幣）一雙的「軍膠」。

「軍膠」，又稱解放鞋，我前後穿過無數雙，現在健在的有兩雙，一雙迷彩的單鞋，5塊錢，一雙純綠的棉鞋，布面下面有白色的棉花裡子，20塊。

便宜，這是肯定的，便宜還好，還舒服，還好走路，說起來還挺特別，獨一無二（這年頭風華正茂的小姑娘誰會穿這等土氣玩意），到底有多好，就只有廣大「軍膠」使用者，比如我和身旁的農民大叔才能明瞭了。

其實想想它們是肯定適合走路的，你看整個中國誰是走路最多的人，誰的腳底板下每天經歷最複雜最惡劣的情況，誰是最真格的徒步者--農民、山民、背夫、解放軍……他們都穿「軍膠」。只不過現在的所謂徒步旅遊者，所謂的探險家，或者希望能貌似專業探險人員的人們都「不屑」和「恥於」與真格的徒步者為伍。現在大多數人買東西要的往往不是經濟實惠，而是時尚，是夠「水準」、夠「資格」。

潮流、潮流，當潮流來襲的時候，華而不實、炫耀浮躁也肯定會緊隨其後，實在和樸素不知要再等多少個輪迴才能最終變成潮流的主宰。

再說「軍用」，除膠鞋外，還有其他的東西，比方「軍用服飾」，也是經濟又踏實好用的東西，像鞋、棉襖、雨衣、襪子、帽子……一應俱全。

但也不是所有的「軍用」都合用。以大型背包為例，如果你所有的戶外裝備都選用軍用，但軍用的大背包實在不是很舒服，背在背上恐怕太傷身子，對一個人的肩膀說來，太笨重了，如果又沒有東風卡車幫你一路運裝備，還是別強撐著跟咱們解放軍拼勇氣。

再偏遠和艱苦的地區，軍用品商店都是一定能找到的，而且為數不少，老百姓們早知道，這些才是最實在的好東西。

Note 4

一方水土養一方人
Such a land raises people

　　高高的，寬闊的地方生長的人就是高高的，寬闊的；閉塞幽暗的地方生長的人就是閉塞幽暗的；富足柔和的地方長出來的人就是富足柔和的；窮山惡水就是出刁民

　　樣子是這樣，一眼就能看出來，眉目身段裡全是生長地方的模樣。高大健壯，開闊峻朗的人，一定住在高山腳下，面朝草原；矮小蜷曲，細眉鼠眼的人，家裡的房子一定又黑又小，蜷縮在哪個大山夾縫中間的幽暗小深溝裡。

　　人的心也一樣，跟長在什麼地方絕對有關係。

　　大風大雪裡的人就是堅強勇敢；茫茫草原上的人就是自由包容；乾燥的地方的人就是乾燥；潮濕陰冷的地方的人肯定又陰又冷；天天曬著太陽的人就是火熱奔放；一天到晚蓋在濃霧裡的人就是溫鈍鈍的；藏著琢磨不透的鬼把戲……這些是表面看不見的，是被太陽、雨雪和雲霧一點點滲到骨頭裡面去的。

山上有個 尼果寺

A Niguo Temple in the Mountains

《結果》

最後

很可能

我哪兒也沒去

誰也沒愛

一定是最高的山
峰了，太陽總是
最先照亮這裡。

203

從尼果寺眺望遠方的山谷。

我的語言能力很差　My poor language ability

　　有一些聲音是寬闊的，有一些聲音是一聽就會流淚的，不是因為它們是悲傷的，是因為它們那麼堅強。

　　勇敢的聲音你聽過嗎？

　　在那些高山，湖泊，在那些草原的夜晚，我聽見過。

　　還有一些動人的時刻，多麼美，美得不忍在旁邊再多看一眼。

　　他和他，是兩個面容英俊的藏人，是兩個我分別交往的朋友，今天，第一次見面。現在，他們正在用他們的語言交談。

　　我坐在他倆中間，聽不懂一個字，但分明正在被一種明亮舒展並且溫和的光芒籠罩。

　　這是一個美麗的時刻——交流和溝通的美麗，他們的臉上散發著愉快而滿足的光，是之前在和我用他們不熟練的語言交往時，從沒出現過的。

而另一邊，是深深的遺憾。

語言是橋樑，能把這邊和那邊連起來，搭通了就通了，搭不起來，就算身體的距離再近，也永遠沒辦法暢快。甚至，成為障礙。

很遺憾，我對語言產生懷疑。

雖然我在寫字，可我一直對它不大信任。不覺得自己能淋漓盡致地把心裡的東西表達出來，甚至連起碼的誠實，都不是容易的。

我們學習了古時候的老祖先發明的這個工具，按照它的規則來描述世界，甚至在這個早已規定好的語意世界裡每天生活——如果我們從不知道語言，怎麼知道我們吃的是「大米」而不是「房子」，住的是「房子」而不是「河流」……

而一本最全面的字典裡能有多少個字組成詞造成句，不說我們學習和記住的只是少而又少的一部分，就算把所有的字典都背下來，不管有多少，都是有限的。

可生命和世界遼闊無邊，瞬息萬變，在一個時刻，一個情緒，一個景象發生的時候，如果夠安靜和沈著，我們能感到心裡面的顫動，可多麼可憐，我們絞盡腦汁，搜索肚子裡裝著的所有語言，終於找到一個似乎是這個意思的，裝上來，卻發現還是不對，還是僅僅只是個粗而大甚至根本不確切的表達——我們又說了個謊話，先應付地騙了自己，再出去，騙了別人。

進入森林，進入一種密祕和悄然的期待。

這樣想下去會徹底失望的，好在，我一直相信的還有另外一點：有一種東西是比語言更誠實更強大的，那就是心。相信很多東西是說不出來的，相信沒有語言也是可以體會的。所以，我越來越沈默，所以我才能在完全陌生的語言世界裡，哪怕不說一句話，卻能和身邊的可愛人們度過極快樂的時光。

可是，世界越來越忙，所有的人都極力想在最短的時間做最多的能立竿見影的事，說最能快速達到目的、收到效果的話，全把心扔得遠遠的或者深

深埋起來。

　　而理解需要多麼大的耐心和寬容，沒人願意浪費時間和精力，大家都越來越聰明，以爲自己是神仙，表面看一眼就什麼都明白了。也越來越不能袒露自己，不是故意的，是有太多莫名其妙的東西混在空氣裡，粘在人們身上，不知不覺就在外面粘成了一個模糊的殼，雖然並不明白什麼是眞正有意義的生活，但也看不見了，也沒功夫再知道了。

《一朵花是天眞的》

我看著她抬起頭	我也知道
輕輕笑了一下	她寧可被一隻綿羊吃掉
有點憂傷	寧可
我知道	閉口不語
她總是為自己身上的刺	寧可
難為情	毫不防備

　　我再一次失望，甚至傷心了。

　　既然最美麗的聲音已經聽到過了，既然已厭倦了說話。

　　我是不是該緊閉雙唇，是不是該再去得遠一點，遙遠的天邊，變成一棵樹，長在一個孤寂的地方。

開始找它 Started looking for it

　　一個孤寂的地方，一個山顛，一個尼果寺。

　　尼果寺在哪裡？恐怕很難有人能告訴我答案，也不是有意要問你，只是最近總想起這個名字，想起來就覺得自己在做夢，又高又清寂的，也或者這個名字只是這個名字，根本沒有存在過。

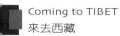

有一段日子，我一直在雲南住著，天天曬太陽，貪婪地索取太陽的色彩，努力想把自己弄成個黑皮膚、高原紅的人。等草原上的草開始變黃，採回來的花都成了被風乾的雕塑以後，太陽升起來，再落下，連帶著一場雨，一朵或者很多雲。如此過了好長的日子，天上開始落下第一場白雪，我決定離開這兒，繼續往西。

　　離開梅里雪山腳下的飛來寺不一會兒，漂亮的柏油路就結束了。我知道我正在滇藏線上，向著西藏走。

　　兩邊的山正在變大，大得有點壓人，顏色紅黃藍紫的，透著古怪和神奇。路過一個也叫「佛山」的小鎮，大概是214國道上雲南境內最後一個能看見不少人和房子的地方。聽人說，前面有條「格格河」，過了它就進西藏了，於是開始盼望「格格河」。瀾滄江一直在身旁，我在峽谷裡，「格格河」又在哪兒？我一直在經過一條公路時，看見上面寫著「西藏人民歡迎你」的橫幅，才在旁邊的山壁上，發現一條順山而下流進瀾滄江的細小的泉，他們說那就是「格格河」。

　　當天晚上，住在鹽井鄉，海拔不高，2260米，是長段的河谷中偶爾開闊的一片土地。這兒有鹽，有形狀好、結構好的鹽井，河邊有含硝的溫泉，還有西藏境內唯一的天主教堂，正在整修，不過，怎麼看都有點兒像藏房的樣子。神父是中國人，村子裡好些藏族都是教徒，說不定迎面走來的就是個「卓瑪・瑪丹娜」。河谷裡住著納西人，藏人住在高兒點的地方，可能之間也有通婚，要不然這兒藏人的線條怎麼看上去如此懶散。

　　雖然已是11月，早過了雨季，這條路的狀況仍然糟糕，繼續無休止地塌方。到鹽井前的最後一個拐彎處，遠遠就能看見十幾輛各式的汽車殘骸，在懸崖下七零八落地散著。有一輛像是剛出事不久，車上裝的蔬菜撒了一地。聽說只不過20天，就有7輛車從這個滑坡地段滾下去——雖然不比川藏線，卻也的確是一條難路。

　　一路上遇到好幾撥藏人，倒真是讓我心情愉快。這些藏族男人開著剛從大理買的新拖拉機，以每小時5公裡的速度，排著隊向家的方向前進。如果你遇上堵車，不是路塌了，就是前面有個這樣的車隊，被一個小小的土坡難住了。所有人下來幫著推車，一輛一輛地過，先過去的司機把車停

207

下，回過頭幫著一塊兒推另一輛車，直到所有的車都過去了，才又排成一排接著往前開。也不知道照著這麼走，什麼時候才能到家，可個個臉上都喜洋洋的——開著新車，還帶了大彩電回家，哪兒還能不高興呢？

自由、快樂的藏馬雞。

逆著一條河的方向　Against a river current

　　要不是有人告訴我，已經進入芒康縣城了，我絕對以為自己只是經過了幾戶人家的門口——泥巴糊的外牆，擠在一條比鄉間小路寬不了多少的馬路邊上。城裡總共兩條街，幾百米長，交叉的地方是城中心，能看到的房子也就幾十間，全是什麼都賣的雜貨店——方圓幾百里的商業應該全都在這兒，你能買到些速食麵和總是接近過期的餅乾，還能買到最新款的手機——還是「中國移動」厲害，城裡最搶眼的就是「神州行」鮮紅的廣告橫幅。

　　我在說什麼？好像已經說了很多話，還沒有一個字挨到那個那個寺。不是我有意囉嗦，只是我到現在還沒找到它，甚至根本還沒聽說它。時間一直都沒停下來過，我也在繼續往前走，為了能知道尼果寺在哪裡，才好

告訴你們。

看見很多高大強壯的藏族男人，頭上盤繞長辮和火紅英雄節，臉上都有又硬又深刻的輪廓，像被寒冷的風霜雕刻，像是被雪山的冰水灌溉。一個眼光如鷹的男子，把一隻冒著熱氣的犛牛頭往我腳邊一摔，剛被砍斷的牛脖子咕嚕咕嚕往外冒血，他巍然地給我堅硬美麗的側面，並不轉身離開，也不看我，凝視哪裡？……

聽說一些關於動物的事情，說在一座山的山頂，有兩個尖尖的山峰，一個山峰終年綠樹成蔭，一個山峰亂石嶙峋寸草不生，有一座寺廟靜靜地在山頂，在這兩個山峰中間。是一個僧尼合一的紅教（尼瑪派）寺廟，曾經很興盛，現在清冷了許多。

還說早上太陽升起來的時候，喇嘛一開始念經，成群的野生動物就從四面八方趕來，在院子裡吃東西，散步，整整一天，直到太陽落下去，才各自回到自己的地方睡覺，很多野雞乾脆就和喇嘛睡在一起……聽著聽著就像做起夢來，整個一個「天人合一」。

連忙問來地方的名字——第一次聽到了「尼果寺」三個字，並且當即決定把它定為接下來的目標。

11月的西藏，隨時飄起雪來。一大早，世界像是在昨天晚上整個被凍了起來，現在正借著往上升的太陽復甦。開去昌都的長途汽車還在昨天我看見它的地方擺著，司機鑽到車肚子底下快一個小時了，現在弄來一盆火，要把水箱裡結冰的水化開。

還好我不用坐這輛車。有一個藏族中年男人主動來給我帶路，說那地方本地人都沒幾個知道的，憑我自己絕對找不到。我原本也是這個意思：找一個人帶路。他說自己本來正要去尼果寺轉山，順便帶我，不收錢。於是我有了一個嚮導，他叫「星期五」（這是他名字的漢語翻譯），他說尼果寺不在大路上，我們得走小路，過河，還要翻山越嶺。

離開芒康，在318國道上往成都的方向走不長一段，拐彎進了一個山

溝。走著走著泥巴的土路也沒了，發現自己走進了一條河裡，冬天水淺，漏出好多河底，河道裡只剩下一條4、5米寬的小水流曲曲折折，要不是這樣，自己這會兒恐怕早已在水上飄著了。雖然我接著要說的這句話，肯定有人會提出置疑，但我的確一次又一次地把同一條河過了很多遍。這股河水從山溝裡頭流出來，在乾涸的河床上找石頭的縫隙鑽，隨時都在改變方向。「星期五」告訴我一定要走直線，不能跟著水的方向，要不然天黑都到不了地方。我不知道要到的「地方」是什麼地方，確切的說，我完全不知道要去哪兒，我有一個嚮導，它給我指路，還有，對，我要找到尼果寺。

《小丫子》

你的腳很小
總是朝天踢起來
頭上插著杜鵑花
紅豔豔的
你走過一個山坡
就在上面
留下一串小腳印
過河的時候
小腳變成
體型中等的兩隻魚
你走啊走
有的時候
在月亮底下也走
腳印一直在地上
變長
在每條河裡
消失一會兒

Mia
2003.10.13.

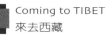

天快黑的時候，開始在河兩邊看見一兩棟藏房，接著看到了更多。遇到了一個村子，河邊有個姑娘正在用木桶提水，喇嘛頌經的聲音傳過來，我興奮得對「星期五」說：「尼果寺？」「星期五」搖頭。想想也是，那麼神仙樣的地方也不是這麼三下兩下就能見到的，沒多想，我並不失望。

　　晚上就住在這個不是尼果寺的寺廟裡——在像這樣的荒山野嶺，找到一個寺廟你就找到了安身的地方。

　　第二天，仍然是從早上7點開始的一天路程，翻了些不高的山。我走路應該是迅速的，至少沒給「星期五」拖後腿，可是還是到晚上10點多才摸黑到了另一個村子。敲開一扇門，主人的驚詫只有一點點，接著便是溫暖熱情招待我們好好的住下來。聽說這個村莊就在尼果寺腳下，不過天真黑啊，月亮和星星雖然都那麼亮，但最多就只能順著人指的方向，朝尼果寺的那座山頭，望一望，望出一些隱約模糊的影子。

　　又一個早上，天亮的時候再一看，發現昨天望的那座山還老遠地藏在好些山的後面。

　　好吧，做好準備再走一天。

　　一路爬山，聽「星期五」告訴我曾經在哪兒哪兒見過豪豬，在哪兒哪兒見過成群的藏馬雞，說著說著，就看見樹叢裡晃出一個白黑白黑的東西，長得像雞 ，接著再一個，又一個，一大群「咕咕咕」地慢慢走，見了我們一點也不跑也不躲。

　　我沒敢出半點聲兒，「星期五」在我耳邊悄悄說：藏馬雞。又見了一種從沒見過的動物，太好了，這個深山老林裡，果真有有意思的玩意兒。高興起來，走得也更快更愉悅。

　　走出樹林子，太陽又往下落了，天空有大片大片的紅雲，我知道每到這時候，光線都是瞬息變化的。白天會頃刻消失，會頃刻讓人什麼都看不見。不再問「星期五」還有多遠，我只想安靜地趕快走路。

動物和尼姑全都來了
Here came all the animals and nuns

　　轉個彎，聽見了風鈴聲，抬頭，有點兒呆——一點準備都不給我！兩座尖聳的山峰忽然就立在了面前，一個光禿禿的只有亂石，一個長著茂密的草木。兩個峰中間凹下去的一塊狹小平地上，一座大白塔在前面，後面兩個廟堂面對面立著。

　　這時候的天空，是特別特別深的藍。不知道是自己眼花，還是天空太美，還是這樣的幾何構成很少在眼前出現，總之就覺得那些白塔、房子是被人剛剛放上去的，就在一秒鐘之前，要是來陣大風就會從峭壁上被吹下來。可它們那麼安詳，一點不慌，好像已經在那兒了幾千年。有點恍惚，一直深呼吸，動作緩慢，眼看著只有最後一段山坡，可我卻越來越踉蹌。

　　「星期五」老早就開始呢喃地念上了經文，他知道我不會再有問題，也不會再需要向他求證這是不是就是我要找的地方，自顧自地走到前頭。

　　終於踏上山頂的那塊小平地。現在，我正站在尼果寺的院子裡。真想趕快告訴你它是什麼樣子，可惜天已經全黑了，只能看見地上鋪著厚厚的白雪，看見被月光照出來的白塔和房子的剪影。不過，我終於找到了「尼果寺」，況且已經在它的院子裡留下了一串腳印。接下來要做的是，從那個微微有亮光的禪房裡叫出一個人來，我想要一堆火，一大碗酥油茶和一個睡覺的地方。一間禪房的門，還沒等我們走近，打開了。出來兩個喇嘛，看不清臉，只聽見他們跟「星期五」說了兩句，其中一個拿走了我的背包，引我進了一間火房。

　　一進去，木柴燃燒出的溫度，讓整個身子頓時鬆下來，靠在灶台邊，

漸漸暖和，我靜靜從小喇嘛手裡接過酥油茶又接過糌粑。不知道什麼時候睡著的，就覺得自己躺在一朵特別白的雲上，迎面有暖風吹拂。

一睜眼，天亮了，「星期五」見我睜了眼，一把把我拽出門去——還沒怎麼醒，但睜開眼睛已沒問題——我看見了，看見了……成群的野岩羊正散步一樣從各個方向走進寺廟的院子裡；白塔上好多小松鼠你追我趕嬉戲；不知從哪兒下來的各種野雞，各種鳥，一個都叫不上名字，一切都跟傳說中的一樣，我真的能離它們很近，很近。

整個尼果寺正被上升的太陽一點點照亮。院子兩邊各有一個大殿，周圍和後面的山坡上全是一棟棟小巧的禪房。雖然顏色已經褪去好些，比不上其他地方寺廟的光鮮，但卻落落大方。規模也不小，特別是白塔，看得出虔誠的信徒和僧人常常修整，很乾淨很光潔。白塔下面的整整一個山坡，方圓2、3公里，堆滿了瑪尼石，不知道是多少人，花去多少個日夜的精雕細刻。兩個大殿裡都只有一個喇嘛孤單單地念著經，整個廟清寂極了，看來總共也不過十來個人罷了……

後來呢？

後來有人在一幢精致可愛的小房子窗口，向我招手，叫我進去。她的火灶上正蒸著好多酥油花卷，往外冒著白煙。她是個姑娘，也是個尼姑，尼果寺還有好多別的尼姑。她叫卓瑪，她一直在跟我說話，但我只聽懂了「卓瑪」。

每天都要餵養小動物的小喇嘛。

後來呢？

後來我睡在卓瑪的身旁。每天清晨很早，太陽剛剛起來，我們倆就起來了，去山下小泉邊提水，揉麵，做好酥油花卷。大多數是做給正在閉關的尼姑和喇嘛的，他們就在山上好多棟禪房的某一間裡，我們把花卷放在他們門上的小洞邊就走開，他們會自己來拿。送完飯，整個寺廟走一圈，手裡抓一把青稞或鹽，和動物們呆一會兒，看它們伸出舌頭舔撒在地上的鹽巴，或者到手心裡銜去一粒粒青稞。

尼瑪派是要行修的，寺裡的好多喇嘛和尼姑都去很遠的地方行修了，要不就在閉關，能看見在走動的只有3、4個和尚和10來個尼姑。兩個年齡大一點的喇嘛總是帶著我們做各種活動，有的時候集體大掃除，有的時候去轉山，有的時候他們念經，我聽念經……

尼姑們大大小小，有的已70、80歲了，有的還是5、6歲的小丫頭。這兒一看就是沒什麼外人來的地方，偶爾來幾個行修遠到的僧人，或來幾個附近村子的村民，給喇嘛尼姑們背點糌粑、麵粉來。

我的出現簡直是一件大事，一件極新鮮和有趣的事。尼姑們總是把我團團圍住，並且從開始到最後，一直使盡各種方法要剪掉我的頭髮。

那天，我剛到，她們立刻全部圍到身邊。幾個小尼姑先拿起我的長辮子仔細看，看完了放下，換別的尼姑看，輪流都看完了，她們開始行動———一個中年尼姑拿起我的辮子，用手做了個剪刀，「剪」我的辮子，嘴裡說著什麼，聽不懂，見我搖頭，旁邊好幾個尼姑紛紛拿出她們身上的佛珠，要給我，我還是搖頭……「星期五」在旁邊翻譯：「她們說你一看就是出家人，要你跟她們在一起」。

這我倒一點也不驚訝，自己也總是有點兒感覺，只是還沒做好準備，時候未到，要是有一天我出家了，也真沒什麼奇怪的。不過，她們接下來真拿來了剪刀，我還是一陣驚慌，開始滿山地逃，她們在後面嘻哈笑著，滿山地追。

卓瑪的憂傷　Drawma's sadness

　　卓瑪從沒參加過這樣的活動。她是所有尼姑裡最漂亮的一個，她的小禪房也是最漂亮的。大概25、6歲，正當風華。可卻不像別的尼姑，總是嘻嘻哈哈地特別高興，老顯得有些憂鬱，一個人坐在禪房外望著遠處發呆，晚上自己坐在火灶邊像唱歌一樣念經，可調子聽上去總憂憂的，還總希望我能帶她走，心事重重。

　　「星期五」轉完山，呆了兩天，準備回去，趁著他沒走，趕緊讓他幫我問問卓瑪的事情。雖然不肯定我真能聽懂「星期五」翻譯的漢語，可要是他走了，就再沒有一個人能和我說話了，哪怕無比結巴，無比磕絆。

　　我從「星期五」磕磕絆絆、斷斷續續的漢語裡，拼出了這個故事：

　　20多年前，也是一個冬天，一個老人衣衫襤褸，面容疲憊虛弱，懷裡抱著一個2歲大的女嬰，來到寺院，把這個叫卓瑪的女孩交給當時寺院的老方丈，匆匆離開了。

　　老方丈幾個月後圓寂，唯一知道卓瑪身世的兩三個管事也相繼去了印度，卓瑪一直由一個不會說話的老尼照顧，慢慢長大。卓瑪一直以為自己的家人都已經不在了，加上老尼一直細心教導、呵護，寺裡的其他尼姑和喇嘛也對她溫暖倍至，卓瑪也就從沒多想，安心修行。

　　去年，一直和卓瑪相依的老尼去世了，去世前，老尼寫給她老人把她送到寺院那天的情景，卓瑪才知道，自己的親人說不定還在世上，不過出家人一切隨緣，卓瑪並沒多大悸動，仍然每天念經修行。

　　兩個月前，一個從四川甘孜行修到這兒的喇嘛無意中說起一個自己村子裡的故事：20多年前，村子裡的一個老人，帶著自己一歲大的孫女，去拉薩朝拜，一去兩年沒有回來，家裡的人開始四處尋找，終於得知老人在回家的路上，由於路途遙遠，盤纏用盡，走到巴塘一片大草原時，前後不見人家，筋疲力盡倒在草地上，幾天後，被一個放牛的牧人發現時，已經餓死了，附近的牧民將老人天葬。後來，老人的兒子透過衣服和鼻煙盒斷定這位老人是自己的父親，可是，本來該在老人懷裡的自己的女兒，卻一

直無法找到。20多年過去了，這家人一直惦記著女兒的下落，母親還常常為這事兒落淚……

　　這個四川喇嘛還描述了老人的長像，聽來和老尼告訴卓瑪送自己來的老人一模一樣，時間也完全吻合，又追問是否知道這個孩子的名字，當聽到四川喇嘛的回答時，卓瑪驚呆了——「卓瑪」，和自己的名字一樣，不，應該，就是自己。

　　活潑開朗的卓瑪沈默了。如果這真是自己的故事——爺爺為了不讓自己餓死，把自己留在寺院，說不定是想回家之後再來接自己，可是……現在，如果真還有爸爸媽媽，他們還在牽掛……但20多年過去了，自己已經是一個安心修行的出家人，從來不知道還有這樣的過去，所有的事情突然從天上掉了下來，親人，就在幾百公里外的一片草原上……

　　卓瑪不敢再想，四川喇嘛說可以帶卓瑪回那個村子看看，可卓瑪不願也不敢。四川喇嘛臨走時說，回去會把在尼果寺見到卓瑪的事情告訴那家人，他們肯定會來找卓瑪的。現在，快兩個月了，卓瑪的心每天都在反復翻騰，期待、擔憂、猶豫……。

看上去像是卓瑪的爺爺來看她了，其實，這是寺裡另一個小尼和她在山中修行的爺爺。

在天上，不說話　No words, in the Heavens

　　聽老喇嘛講完，我獨自走進黑夜裡，朝卓瑪的禪房走去。山頂的夜晚是寒冷的，現在又開始撲簌地落起雪來。白天在院落裡嬉戲的動物們，早就回到自己的窩裡睡下了。寺院沒有電，如果有月亮，整個寺院就會泛出銀白的柔和光芒，不過現在，只有紛落的雪片帶著微弱的光四處遊盪。白茫茫的天空下，大殿、禪房和整個山顛，只剩漆黑的影子。

　　一束微弱但溫暖的火光，從卓瑪的小窗瀉出來，還有她比歌聲還柔美的頌經聲。

　　卓瑪坐在火灶邊，靜靜地看火苗跳動，身旁依偎著留戀溫暖不願回家的幾隻藏馬雞。看見我回來，緩緩抬頭，緩緩展開微笑。我沒有坐到她身旁，自己去了睡覺的地方，躺下……卓瑪繼續輕輕唱經，雖然仍然憂傷，但也同樣平靜、安詳。

　　不知道卓瑪等的人什麼時候會來？不知道到我離開的那天，卓瑪是不是已不再憂傷？不知道，我還會在這個山顛呆多長的日子？

《天山的小島》

雲 海 的 東 邊
有 一 座 小 島
泛 著 銀 光
遠 遠 地
看 了 它 很 久
我 知 道
是 地 上 最 高 的 山 峰
長 出 來 了

217

有的時候，我會一個人走遠一點兒，坐著——像是在天上，周圍再沒有比我高的什麼，很遠的地方的雲彩，很遠的地方的天空，一眼就能看到。永無止盡的山，像海洋一樣，從胸前開始，向前湧動。

我在高山頂上，懸崖邊，像只要邁出一腳，就能整個騰空，走到了天上。看著太陽從一個山頭爬上來，另一個山頭落下去，看羊群從寺院走到對面的山坡，慵懶嬉戲，看時間在影子的移動裡，從這個禪房的小窗到院子，再飛上屋簷，一點點地過去……

有一個地方，在懸崖邊，往上走一點兒小路，來到一塊舒適的草坪。有一扇木門，進去，在黑漆漆裡走兩步，撩開布帳，是一個山洞，洞裡有一尊老舊的蓮花生佛像，有一個老喇嘛守著它。老喇嘛的禪房齊著懸崖，低矮得在裡面必須彎腰，可在整整一面牆的窗戶前坐下，所有的山脈，所有的天空，所有的正被晚霞染紅的翻騰雲彩，就全部在你面前了。

還有一個山洞，可以從下面進去從上面爬出來；另一個山洞裡，從洞頂的岩石上往下，垂掛著數千串用繩子綁起來的小石頭；還有一塊石頭上有巨大的腳印；還有更多的石頭裡夾雜著其他鮮豔的部分，清晰明擺著無法雕刻和鑲嵌，卻也清晰明白的是無數梵文的經文……

左、右：有不知用什麼方法刻出來的神秘石塊，也有常見的瑪尼堆，還有用繩子綁起來的小石頭。

日子，安靜的，一天一天地過去。

動物們天天都來，在喇嘛點燃第一柱香，緩緩念起經文的時候；卓瑪等待的人雖然遲遲沒來，可她臉上的憂傷越來越少；我天天打掃院子，去山頂坐著，開口微笑，偶爾唱歌，卻從沒和任何人說出過一個字。

四周一片安寧，節奏和速度放緩，語言消失。我快樂極了，快真的變成一棵山頂的小樹了。

再後來呢？

再後來的事情，我說不大清楚。總覺得自己是在夢裡——也許我本來就是尼果寺裡的一名小小尼姑，從小過著清淨淡泊的日子，從沒去過山那邊的地方。

或者，世界上根本沒有這個地方，從來就沒存在過。

在哪裡存在？　Does it exist there?

你在哪兒？我在哪兒？我們在哪兒？

在哪裡消失？

一個人要消失，多麼容易。人和人的聯繫多麼脆弱。

你看，我現在出門了，不帶手機，不看e-mail，僅僅不做這兩個動作，我就立刻開始消失，和所有人失去聯繫。

誰也不會知道我去了哪兒，誰也不可能找到我，我也無法知道任何人的消息，我的世界又完完全全還給了自己。

都明白不會這麼快就真的不見了，不過是再也無法在毫無準備的情況下，進入彼此的世界，打個電話，一瞬間就聽見了——像是時空轉移，還是修煉成了什麼了不得的功夫，變成了神仙？怎麼能頃刻之間，長短的時間和距離根本不存在？

除非在路上偶然遇見。

偶然遇見多麼好，就像古時候的人那樣巧遇、重逢，重新學習「緣分」的意思。那麼真可憐，如果沒了電話，沒了傳真，沒了網路，大伙就都不再彼此存在消失無蹤了。那麼真脆弱，我們的關係，我們，彼此，到底是否真的存在？還是只存在於這些高科技現代文明的工具中。

可以這樣試一試：只在一念之間，只需要一個念頭。

我願意想起的親愛的人就出現在腦海中，像真的就在面前一樣，面容活生生地浮現。在我消失之後，別的人也只要一個念頭，就能想起我，甚至我還在跟他們說話。原來是這樣：不會消失的永遠不會消失，最實在最親近的聯繫，永遠存在。

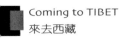

《飛馬》

我從山洞裡牽出一匹飛馬　　　我爬上他的身子

一匹天藍色的飛馬　　　　　　他慢慢拍打翅膀

他在我身旁　　　　　　　　　我們飛到天上之後

安靜地望著我　　　　　　　　誰也不會知道

準備起飛　　　　　　　　　　我騎著一匹飛馬

安身的地方 A place to settle down

再小的寺院，再髒再舊的房子，往往能成為藏地旅行的暫時安身之所。這兩間空屋子很久以前就為轉經人準備下了，現在則成了土雞極愛的休憩地。

找個地方把自己的身子放下。找個地方睡覺。

地方多得是，要是是一頭大牛或一隻小鳥，那麼方便好多。雖然不好返回去再當猴子了，不過學習借鑒是肯定可以的，特別是來到現代文明的邊緣地帶之後。

在藏地，要是看見寺廟，大小不論，新舊不論，是肯定可以馬上把心放下來了，就算你身無分文、衣衫襤褸，都能在寺院裡隨便哪個角落一臥，在哪位神仙佛祖的塑像下呆下來，或者會有善良的修行人把你帶到有灶火的溫暖地方，給你一些糌粑和麵餅，像收留一隻掉隊的小鹿一樣收留你。

要是沒有廟，進了村莊，可以試著往任何一戶人家的院子裡探探頭，再往裡走點兒，有人聞聲出來，你一定要馬上微笑但不能笑得太故意和太莽撞，不然會嚇到主人；輕輕地笑說「你好」，再怎麼語言不通大概都能明白「你好」是一個友好的詞，95%以上的情況下，都會被邀請到屋裡，先喝到熱水熱茶，再吃上簡單但足夠飽的食物，接著就可以開始主動提問是否能住在這裡，95%以上的情況會得到熱情肯定的答覆，並被安排在一個好地方，比如和老母親同屋或者單獨一間小客房，有時主人還會在晚上為你被蓋上7層被子，怕你凍著，但差點讓你喘不上氣來。

要是你想在一個地方長住，要是在城市，事情簡單，租房買房唄。在鄉下一般情況不用給錢，如果是借宿在村民的家裡，過意不去，不習慣白吃白住，那就趕快早起幫忙這家人做事。

此外，還有一種辦法：在藏地，一般都會有閒置不用的老房子，空著，你初來乍到也無從打聽主人現在何方，可以先把睡袋放進去，買把新鎖往大門上一掛，儼然成了自己的居所，等主人偶然來了再跟他正式談怎麼能住在這房子裡，要是到等要離開了主人還沒出現，心中感謝一下也足夠了。

當然要是你從來不會在找不到旅館的地方出沒，或者你習慣隨身背帳篷，酷愛露營，那麼安身之地自然是沒這麼麻煩周折。

Note 2 太陽的色彩：黑皮膚、高原紅
Color of the sun: dark skin 、 Red plateau

太陽的色彩在哪裡？在花朵的繽紛裡，在天空的湛藍裡，在黑皮膚、高原紅裡。預計，黑皮膚應該很快成爲最時尚最潮流的膚色。不是眞的碳黑，準確的說，應該是深淺不一的棕色，並沒眞到"黑"。一看就是太陽曬得好，有好太陽可曬，一看就健康自然，一看就看見了泥土啊紅棕馬啊樹幹啊這些活生生的質樸朋友。

「高原紅」是太陽在臉頰上一定範圍內劇烈泛濫之後留下的色塊。可不是所有人都能曬曬就得到「高原紅」。研究了一下，發現，這跟臉蛋的形狀特別是顴骨的高度有直接關係——開始只是納悶，自己雖然已黑成泥巴了卻似乎永遠得不來這兩片紅，仔細觀察好一番才明白：原來顴骨不夠高，不夠把皮膚撐得高出臉頰平坦的表面，沒在眼睛下、鼻子邊鼓出兩個小山坡，所以，太陽只能全面上色，不能重點照顧哪裡，也不能因爲距離稍近而更迅速地得到更多的陽光。因此，有高顴骨才有高原紅。

Note 3 節奏和速度 Rhythm and speed

有的時候，我愛速度。愛開起來的汽車，極受不了停著不動的汽車，因爲汽車就是要開的，沒速度了還不成了個地上的鐵盒子，古怪地裝了好多人進去。

人倒不說一定得走，得飛奔，停下來不動，睡個覺，也是特別自然的事情。走走停停，停停走走，但人的速度裡應該有節奏。

移動得太快，會把好多東西跑沒了跑忘了，丟三落四掉了東西不提了，好多時間一晃而過，時間裡的內容也一晃而過，倒是看見聽見了，抓起來扔在身體的哪個旮旯裡的呢？怎麼找不著了？

走慢一點，仔細一點，進去多一點，印得深一點，忘得就慢一點，有的時候需要徹底停下來，一動不動，變成一塊沒風的湖泊，反芻似的把裝進去的東西倒出來再嚼一遍，好多別樣的滋味和好回憶都來了，日子過得看似清寂安然，但似乎比快的日子更充實更自足、豐滿。然後再動，再加速跑，才能重新體會到自由眞的那麼自由，速度眞的那麼讓人激動快樂。

樂趣就在節奏的跌宕間，消長起伏，越來越自如，越來越了不得地飛揚生活。

223

一切都在 陽光下

All Under the Sunshine

長長的送葬
隊伍。

變成雲彩了　Became colorful clouds

幾百人裡，只有一個年輕的喇嘛在哭，一直在哭。

其他人，有的露出悲傷，更多的，一直都在歡笑。

這個初春的清晨，這個小山頂上，陽光燦爛。

死亡，就在面前。

那麼明亮。

明亮得只適合盡情歡笑。

如果哭泣了那就哭泣吧。因為哭泣最後，也是歡樂的。

這並不是終，並不是不復存在。這只是一個站臺上的送行，這只是一段新的旅途的開始，這裡沒有一絲不愉快，沒有一絲掙扎，沒有一絲難以承受。

它那麼重，它又是如此的輕。

變成一朵潔白的雲彩，升上天空。

一切的儀式只是為了送別。只是為了讓他在去遠方的路上，能走得好好的。大家都捨不得他，擔心他這麼大年紀了還一個人出遠門，大家都想看著他上路，看他轉身，對他微笑，想再跟他說句話。

你看，很多人都來了，順著山坡陪著他走過來了，經過草原，經過村莊。又有好多人聽說他要走，也跟進來，來送送他。

所有村裡的人都來了，在他前面牽起長長的哈達，舉起金色的長布，前後左右緊緊簇擁著他，不斷遞給他平時愛吃的東西和喜歡的花朵，唱了一首又一首美麗的歌……全是因為鄉親們愛他。

所有的喇嘛都來了，在山頂上等著迎接他。

鄉親們把他送上山頂，喇嘛們看見自己的好老師，親熱地朝他跑去，把他從鄉親們的肩頭，接到自己的肩頭。抬著他，齊聲唱起一首快樂的經文。

那真像是一首快樂的歌，唱得大家都笑了。

草地上，有一個畫滿蓮花、如意的白色石頭大「桶」（火葬塔），是人們專門給他準備的石頭車，喇嘛們往裡面放上柴，在車上插滿經幡，他的學生們把他抬到車裡。

所有人全不說話了，開車時候到了。5個帶紅色三角形布口罩的學生，負責給老師開車，他們從5個方向，點燃了車裡的柴火。

大火猛烈地燒，柴火的黑煙裡，忽然飄出一朵清細的白雲，雲彩在空中停了好久，風把其他的煙塵都吹得四散無蹤，這朵小雲還停在半空，望著下面為他送行的鄉親，他的學生，他的朋友……還有這片美麗的草原。

好幾分鐘以後，他乘了下一陣風，真的離開了。

開車的學生繼續給他的車裡，添上酥油、青稞、草木、水果……每個在場的人（前排的）手裡領到了一張一塊錢的紙幣，是上師給我們的臨別禮物。

女人們的歌聲又一次響起，只有一個年輕喇嘛開始悲傷地哭泣。

也許是再也不能被他慈祥溫暖的目光注視而傷心，一想起他雙手握住自己的雙手時的溫度，就會忍不住，為這種無法重復的失去而哭泣。

那就哭吧。

這的確是死亡。

是真的，他再也不會回來，他再也不會站在那個窗口喚你的名字，也是真的，再不會在每個黃昏，從門前的那棵老樹下緩緩走過，輕敲你的房門……

他去了，去了很遠的地方。很遠，遠得比你所有能想像的，還遠。

可你總會停止哭泣的，不是嗎？

你終於知道他去了哪裡。就在離你那麼近的地方，甚至比從前，更近，近得沒有任何距離，近得你，看不見他。

今天清晨，我面對了這次送別。

當時，我正在我的房子外曬太陽，聽見山腳下傳來的歌聲，爬到屋頂一看，才聽說有一位方丈去世了。

在送別的人群經過我的房子的時候，加入了隊伍。

一開始，我以為這是個葬禮，準備好了迎接沈重和悲傷，可是，它太明亮，太輕盈了。

陽光總是燦爛的，在這個地方。

一切都在陽光下，明亮起來，連死亡也是吧。

上師就要上路了，現在正在眾徒弟的幫助下走上「站台」。

《短歌》

我們
一刻接著一刻地
活著
春天
一個接著一個地
來了

這個春天
正在慢慢離開我
我的下一個春天
在那個
遠得
看不見的地方
等我

他是青海的蒙古人，出家在塔爾寺。後來到拉薩學習，獲得格西（博士）學位，要想拿到學位證書必需公開放一次布施，他家境貧寒，沒錢做這個布施。在拉薩做生意的幾個小中甸商人聽說了這件事，主動幫他放了布施，並且把他接到了松贊林寺。1958年，「文革」期間，他進了監獄，出來的時候被政府安置在縣城裡的一個磚瓦廠，負責放水牛。松贊林寺重建之後，做了寺院的第二任方丈。

圍著火葬塔轉三圈，是火葬正式開始之前的小儀式。

藏族人很是幽默，他們給寺院裡的歷任方丈起了各種各樣的名字，有「東林方丈」，有「斯泰爾方丈」，說他們就像進口的大貨車一樣，特別能往腰包裡掙錢。

可今天這位德高望重的上師，人們卻親切地叫他「蒙古方丈」或「瓦廠方丈」。

大家是這麼告訴我的：「瓦廠方丈」當方丈的時候，寺院裡得到的每一分供奉他都會好好存起來，一到過年，寺裡幾百個僧人，每人都能分到2000塊的過年錢，還有一大半剩餘，他會再存起來為寺院作別的用途。給鄉親們做法事、念經，每次給他錢，他都笑眯眯地收下，然後看見什麼地方窮困，什麼地方需要錢，他就東給一點西捐一點。圓寂之前，「瓦廠方丈」的存摺裡還有3000塊錢，他讓徒弟去銀行全換成一塊一塊的紙幣，在他離開的時候，送給來給他送行的人們。

一路上，婦女們
雙手合十，朝著
上師來的方向，
一直在唱歌。看
不出誰在悲傷。
到了山頂，喇嘛
們也快活地把上
師接到肩膀上…
…在這裡，死已
如此明亮。

　　他絕對倍受尊重，送行的人群才會如此龐大。漫山遍野的，節奏平緩而舒展。走在人群中，我很快發現，這裡面雖然有淡淡的離愁，但根本沒有絲毫本以為該有的壓抑、沈悶和緊張……到山頂之後，從一群等待已久的喇嘛蹦跳地把上師接到自己肩上之後，從他們集體大聲唱的那首快樂的經開始，情緒裡的歡快和自由，越來越多。

　　我始終沒有聽到類似哀樂的聲音，一群群的女人們一直在雙手合十地

唱歌，調子雖然沒有喇嘛們的快樂，但除了深深地祝福和祈禱，聽不出太多的憂傷。就算是那個唯一哭泣的小喇嘛，也是默默的，或者，是暫時的。

葬禮正式開始，火葬塔底部的孔用來點火和通氣，上面支出來的錫箔紙「槽」用來添加燃料和青稞酥油之類的供品，柴火開始劇烈燃燒。

甚至色彩，都是鮮亮燦爛的。上師身體上的衣服，上師座的椅子，唐卡……都極盡多彩。除了哈達和火葬用的石頭「桶」外牆是白色為底外——而白色在這裡跟披麻帶孝的白又絕不是一回事，完全是純潔美好的意思。

而更多的人，特別是眾多歡笑的出家人們，還有那個一直平靜地端坐著，偶爾閃現一點調皮表

情的小活佛……狀態輕鬆得讓人幾乎徹底忘了——這是死亡。

　　有可能，這些操持儀式的喇嘛對這種事太習以為常，但這絕對不是關鍵的理由。

　　事實上，這難道不是一件值得歡笑的事情嗎？

　　沒有生也沒有死——世界、萬物、生命都是輪迴。

　　如果這不是一個結束，那它肯定是一個新的開始。

　　那朵從黑色的濃煙裡升起的潔白雲彩，不管風怎麼颳，不管風多大，不管別的黑煙已經朝另外的方向瞬間遠去，那朵雲彩就是在我們的頭頂，停著不走，很久才慢慢淡去，慢慢了無蹤影。據說那是上師在跟我們說最後一些話，比如告訴人們他將在什麼時候在哪裡轉世回來。

　　至於其他的，至於我一開始的冒失，至於女人的不被允許，這是另外的事情。

　　其實在藏傳佛教裡，男人代表方法，女人代表智慧。女人在這裡和很多別的地方一樣，有很多不被允許的禁地，也並不是完全因為性別的「歧視」。

　　這我習慣了，也是隨時注意和絕對尊重的。

　　但因為好奇，因為想拍照片，我還是犯了禁忌：首先，我站到了圍成

上師化作雲彩了嗎?一朵小雲從黑色濃煙裡升起,一直停在那兒。幾近10分鐘,據後來一位看過照片的喇嘛告訴我,這是上師在告訴人們自己將要轉世的方向,寺裡的高僧們慎重地測算有關上師轉世的事情。

一圈的所有人群中間,也就是葬禮舉行的地方,我被村民們警告了。但我繼續把相機伸到了上師的身體前面,這次我被上師的隨從警告了:「妳夠了吧!」由於所有的注意力全在鏡頭上,忽然一腳踏錯,在小活佛面前,踩進了白色哈達圍起來的「禁區」(是所有人的禁區,不單單是女人的),在身後的人群齊齊發出巨大的一聲憤怒的「誒!」之後,一個粗壯的管事喇嘛二話沒說,抬起巨大的手臂把我往旁邊只輕輕一攔,頓時摔出兩米遠。而我唯一能做的是一邊從地上爬起來,一邊說了無數個「對不起,對不起……」,迅速找一個地方坐下,再也沒動,也不願意再動。

這是女人的不被允許,雖然同時也有無關的男人,舉著相機站到

石頭「桶」上面朝裡面大肆地拍照而無人干涉，但我並不羨慕——那是我不會做的事情。

我除了慚愧和抱歉，也沒有絲毫的委屈——性別尊重在這種時候是太次要的尊重，是不值得要求的。而且根本就不是這個「尊重」該被提起的時候，而有另一個大得多的「尊重」在面前。

尊重死亡，同時也尊重生命。

尊重一個平和美好的時刻，尊重別的民族或人群神聖莊重的心願。

沒有什麼比這些更重要了。

在明亮的雪山，草原，村莊和笑容裡。

明亮的死亡。

明亮地面對死亡的人們，是大地上最勇敢、最驕傲、最自由和寬闊的民族。

等著鄉親們的是無數個陽光燦爛的日子。

大家開始結婚吧　Get started married, everyone！

　　10月一過，大家開始集體結婚了。

　　無窮無盡的婚禮，接踵而來，數量之大，頻率之高，波及面之廣。

　　秋天正過到後半截，青稞都收起來了，地也翻過了，一年裡該忙的都忙得差不多了，雨也不下了，風也不颳了，葉子都紅了，好日子也接連來了，那就一塊兒結婚吧。

　　整個草原上的人，齊齊進入「結婚季節」，全部開始爲結婚這個事情忙活。家裡有人結婚的忙著準備婚禮，有朋友親戚結婚的忙著準備參加婚禮。

　　從星期一開始，紅紅的喜帖就不斷從四面八方遞到手上，一個人面廣點或者家族大點的老媽媽，估計每星期能收到5、6張喜帖，眞得費一番功夫斟酌決定去哪家，哪家只能帶禮，還是一天趕兩、三個結婚現場。

　　周末，兩天，滿街滿巷，滿村滿山崗，無數婚禮開始進行了。方圓百里這麼大個草壩子上，一個周末裡同一天結婚的人家就會有20多戶，估計

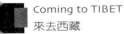

　　還不止。一排又一排長長的迎親車隊在馬路上擺著，或者從草原這頭搖搖晃晃地開去草原那頭，這個街口的喜炮聲剛停，那個山頭的鞭炮又接著響起來，整個草原一派喜氣洋洋……

　　這樣全城歡樂的日子一直持續到春節前，因為進入另一個歡樂季節而終止。我倒不奇怪全部整整齊齊都擠在這個時候，秋天金燦燦的本來就是好日子嘛。我好奇的是：真有那麼多適齡青年待字閨中？

　　婚禮分現代漢族的和傳統藏族的。我參加了兩三場，都是村子裡傳統的藏式婚禮。

　　說起來，它們絕對夠古老夠依照傳統，整個過程裡只有一樣是摩登的東西：從前新郎新娘過門都騎馬走，現在不騎了，改坐小汽車，不管是大寶馬還是小長安，總之是鐵傢伙，其他儀式基本和老日子裡的一模一樣。

阿布今年17歲，排行老三，家在納帕海邊的山腳下，今天結婚。新娘家在納帕海另一邊的村子裡，也17歲。阿布不知道自己的新娘長什麼樣，只是幾個星期前知道要和哪個村子哪家的二姑娘結婚之後，讓幾個伴兒拖著，去海那邊偷偷看過一眼，姑娘當時正在地裡幹活，遠遠地還沒看清楚，阿布就不好意思轉身溜了。

　　我看見阿布的時候，他已經被媽媽隆重地穿戴整齊，在新房的床上，坐在一群一樣隆重的小伙子中間——緊張，臉紅，不知所措。這些小伙子是村子裡和他年齡一班大的男孩兒，都是婚禮上阿布的「朋友」，也就是「群眾伴郎」。他旁邊坐著的，是家裡和他年齡最近的一個表哥，是「主伴郎」。小伙子們全穿上了自家媽媽為自己結婚時準備的最好的衣服，豹皮楚巴啦，整張狐狸皮圍起來的帽子啦，總之漂亮得讓人眼花。

　　20來個17、8歲的小伙子要擠在這間屋子裡直到中午新娘過來，才出去在大門外站成一排接新娘，中間除非內急，不能出這個屋子半步。這會兒百無聊賴，不停吃各種東西，集體跟著電視裡哪個歌星吼兩嗓子，要不就開阿布的玩笑，弄得本來就緊張的阿布完全連笑都不會了。

新郎阿布和他的「主伴郎」以及「群眾伴郎」。

今天是結婚行禮的一天。

之前的兩天是「相幫」——凡是拿到紅喜帖的人，不是說你來婚禮上吃吃喝喝就行了，你得在之前幫主人家做事情，準備一切婚禮需要的，主要是為數百個親朋好友準備夠一整天裡無數次宴席吃喝的酒菜——這是好多地方的村子裡都有的習俗：家裡要辦什麼大事了，比如結婚，蓋房子啦，都是大伙一塊兒幫忙，這次你幫了我，下次我再去幫你，互幫互助、友愛團結。

阿布的婚禮是在自己家舉行的，阿布不用做別人家的女婿。可別覺得「男婚女嫁」是理所當然的事情，其實也有很多家庭是男孩嫁出門的。

參加婚禮，人人穿上自家最好的衣服，漂亮得令人眼花。

藏族人有個規矩：一個家裡只能留下一個孩子，一般留老大。其他的孩子都得嫁出去，要是對方也是家裡的老大，那就跟著這個老大住在對方父母家（哪邊缺勞動力住哪邊），一塊兒過，要是兩個都不是家裡的老大，那就出去自立門戶。選媳婦或者丈夫也大部分由不得自己，雖然現在也能自由戀愛了，可父母說了就算的情況還是占了一半左右。

阿布是家裡的老三，照理在家裡是怎麼也留不住的。不過阿布的大哥兩年前出了車禍，一條腿沒了，成了殘疾。二哥從小就進寺廟當了喇嘛，家裡好的勞動力就看著阿布了，不是大哥也成了「大哥」，要是不把他留下，家裡的地恐怕是沒人耕了。

上午11點，村子裡派出幾個能說會道的男人，到海對面接新娘去了——接新娘還得費一番周章。得聽新娘家裡派出的能說會道的男人唱很久的

歌，聽他們唱完對姑娘的不捨和祝福，還要跟他們對歌，一番離別儀式之後，新娘才會被哥哥和伴娘們陪著，跟著自己這邊的主婚人（一般是叔叔或者家裡德高望重的長輩），和阿布這邊派去的人一塊過來。

　　這時候阿布家的院子和堂屋裡，早已經滿滿擺上了無數張桌子，並且一直輪番供應著酒宴。凡有新的客人走進門來，阿布的媽媽和其他家裡的女人們就立即再擺出一桌新的飯菜。

　　中午1點，阿布的媽媽來叫小伙子們吃飯，還說了句什麼，所有的男孩兒臉上閃出一陣緊張。和他們匆忙吃著「喜宴」，遠處傳來一陣鞭炮聲，跑到曬臺一看，草原上一個車隊，朝這邊緩緩前進──新娘來了。

　　大門橫梁上，開始有人點燃了松枝，一隊迎親人馬在大門外排隊站好。從大門開始往外依次是：背著水桶的阿布的妹妹，手捧香爐的奶奶和媽媽，阿布和表哥，其他的伴郎，阿布的叔叔──男方的主婚人。

　　鞭炮聲響到村口，新娘坐在車隊的第一輛桑塔那裡，有點暈車，半天沒從車裡下來。女方的主婚人帶著一隊送親的男人，手捧哈達先唱了起來，邊唱邊走到阿布叔叔的面前，把哈達交到了他手裡。

美麗的伴娘隊伍。

所有的人神長脖子希望一賭芳容，可惜姑娘實在羞澀，硬是從頭到尾把頭埋得低了再低，硬是沒讓旁人瞟到半個臉蛋。

歌聲貫穿始終，
走幾步一個唱
段，歌唱一切可
以被歌頌和祝福
的東西，直到唱
遍眼睛所及的一
切。新娘的隊伍
在阿布家的堂屋
坐落，兩旁的主
婚人開始面對面
說生活的各個細
節，其他的人吃
東西說笑話，總
之，做一些高興
的事情，直到晚
飯後的鍋莊。

　　新娘終於由伴娘攙扶著從車裡出來了。費了好大勁也沒看清新娘的樣
子，開始還把旁邊穿著差不多美麗的伴娘錯當成新娘。一是人群擁擠，二
來姑娘一直深深低著頭，恨不得把臉藏進衣服裡——我在一個星期前的另
一個婚禮上，也見過同樣的情形。那天從外面嫁過來的是新郎，那男孩兒
也一樣始終不抬頭，甚至接下來的整整一天，都沒給大家機會看看他長什
麼樣。估計今天這位新娘也會把自己的臉藏得好好的，讓我啊，阿布啊，
他的那些伴兒啊，心裡好急。

　　門口的一排迎親的人現在還不能動，得等送親的長輩慢慢把在門外該
唱的歌都唱了，比如歌唱阿布家的房子、大門、門檻之後，才能跟在
新娘和新娘家的人後面，進屋。繼續歌唱院子、柴堆、樓梯、堂
屋、中柱（屋子中間最大最粗的那根柱子，最重要，
跟神仙一樣被尊敬著）……

　　歌唱完了，阿布終於有機會靠近新

娘，不過也就一會兒功夫。阿布和表哥被叔叔帶著，新娘和伴娘被她們的叔叔帶著，一塊兒圍著中柱走三圈，新娘和他家來的人，入座，吃飯，雙方主婚人開始長篇的講話，阿布和伴郎們重新回到新房。

院子裡擺著盛大喜慶的流水宴。

　　婚禮基本完成，就剩下晚上大伙跳鍋莊了。

　　新娘今天晚上會住在阿布家，不過不會和阿布同房，明天一早，會重新回到自己家去，再在娘家呆幾個月或者半年之後，才找一個好日子正式搬過來，和阿布一塊兒生活。

　　伴郎們個個急不可耐地脫下華麗無比的藏裝，換上一身漢族現代摩登衣裳，一下子樣子大變。說實話，穿著藏裝的時候看哪個都覺得哪個英武帥氣，一換成漢人的現代衣服，臉上的輪廓沒剛才鮮明了，氣質也全沒了。

　　只有阿布沒換裝，依然一臉茫然地坐在床上。一看他那張臉，叫人忍

241

臉蛋渾圓紅潤的
阿布（左），一屋
嘻嘻哈哈的伴
郎。

不住笑起來——這是一張多麼年輕的臉啊，年輕得臉蛋上還留著小孩子的
兩團紅暈，咬著嘴唇，這麼冷的天額頭上儘是豆大的汗珠，也看不出是高
興還是羞怯……這個小孩，已經是別人的丈夫了，今後的日子是不是會發
生點變化？阿布知道這些嗎？

　　不過，日子過著過著，人就長大了，過著過著，該知道的就都知道
了。不管結婚是什麼，不管它是一種生活的開始還是另一種生活的結束，
總之，今天是快樂的一天。

　　夜裡的鍋莊是永遠快樂的，大家開始跺腳，開始旋轉，開始一個晚上
徹夜的歡歌和舞蹈。

《結婚》	結婚	浩浩盪盪
一隻魚	100年後	過江
游泳	小魚	回家來
游到對岸的村子裡	游泳	

過海（兩個喇嘛）
Cross the sea(two lamas)

納帕海，是一個海，應該說是一個湖，是一塊兒有水的地方。

哈瑪穀，是一個村子，在海邊，背後有座山，叫什喀。

扎西和洛桑，是兩個喇嘛，表兄弟，家都在哈瑪穀。

黑頸鶴和斑頭雁……

是我這次要講的故事。

從早晨走到中午，我穿過了納帕海，到了對面的海邊。

剛開始，空氣冰涼，在冰涼裡面站一會兒，臉頰冰涼，呼吸冰涼，面向遠方。遠方開闊，青霧把眼前遮成青色，還懵懂，還沒開，像在畫國畫，剛畫好，還濕潤。

村子裡的牛羊和人們都起來了，我和一群有黑有白的羊，一塊兒往外走，迎面有小男孩趕著牛，和我身旁趕羊的老媽媽親熱地打招呼。到處都堆著好多鋸好疊起來的大木頭，存了兩年了，再多存一年，就夠蓋一棟大新房了。

243

草原上的小路不容易發現，因為我長得不夠高，不能飛起來。除非走在上面了，才能順著它看過去——真的那麼長地在蜿蜒，到不到得了草原的那邊？

　　有人和我在一條路上，向我走來，背後背著個正在爬出山坡的太陽，自己是黑影，地上還有一個更大的黑影。還有一輛自行車，爸爸把小兒子放在前面，叮噹響著拋給我一串歡樂的鈴。

　　逃出路，往海裡走。

　　有那麼多鳥群，長途跋涉來這兒過冬——這不是個暖和的地方，那它們原來的地方，一定比在這兒還冷。

　　斑頭雁全從青海湖飛來了。它們忠於愛情，一旦「結婚」，終生不二，如果配偶不幸遇難身亡，剩下的一隻雁將孤單地度過餘生。總是能看見這樣形單影只的雁，遠離恩愛甜蜜的雁群，獨自立在寒風中，向遠方眺望。孤雁往往會成為雁群的頭領或者盡忠職守的哨兵，擔負起保衛其他家庭幸福安全的重任。

　　還有一些美麗的大鳥，像白鷺，抬起細長的腿在水和泥土裡輪番散步，低頭把嘴放下去，找到一隻小蟲或一根水草。

　　黑頸鶴也來了。世界上只有青藏高原能讓它們覺得安全，覺得是家。

　　我總想離它們近一點，往水草的深處走。

　　它們在幹什麼？什麼也不幹，也不走路也不吃東西，就安靜地站著，連綿的大山前面，無邊的草海裡的幾個，在一起。偶爾左右轉轉頭或者用脖子互相依偎一下。我悄悄走過去，以為一點聲音都沒有，還是被它們伸長了細脖子，發現了。要起飛了，我停住不動。我們互相望著，看彼此的眼睛，看了很久，多希望自己眼睛裡的溫暖和友好再多一點，再多一點。

為了去看更多的黑頸鶴，我經過了更多的牛群。牛群在海底吃草，海底是床，是家，吃飯睡覺，從小到大。

犛牛下山了，它們特別怕熱，雖然這是個怎麼也不會炎熱的地方，可夏天它們還是要去更高的山上避暑，冬天了，才下來，和他們的表兄弟犏

牛們一塊兒搖晃脖子上的鈴鐺，吃草。

一邊走一邊看太陽越來越高，發現自己已經站在海的中央，去哪個方向的岸都可以，正在過海。

如果不是現在，牛是不會在這兒睡覺的，黑頸鶴也不會靜靜地站在地上，最多從頭頂飛過……如果不是現在，我需要一隻船才能過海，而不是踩著海底的泥土，一步步走過來。

夏天，納帕海是海，冬天水全走了，只留海底的土地。

「這是一塊濕地」，扎西說。

有個永遠劈啪熱鬧的大姑娘跑來告訴我：「好帥啊，妳看。」我看見了，脖子上戴一個有小熊的藍色圍巾，細金屬框眼睛，起碼有50%是為了遮住自己的英俊臉孔，也在無關的人面前遮住部分光芒。

扎西，在不停地開玩笑，漢語看來還行，但應該也只好到可以開簡單玩笑，在「吃喝拉撒」之上，好多話還是說不出來，或者覺得沒什麼必要說了……

扎西的事情，我知道得很少，他不會主動說起，他的時髦藏族小帥哥的樣子也並不那麼吸引我。不過，我太明白看不見並不代表沒有，也很同意很多話已經不用再說。

天慢慢亮起來，海慢慢甦醒過來，似醒非醒之間，一切輕柔得像仍在夢裡。

245

扎西在解釋一段
歷史，漢語和姿
勢配合讓表達更
流暢。

有人叫扎西「northface喇嘛」，扎西叫自己「流氓喇嘛」，我總是說：「那個大熊貓……」

扎西是喇嘛，從小就是，不過現在基本上難看出來，他總戴一頂類似西部牛仔的氈帽，穿「northface」或「hardwear」。他遞給你名片，上面有個大熊貓，還有「WWF」（世界自然基金會），不斷邀請所有人去他在白馬雪山辦的小學校。

有一天，扎西說要到我住的地方看看。打開門，一身紅袈裟，是扎西呀，真是他？真是個出家人？這是我第一次看穿袈裟有喇嘛樣兒的扎西，一有就有得很透徹。雖然我一直笑他，像笑話的笑，但我知道自己心裡多高興，這是一個多麼安詳，多麼智慧，和「流氓喇嘛」毫不相干的扎西。

我們在房頂上坐下，第一次單獨說話。是不是語言的關係，能說的話永遠不多。扎西看著房子旁邊的水井，看了半天……

「小時候，我學習特別快，別人要學好多年的課程，我一年就完成了……那時候寺院全是破房子，我和爺爺的房子就在上面，每天都到這口井挑水喝。這兒原來還有一個小木棚，你住的這家人，有三個女兒兩個兒子，大兒子總騎一輛摩托車，紅色的，整個縣城都沒幾輛摩托車……」

一個可愛聰明的小喇嘛，每天念經，每天挑水，走到山坡上，聽見一些新鮮聲音吵鬧著過來，停下轉身，看一個摩登青年騎一輛鮮紅的摩托，從山腳飛馳而過，跟著摩托車揚起的泥土一直看，直到聲音越來越遠，泥土全部重新落到地上，像從前一樣。

這是所有和扎西說的話中，我最記得的一些了。雖然它們不是什麼特別的話，沒發生在一天裡任何一個美麗特殊的時刻——而我第一次覺得自己看見了扎西，也似乎是至今為止惟一的一次。

扎西的其他故事，是後來零星聽別人說起的，拼湊起來可能是這樣：6、7歲被家裡送進寺院出了家，慢慢長到比較大，和幾個喇嘛朋友一塊兒，走路去了印度，很多年以後，在印度的學習告一段落，歷盡艱難回到家鄉，有一些別的巧合讓他開始在「WWF」裡做一些關於環境保護和扶

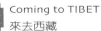

貧教育的事情，直到現在。

有一件事我想說，扎西是個眞正的出家人，我喜歡他穿袈裟的時候，他的修行和智慧都非常閃亮，只可惜，沒辦法更多地越過語言瞭解這些。

另外一件事，我也想說，扎西現在太忙了，和他自己知道的一樣，總是忙著各種「不著邊際」或者看起來「可有可無，莫名其妙」的事情，似乎和本來應該的清淨安然沒什麼關係。可誰知道他還是不是原本的他呢？誰知道到底哪個他才是本來的呢？或者本來的到底有多重要呢？只知道，現在的大多數時候，他看起來是混濁的，輕浮的，還有些許驕狂，讓我覺得古怪和失望。

眞希望扎西有一天，能像他自己告訴我的一樣，找一個深山，住一個茅屋，繼續一生安靜的修行。

我過海的事情是好幾個月之前了，冬天也轉眼來了好幾個月。

冬天剛來的那幾個星期，我幾乎總在過海。

扎西的爸爸媽媽在海那邊的哈瑪穀村。扎西家的房子在村子的最南邊。第一次去哈瑪穀，扎西正在改建家裡的房子，修新的廁所和沼氣池。

扎西的叔叔是個看上去嚴肅之極的小個子，往往沒有笑容，往往板著臉說一些其實挺好玩的笑話。

他告訴我那麼大的一個藏房爲什麼只有一兩個小窗戶：是爲了防盜禦敵———一來黑乎乎的，小偷進來也摸不著方向，再來，敵人打來了，自家

的房子就像個碉堡，小窗戶是眺望口和槍洞。

　　他還帶我上了什喀山，告訴我那是一座喇嘛的山，從前除了喇嘛以外的人是不能上去的，有很多高僧曾在山裡閉關修行。果真看見好多山洞和山洞裡留下的多年前的痕跡：石頭上的經文，通往一個僅容一人站立的小洞的木梯，深不見底，結構複雜的洞中洞。

　　不過最讓我喜歡的還是另一個故事：去年，有一對60多歲的法國老夫婦來什喀。他們是兩個特別喜歡花的人，全世界找花，常會拿著一朵小花的照片問你：「你見過它嗎？你知道能在哪裡找到它嗎？」什喀山上有一片「花海牧場」，從春天開始會開出極絢爛的無數花朵，兩個老人來這兒找他們心愛的花了。可山上忽然變天，起大霧，下大雨，陪老人上山的當地嚮導判斷錯誤，慌忙下撤，把兩個老人帶到了山谷裡的密林。

　　天黑得很快，根本無法找到出去的路，三個人在森林裡蜷縮一夜，挨餓受凍，第二天繼續往森林深處走，仍然走不出去，又在森林裡蜷了一夜，第三天才被趕來救援的人發現。可老人一點也不掃興和埋怨……最新的消息是，他們今年春天還要回來。

今天，我第四次去哈瑪穀。

前些天，洛桑費了很大勁才托人給了我一張喜貼，他侄女結婚。

見扎西的第一天也見到了洛桑，是扎西的表哥，不過，一開始也看不出洛桑是喇嘛。發現的那天同樣是突然看見了一個穿紅僧袍笑呵呵的他。

洛桑是松贊林寺的喇嘛，今年和另一個喇嘛一塊兒被派去守大寶寺。

大寶寺離縣城有幾十公里，聽說是這片地方最古老的寺廟，但現在的樣子極其荒敗破舊。可洛桑總是高興地叫朋友們去那兒找他玩，說現在自己可舒服了，想幹什麼就幹什麼，說自己現在有兩隻兔子，7隻羊，12隻雞，還有好多

石縫中的小野花。

大寶寺雖然看似簡陋和破敗，但卻是香格里拉地區最負成名的寺院。

小松鼠，漫山遍野的樹和樹上無數的鳥……

　　他有一輛吉普車，出家沒多久就開始開車，十多年了。現在老開著車從大寶寺回縣城來，可從不敢開車到離寺廟稍近一點兒的地方（雖然寺裡所有人都知道他有輛車），也不穿便裝接近寺院。所以他要把喜貼送給我這個住在寺裡的姑娘，是真的有點兒害怕，說是被師父看見了就別當喇嘛了。

　　洛桑總是笑呵呵的，那麼單純、可愛。不管這兩個詞是不是適合用來形容一個30歲的男人，但這就是洛桑。他每次到縣城裡往大寶寺買生活用品和食物的時候，都要買好多斤魚，幾十分鐘後，再把魚全放進回去路邊的小河裡。從前洛桑也老買魚放生，不過每次都只是一兩條，現在一買就是十多斤，問洛桑怎麼買多了這麼多，他想了想，眨眨眼，覺得這個問題太簡單了，「現在錢多了嘛。」

　　去大寶寺看他，臨走時拍照片，他說：「不行不行，這樣特別不行！」原來自己因為冷又沒師父看著，穿了有袖子的衣服，沒把膀子露出來。不過他很快想出了辦法，把保暖內衣的袖子使勁往上聳，堆在大胳膊上，再把外面的袍子使勁往肩膀兩邊扯，兩臂一抱「好啦，拍吧！」孩子一樣咧著嘴笑開了。

《放生》
讓我們在湖上盪起雙槳
讓我們開始
預備
跳
讓我們離開船
再離開水
在遠離岸的地方
開始一次活蹦亂跳的
放生

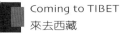

藏曆正月十五，大家迎請未來佛，洛桑家侄女結婚。新娘15歲，新郎16歲，比孩子還像孩子。洛桑家在村子的中間，門前有個籃球場，和扎西家的房子之間有一條籬笆小路相連。新娘是洛桑的侄女，新郎是洛桑的侄兒，應該是先算過出了五湖，不是近親，不過都是一個村子的，都是親戚。儀式簡單一點，排場少一點。

村裡的人大多都認識我們了，一路上不斷迎來像見到闊別已久的好朋友一樣歡喜朝我們奔來的人們。在洛桑家喝喜酒，自然是逃不掉也不想逃，青稞酒好好地喝。仍然被無限地關懷和照顧，不知道怎麼對你更好，也說不出什麼更諂媚的話，只是不斷往你面前擺出所有好吃的食物。

玉珠，一個健康漂亮的藏族小媽媽。

玉珠和我一樣大，從一見到我就一直握著我的手，甜蜜微笑。臉上的輪廓賢淑溫柔，氣質幽雅，一點不喧鬧但卻分外大方。她已經結婚8年，三歲的孩子在上回我來的時候，一直鬧不清原由地一定要抓住我的手，拉著我到這兒又到那兒，也不知道該去哪兒，總之就是想跟我在一起。今天漂亮的兒子不在，換做漂亮的媽媽一直要和我在一起。扎西的弟弟也是個漂亮的人，說黑頸鶴還沒走，還要多呆一兩個星期。洛桑在旁邊哼起歌來，我問哼的什麼意思，他認真地告訴我：「黑頸鶴，請把你的翅膀借給我一下，遙遠的漢地我不去，只想飛去理塘看一看，就回來……」

這個我知道啊，是著名的詩人流浪漢達賴，浪漫的倉央嘉措的著名詩篇，他在這首詩裡告訴了人們自己將要轉世的地方，之後的七世達賴正是出生在四川的理塘。洛桑點頭認可了我的這點知識，「快，教我唱」！洛桑笑眯眯，永遠不會耍花招只稍微有一丁點害羞地一句句開始教我：

Xia ji chong chong gan bo

Su zhi e la ye luo

Jiang ning jiang na zhu mie

Litang deng la zhuo mie

Note 1 火葬塔　The cremation tower

在藏地，作惡多端的人或者因疾病而亡的人用土葬，小孩和婦女用水葬，天葬一般是成年俗人和出家人用的辦法。

火葬，特別在迪慶地區被視爲聖葬，是活佛高僧圓寂後的葬法之一：將屍體塗上酥油，架柴焚化，骨灰砌塔供奉。和這個類似的還有塔葬：足大圓滿的活佛圓寂後，屍體經防腐處理，放進塔內，稱爲「靈塔」，供人崇拜。但有的時候也焚化屍體，將骨灰放在靈塔內。

光說火葬，也是有級別的。

我就見過一個寺院裡的喇嘛死後，被人抬去山崗，地上挖出一個坑，扔些柴進去，燒了。大部分老百姓要是火葬也會這麼辦。

活佛可不一樣，火葬塔是專門給活佛用的。

在活佛圓寂後，立刻通知所在的寺院，會提前幾天找一個風景美麗的山頂，用石頭水泥，在草地上修一個「石頭桶」，外面再畫上美麗的花紋。到了葬禮的那天，使用幾個小時，等活佛遠走或留下舍利之後，把舍利和其他寶貝拾出，將火葬塔推倒，和其他沒燒盡的物品一塊埋掉，火葬塔的任務也就履行完畢。

Note 2

伴兒　The accompanist

不是藏語，是香格裡拉地區漢話裡對「朋友」的另一種叫法，聽上去溫暖舒服——陪在我身旁，我們相依相伴。

香格裡拉人說漢話挺好聽，起碼比昆明話好聽。不是四川話也不是雲南話，不過兩邊的意思都有點。

香格裡拉人說藏話倒說不出來是什麼滋味，不過也跟說漢話一樣，有點剛中有柔的勁兒。

「ge lie」是慢慢地，再見。「ka lan」是謝謝，「qu ga wa yi」是你是哪裡人，「ka ba zu gi」是你幹什麼去，「du」是餓，「qia」是冷，「a la」是酒，「cha」是茶……

膀子露出來
The upper arm
was bared

先說喇嘛的衣服。

其實他們穿的都不叫衣服，而是「三片布」。上身裹一片小的，下身裹一片長大的，外面再裹一片保暖的「披肩」。

幹嘛要這樣呢？聽到好多種說法，說什麼是來自佛教經典中的指示，說是學習先輩佛祖的樣子……還說是因為要體現簡樸清貧的修行生活，不求物質享受，不在乎饑寒困苦。

最後一種說法比較具體實在，雖然從前是真窮沒衣服穿，現在是有錢不能穿衣服，雖然聽起來有點故意，不過所有規矩不都是故意的嘛，連這點小規矩都不要了，還怎麼當嚴於律己的出家人。

穿法也是有講究的，比如怎麼把三塊布在身上好好的裹好，又方便又牢固。這肯定是個小麻煩，雖然是出家必須學習的首要幾課之一，但肯定有好些人至今做不好，有好些小不方便因它而起，比如動作大了，下半截那塊布掉下來啦，還是冬天冰天雪地，一塊單薄的棉布怎麼能抵擋寒冷……所以現在喇嘛們都各自想了辦法，特別是在上半身部分，都拿著紅布找裁縫縫成了「無袖上衣」，冬天乾脆再在裡面穿上母親專門給自己織的無袖毛衣。

對了，一定要無袖，一定得把整個膀子全部露在外面，不管下雪出太陽，膀子一定要在外面，也是一個「艱苦樸素」的道理。

253

連綿的 節日

My Small Land Far Away

藏區的節日，幾
乎全部集中在收完青
稞之後。大地開始霜
凍，無法再進行什麼
農牧業勞動的時候，
人們開始歡聚。整整
一個漫長的冬天，是
連綿的節日。

藏曆新年　Tibetan New Year

《呼呼地飛》

呼來喝去的
什麼人在什麼人頭頂
飛來　飛去
影子那麼多　那麼響
我問你
你到底是什麼魚
長了翅膀
還長了心臟

徒弟們來迎接上師去大殿裡主持新年裡的第一場頌經，上師的面容潔淨智慧，親切而又冷靜。

　　我想先講這個節日，多講講。它剛剛開始，現在仍在繼續。

　　月亮那麼大，光芒安靜。我披了件衣服，到夜裡散步。繞過房子背後的白塔，走進寺院，走在僧人禪房中間的小路上。

　　今天的月亮圓滿而幸福，微微的暖意，把寺院微微照出更安寧的模樣，照出小路，照出從白天到黑夜，依然上下起落，磕著長頭的無數喇嘛和鄉親，還有其他很多走路「guolan」（轉經）的人們的影子，在前面或身旁，一個稀鬆又方向統一的隊伍，一塊兒在黑夜裡做著同一件虔誠的事情。

　　經過一間小禪房，耳邊發現一個細碎的小聲音，仔細聽，聽出一個小小的喇嘛在念經，看過去，似乎有一個前後輕晃的小身體。站定了，豎起耳朵——好多聲音從四面八方被發現，很快被風吹著接二連三朝我湧來，還有大殿屋頂的銅鈴也被風吹動了，高高地在上面。

　　全是小小的聲音，我是說年輕的「小」，隨著我越來越近地鑽進他們的房子中間，不斷發現了更多的它們——各式各樣的，有的呢喃，有的調

255

皮，有的歡鬧，有的沈著，有大聲的有輕輕的，有在念的有在唱的……

月亮很快幫我找到了他們，隱約的，在各自的屋頂，裹緊袈裟，盤腿坐下。有的一個人，有的好幾個在一起，一堆和另一堆的黑影子，朝空空的黑夜，朝明亮的月亮，朝寂靜的大地和山脈，唱頌著。

我一步步地走，一個個地靠近他們又離開他們。有的時候他們就在我頭頂，有的時候我站在他們對面，一直站著，看不見彼此的臉和上面的表情，我在聽，他們發現我在看我，有的沒什麼表示，有的小聲議論或者稍微停頓，變化了念唱的調子。

有一個屋頂上，一大堆影子和一大堆聲音，坐成一排。其中幾個拉長了唱出美妙的旋律，旁邊的，有的用另外的不同悠長旋律陪伴著，有的活蹦亂跳念出短促的詞句，高高低低，前前後後，完全就是一個配合默契的無伴奏混聲合唱團，風格舒展自由、輕鬆幽默。

一個孩子的聲音特別明亮通透，從很遠的地方，飛在好多其他的聲音上面，馳騁到我的面前。開始去找他，有一條小路往山坡下走，他的聲音就從山腳下的一間房子裡飛出來。房子前有一個院子，讓我看不見靠不近他——雖然這樣的禪房就算關著門，也是誰都能一拉門上的繩子就能打開的，但我還是不想冒然進去。

繞著走一圈——旁邊屋頂上其實還有兩個小喇嘛，該是一個小胖子和一個小瘦子，依偎坐著。瘦的聲音細弱得，必須使勁豎耳朵才能聽見，胖的顯然是被凍著了，清鼻涕老往外淌，唱得斷斷續續、氣喘吁吁。那個明亮的小喇嘛就在緊挨著的另一個房頂上，有他在，旁邊的孩子顯得黯淡起來。他可能11、2歲，嗓子清澈勇敢，並不炫耀和爭寵，只是全部大大地敞開。一定是個極漂亮的小喇嘛，要不然怎麼能把經念得像天上來的，比歌還動聽？我站在這個聲音的對面，只能想像，他一定正仰著臉，大聲率真地和天上的什麼人說話，天上的人笑咪咪地看他，像我一樣滿心喜歡和稱讚……

今天是藏曆的正月15（2004年3月6日），這樣的場景已經持續了12天，從正月初三到今天，再到初20，寺院裡所有出家不到10年的小喇嘛都會在黃昏之後爬上屋頂，在寒風黑夜裡唱頌經文。

籃球和念經　Basketball and great prayers

雖然很多藏族老鄉們已經隨著漢人過起了農曆春節，不過在寺院裡仍然按照傳統藏曆過著各種節日。

今年的藏曆新年在二月底，絕對要快樂。

所有康參都換上了嶄新的鮮豔門簾，初一到初六放假，要是你這些天忽然來寺院了，會覺得喇嘛們都怎麼了？反常得厲害。一群群聚在一起，齊聲叫著鬧著，推搡著，笑成一團。可以做好多一年其他時候不能做的事情：到任何地方玩鬧，大聲開玩笑起哄，到村子裡打籃球；初一、二、三是一年裡唯一可以唱歌跳舞的三天，可以放開嗓子唱任何流行歌曲，愛情的也可以……

說說喇嘛的籃球隊，那絕對有專業水平的架勢，雖說平時不允許進行任何體育娛樂活動，但那些花哨的NBA動作肯定是背著老師偷偷練成的，村子裡的籃球隊絕對不是對手，根本就輪不著上場。有一個小喇嘛，年齡大概16、7歲，個子很高，這傢伙的籃球動作就絕對的炫耀張揚，球場上

257

絕對搶眼，雖然不得不仍穿著紅袍，和其他喇嘛一樣隨時會面對皮球鑽到「裙子」下面出不來的窘迫，但腦袋上怎麼也要頂一個時髦滑雪帽，腳上是nike球鞋，明天再看見他隨師兄師弟一塊兒從窗戶外面轉經走過，雖然是大早上，沒什麼太陽，鼻梁上也要架一副大黑墨鏡，神情姿勢都極跩。

年初一的早上，各個康參都要舉行莊重的祈禱法會。在這之前，我的一個喇嘛朋友帶我去看望了他的老師。這是一個在印度修行40年的上師，70多歲，面容依然清澈明淨，去年剛「落葉歸根」。我在他的禪房裡坐下，通過朋友的翻譯和他簡單地聊天，他給我帶上了明黃色的哈達，兩根打著金剛結的繩子，還有幾粒紅色的小豆豆。朋友告訴我這是達賴喇嘛給的藥，裡面混有好些活佛高僧的舍利，如果把它們放在一個乾淨的高處，會生出更多的小豆豆，吃下去會化解身體裡污濁的疾病……我要把它們好好收起來，放在高處，看看是不是真神奇地能生出更多的豆豆。

很多鄉親來朝拜上師，小禪房裡很快顯得擁擠，有人請他給新買的大卡車開光，他欣然同意，開始親手用哈達做金剛結。快到中午的時候，一個喇嘛舉著一個我見過很多次的東西——一根大木棍，上面插一個白色像糌粑捏的圓球，圓球上四面八方像刺蝟一樣豎著很多細小的小木棍，是一個為活佛、上師開道的東西，意思大概是：前面的道路四通八達，四面八方的神靈都被尊崇——來接上師去康參做法事了。上師開始穿戴袈裟，我和他一道走出禪房，外面已經有好些喇嘛在恭候，兩個吹嗩吶的喇嘛開道，還有那個拿圓球的喇嘛。康參門口有更多的喇嘛歡笑地迎接他的到來，他親切地和人們打招呼，和藹地撫摸孩子的頭，走進大殿，坐在一個高高的坐椅上，批上華麗尊貴的白色錦緞長袍，所有的喇嘛開始唱經。

初七開始，假期結束，所有僧人開始每天到大殿裡集中念經，為剛開始的嶄新一年祈禱。

總覺得規矩裡不讓喇嘛們唱歌這條，實在是虛晃的一招，其實他們只要一念經，口裡飄出的旋律就可以隨心所欲地美妙絕倫。念經在出家人的一生裡是反反復復、永不停歇的功課。如果是一輩子每天都要做的事情，

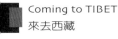

如果修行就是為了獲得更快樂的人生，那麼念經這件事怎麼能不好好地先讓它美好起來。

之前我並不知道這樣的規矩。很多時候，要是我想唱歌了，就往我房子和喇嘛房子背後的山坡上爬，邊爬邊唱，爬到山頂再更大聲地唱。總會在唱罷一段之後，聽見山腳下的禪房群落裡，不知是哪一個或者哪幾個，在哪裡回答我。等他們唱罷，我再唱起來，被風載著，如此應和。這些不全是歌還能是什麼？那麼飄揚動聽。

念經可以自己念，也可以大家一塊兒念。過年這些天的念經就是大家全到大殿裡，排排坐下，從清晨開始，集體念，集體上課。

上課之前，所有的小喇嘛被手拿長樹枝的老師堵在門口，他們要不斷大聲唱經，還要不斷推擠爭搶前面的位置，同時要時刻注意躲避老師隨時會打到頭上來的樹枝。等三個威嚴的鐵棒喇嘛手拿大鐵棒緩緩在自己的位置上站好之後，老師才能讓小喇嘛們進殿。他們要再拼命地跑去搶座位，一個管事喇嘛拿木棒使勁敲一下綁在門口柱子上的一塊木版：「梆——」，開始上課。

也有課間休息，大概2小時一次。還要穿插喝好幾次茶，有人敲打一塊放在地上的鐵皮，「鐺」一聲清脆的響，好多個小喇嘛立刻爭先恐後地竄出去，跑進大殿對面的廚房，提來裝滿酥油茶的木桶。每個喇嘛座位前

都放著自己的糌粑口袋和一隻小碗，用小碗裝上小喇嘛送來的酥油茶，再各自揉各自的糌粑吃。

經總是這麼念的：上午先各自細小微微地念，中午之後大殿正中站起來六個領經師，撅起嘴唇，不停歇不間斷地從肚子裡發出恢弘的轟鳴：「嗚——嗡——嗚——嗷——」，

每個念經的和尚座位前都有這麼一套裝備：糌粑帶和白布包著的茶碗。

辯經。

先在整個身體裡震盪，再讓整個大殿盪起來。接著密密麻麻坐著的喇嘛們開始唱了，輕弱地開始，慢慢厚重，慢慢響亮，慢慢渾然飛舞，不知是誰在指揮輕重緩急，幾百個人的大合唱，竟然能那麼盪漾自由可又非常整合完滿。

有的時候也辯經，兩個一對，輪番上場。一人占一條座位中間的通

道，戴上黃色「雞冠帽」，披上辯經專用的紅外黃裡的袈裟。開始了，把帽子拿在右手上，前後來回搖晃，前後來回節奏速度一致地蹚步，口中你來我往說話……

天天在寺院裡呆著，到大殿裡看念經，無數鄉親絡繹不絕地來朝佛，給每一尊佛像磕頭，帶回寺院給他們準備的開過光的青稞粒，據說可以消災治病。

大大小小的喇嘛很快都認識我了，也不是所有時候，所有人都要開口念唱，黑漆漆裡，好些只是打坐，好些在開小差，所有人都有很多時候在看我這個奇怪的姑娘，也還有好些人能和我說話——那是一些不在座位上念經的人，比如寺裡管事的喇嘛或者沒參加念經的喇嘛（寺裡少說也有1000人，全來了，大殿是裝不下的）。

江初不用念經，是寺裡行政部分的喇嘛，漢語不錯，一直在和我說話，沒過幾天我們就很熟稔了。他是鄉城人，今年23歲，上到小學四年級出家，在家鄉的小寺裡學習了4年，又去拉薩4年，再到這裡，也4年了。說當喇嘛是自己一生最大的榮幸，還告訴我明天早上4點所有人就要開始念經，為了迎接一個重要的節日。

《上山吹風》

我還是決定出去走走	上山
先一個人	吹風
走到你們狂歡的草原	今天
停下來	應該是高興的一天
從口袋裡掏出一個仙桃	說著說著
然後	我已經站在山頂
和你們混在一起	風
或者	讓我的腳步
還是自己	變得輕

強巴佛來了　Maitreya bodhisattva

　　這個極其隆重和歡快的儀式，就在今天早上，藏曆正月15——方圓幾百公里的鄉親來到寺院，和所有的僧人一道，「迎接強巴佛」。

　　強巴佛，未來佛。強巴是藏語，在漢語裡或者漢地佛教裡也有這個佛，大家通常叫他「彌勒佛」。

樂隊準備就緒，吹嗩吶的小和尚有一張極俊秀的臉。

老爺爺為迎接強巴佛，一大早就在路邊燒起了松枝。

　　整個儀式的內容簡單說起來就是：喇嘛提前兩天，開始在大殿裡念經，把強巴佛恭敬地迎請下來。到正月15這天早上，老百姓們先在大殿外等候，等候的時候，小喇嘛們會抱出各種象徵吉祥幸福的「寶貝」（各種法器、寺裡的傳世珍寶、五穀糧食……）站成一長排，所有的老百姓們開始擁擠著用自己的頭一個個碰這些「寶貝」；另外寺院還會分派聖水給人們，還有寺院裡的樂隊，也會早早地在大殿外奏樂；還有一個可愛的老人養的「強巴佛的小白馬」和「強巴佛的小黃牛」，在人群裡同樣接受無數的哈達和無數人頭頂的碰觸。

　　這種「碰頭活動」是整個早上所有人的集體「遊戲」，看上去極歡樂

「碰頭活動」是儀式正式開始前老百姓們非常重要的「集體運動」，用頭接受一切他們認為是神聖的賜福。

盛大而熱鬧的迎
佛場面，所有人
都是那麼的興高
采烈。

且富幽默感。來了那麼多過節的人
們，絕對人山人海，絡繹不絕地進
行「碰頭活動」的人，造成了這片
人海裡的洋流，一浪接一浪，一個
漩渦旁邊是另一個漩渦，人們用頭
頂接受任何帶有神聖意味的東西的
賜福，甚至連小喇嘛手裡的嗩吶和
銅鈴也倍受青睞。

　　上午10點，時辰到了。開路的
鐵棒喇嘛和領經師還有另外修行高
超的喇嘛會先從大殿出來。沒想到
江初這麼有本事，走在這個隊伍的
前列，穿著極鮮豔隆重象徵珍寶的
衣服，看見我微微一笑繼續強裝嚴

肅。接著出來三個戴著大頭面具象徵漢地和尚的「師徒仨」，它們在這裡要表示一下藏漢佛教的團結友誼。強巴佛的雕像最後被抬出來，艱難地排開成百上千熱烈的人群，繞場一周。人們蜂擁而上，爭搶著要抬起強巴佛的椅子，爭搶著拋出哈達。有

大殿裡的頌經結束，強巴佛的塑像被僧人護送著抬出，立即被人海包圍。

兩個喇嘛站在椅子旁邊，專門負責往一個大編織口袋裡收揀人們拋給強巴佛的無數哈達。同時高僧們繼續唱經迎頌、做法事，樂隊奏樂，人們繼續「碰頭」……

　　隊伍開始按旗幟經幡、護法、「鐵棒」、小馬小牛、樂隊、「寶貝」、「漢地和尚師徒仨」、「強巴佛」、百姓的順序，繞寺院和寺院所在的小

山，緩緩地浩浩盪盪地走一圈。在中午左右，把強巴佛重新送回寺院裡的神位上，儀式完畢，喇嘛在剩下的時間裡繼續集體念經祈禱。

不知道是不是因為這之前的格東節（由於一些別的原因）沒有過成，所有的僧人和老百姓都憋悶壞了，全部熱切地期待著今天的歡慶，每一張臉上都洋溢著無限的興奮和喜悅，姿態非常鬆弛，歡騰無比。或者大家都想再最後好好地歡樂一下，因為在這之後，一年的辛勤勞動馬上就要開始了，年復一年的修行也會回到最樸素的樣子，要想再過上這樣熱鬧的節日，就要等到下一個冬天再來的時候。

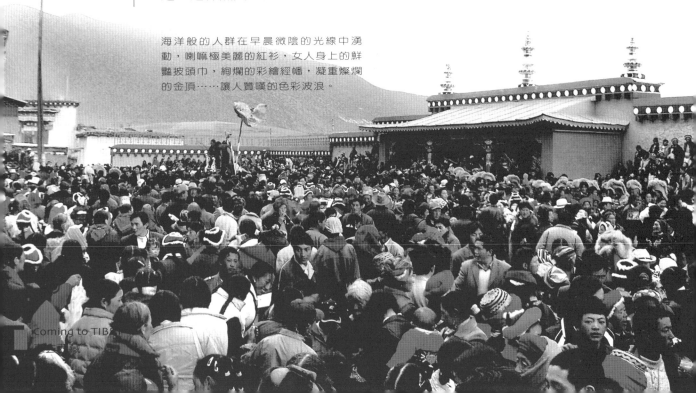

海洋般的人群在早晨微陰的光線中湧動，喇嘛極美麗的紅衫，女人身上的鮮豔披頭巾，絢爛的彩繪經幡，凝重燦爛的金頂……讓人讚嘆的色彩波浪。

隊伍開始前進，喇嘛
在前，人們隨後，歡
樂地繞寺院的小山一
圈，再回到大殿。一
個老奶奶的步子很小
很慢，遠遠的落在了
最後……

殺豬節　Festival of pigs killing

　　現在從頭開始講。第一個節日：殺豬節。

　　不知道是先醒來還是被豬的嚎叫吵醒的，總之一睜眼，樓下就是一陣接一陣的哭嚎。

　　這個多天仍然還住在白瑪家，昨天二姐姐告訴我，今天家裡要殺年豬，早上六點開始，要殺三頭。奔到院子外面的空地上，家裡的所有男人正合力把一隻大肥豬摁倒，上綁，再把這頭已經意識到危險來臨開始嚎啕大叫的肥壯動物，挪上雞公車，搬上宰殺台。

　　嚎叫聲很快在姐夫利落果斷的一刀之後，變成了劇烈的喘息和嗚咽，深紅的鮮血從脖子上被割破的動脈咕咚咕咚泉水一樣湧出，掙扎最後幾下，很快，這個大動物的生命一點點消失乾淨了。姐夫開始繼續靈活地使用他手裡的刀子，在豬平躺的身體上，從胸到肚子開了一扇大門，開始掏內臟，開始肢解。

　　宰殺三頭大豬，花掉了全家人整整一個上午。姐姐們馬上開始把豬血和上米灌進豬腸，做成「血腸」，另一部分的腸子裡灌上肉末和香料做「肉腸」，肉和香料也被塞進吹脹的肝臟裡，做成「吹肝」……所有的內臟都不會被扔掉，全部徹底使用。其中氣管、舌頭、兩塊胸肌、一對腎、心臟、四蹄、小肝……被掛在了屋子的房樑和四角上。再往肢解後的身體上抹油、鹽和香料，密密地掛在火塘上的架子上，等待幾個月風乾（或烘乾）之後，著名的「琵琶肉」，是全家未來吃上一年的最好肉製品。

　　殺的三頭豬裡，有一頭或者一頭半，做成「琵琶肉」，另外剩下的從今天中午開始吃——請所有親戚和村子裡的鄰裡輪番到家裡吃飯，過「殺豬節」。按藏族人傳統的分餐習慣，用紙給來做客的每一個人包上一包食物。中午飯的配給比較簡單，大概是一塊煮好的肝子和辣椒蔥蒜和著的血腸。晚餐豐盛得多：豬油、甜蕎麵和蒜混合凝固的三角形「肥肉」、一截灌滿甜蕎和米的豬大腸、一截豬小腸灌的血腸、一塊瘦肉、一塊生肉（自己放在火灶上烤著吃）。喝用瘦肉和白酒一起煮的熱「肉酒」。

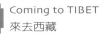

每年11月中下開始，每家每戶接連殺豬，接連請客，接連吃肉。殺豬節是過年的第一個訊號，也是連綿節日的開始。

春節　Spring Festivals

藏族有自己的日曆，大概比農曆晚一個月左右。想來都是勞動人民自己定的日子。農曆是中原人定的，藏族人生活的地方可比中原還冷，還西，還高，什麼長的都慢一點，冬天也離開得更晚，可能正好慢那麼一個月，所以藏族人的日子也比漢地的日子晚這麼些時候。

漢人和他們的文化習俗到處蔓延繁衍，不知從什麼時候起，藏人也和漢人一樣過上了春節，而且一樣是一年裡最重要的節日。

大年三十，每家每戶在自家院門兩邊插上松枝，晚上吃藏式的土陶火鍋，放鞭炮。

大年初一淩晨，公雞叫第一聲的時候，所有的女人背上水桶，舉著松枝做的「明子」，踏著雪，爭先到村口的水井裡取「早水」，據說水裡有一種叫「水光寶」的寶貝，誰要是找到了它，就能為全家人求得幸福。天快亮的時候，男人們結隊到山頂燒香，女人在家裡準備早餐，大都是甜食，什麼糯米糕啊，什麼油炸麻花啊。早餐之後，小孩子們挨個敲開親朋的院門，拜年，從大人手裡收到一些壓歲錢和糖果。大人們都希望開門看見一個面相美滿漂亮的小孩，似乎相信這樣的孩子能為來年帶來好運。

接下來的日子，村子裡是熱鬧的，從初三開始舉行運動會，比賽爬山、拔河、賽跑、抬石頭之類，並且繼續去寺院和各個山頭燒香拜佛。城裡卻冷清得幾近空城，馬路上鋪著白雪，空空蕩蕩，很難發現人影，所有

的商店關門，荣市場沒人賣荣，去任何地方的長途汽車全部停班，直到年初七才部分開始運營。所以，最好的選擇是哪也別去，就在自己的村子裡呆著，坐在火塘邊吃東西聊天，到寺院裡轉轉，曬個太陽，或者走到山背後的另一個村子串個門拜個年。

轉經的人群現在也開始陸續活動，每天都有各個遠地方的人坐著大卡車或者走路，來松贊林寺朝佛，圍著寺院轉圈，慢慢地一個身子一個身子地磕長頭——過年的意義在這裡，除了吃好吃的和唱歌飲酒之外，和漢地最大的區別就在要趁著好日子好好地朝拜和供奉心中的神靈們。

迎佛節　Buddha Unfolding Festival

從草原到山谷，再從山和山的夾縫裡爬出來，來到開闊的高原。移動中，進入各種截然不同的地球的局部，世界在身旁時而收縮，時而舒展，不免產生這樣的念頭：如果只說表面的部分，只說人類大多數時候生活繁衍的土地上，是什麼讓我們覺得生活在不同的地方？是不是山？山脈是不是分割區域的界限和屏障？如果沒有這些地球表面堆積隆起的土地，我們是不是可以一眼望到俄羅斯的金色古堡？日落是不是不再發生在這個山頭，而是落入幾千公里以外的海平面？如果我們的視力那麼好，如果空氣足夠乾淨。或者只要不用穿越海洋，是不是就能一馬平川，一路賓士到烏魯木齊，到開羅再到倫敦？……

我們不能飛，除了雲朵和風，再勇敢的鳥兒也不能永遠生活在天空。海洋不是我們能呼吸的地方，空間裡，我們能存在的地方只剩大地。而大地被山脈切割，讓我們彼此分離，選擇自己喜歡的地方居住。

看上去似乎真是這樣：山脈擁擠的地方，山和山之間留下的空地如果少，如果是峽谷和山溝，人們或者來得少，或者爬到山上修房子；而如果有一大片空地，如果還有河流經過，如果不是太冷，如果是草原平地，而不是沙漠，就會有越來越多的人來這裡安家。沒有人真的願意離別人那麼遠，為了安全，為了方便，為了情誼，人類總是有聚集的習慣，只是有的

龐大緊密，有的稍微細小鬆散。

　　香格里拉是一個大大的草甸子，山脈和山脈圍成一個圈，在中間留了好大一塊空地。來到這兒，不管從哪個方向，都要在山和山之間穿行好久，而從這再往北走，會經過更高更大的無數山脈，最後進入西藏，更加寬廣的高原草場。

奔子欄河谷溫暖，即使在冬天依然蔥鬱。

　　奔子欄就在往北的大山群落中。

　　我們不能從一個山巔騰越到另一個山巔，要過山只能像河流一樣，或者和他們一道，慢慢地一座山一座山繞過去。

　　農曆正月初七，我繞到奔子欄，在金沙江邊停下，一個溫暖河谷，對面逼人的大山，已是四川的大山。

　　上午10點，陽光明媚，天氣溫暖，雖然香格里拉是一片冷寂，昨天還下了一場大雪，可在這兒，熱得冒汗，冬天似乎從沒來過。什麼花都在開，什麼該綠的都綠著。樹上掛滿鮮紅的柿子，熟了很久也沒人採摘，因為有其他更多更好的水果，吃都吃不過來。房子還是巨大的藏房，沒有人字屋頂，但多了好多窗戶，應該也是炎熱天氣造成的變化。

田裡青幽幽的——糧食總是讓人覺得踏實，在一路荒蠻，一路顛沛之後，忽然看見苗壯生長的糧食，就像看見了好生活，看見了幸福和安穩，雖然不是自己的，但也能因為看見別人的富足而衷心地快樂。

　　更快樂的是，能看見更多的快樂。

　　到這兒來，是因為知道一些快樂的事情要發生了——每年的正月初七開始，奔子欄這個地方的各個村子，都要分別舉行一個叫「迎佛」的活動。

　　一大早，村子裡的所有男人全部爬到附近的神山頂上，面朝東方，面朝正在升起的太陽，磕頭焚香，給天上飛行的神仙最虔誠的供奉和崇拜，迎接他們的降臨，祈求他們的賜福和保佑。

　　現在，男人們在山頂的祭拜已經結束，放響了鞭炮。隊伍快回來了，我要趕在他們回來之前過河去村子裡，和村裡的女人們一塊迎接他們，同時迎接被恭請回來的神佛。

　　村莊青蔥搖曳，女人們甜蜜豐腴，日子就是比別的地方舒適。這兒的女人臉龐白晰光潔，身材飽滿雍容，沒什麼生活的艱辛，也沒什麼風霜的摧殘。她們手捧美酒，列隊在村子的幾個路口等候，對面是一排蓋著松枝和哈達的水桶。鞭炮聲在越來越近的地方接連響起，男人們的隊伍很快出現在山腰，楚巴樸素，不像別的地方總是要炫耀和攀比地鑲上豹皮和貂皮，只是在領子袖口有簡單的稍微鮮豔的純色布條裝飾，最絢麗的也不過是頭上金色表面的帽子：一串金色的帽子，在翠綠的田野中間，迅速前進，帶著陽光照耀的光芒。領頭的是村裡最受尊敬、也最精通唱歌跳舞的老人，調皮的年輕人一路放著鞭炮，嚇得掃尾的最小男孩再勇敢也得不時停下來，堵住耳朵躲閃。

　　唱歌跳舞馬上開始，排頭的幾個中年以上男子，在將要來到女人隊伍之前，緩緩弓下身體，緩緩低頭，放下長袖，同時緩緩唱出歌來。巨大堅毅的藏青色山脈和鮮豔柔美的女人在身後凝視，男人們表情莊重，動作徐緩穩健，歌聲婉轉悠長。這僅僅是一個序幕，更大的唱歌跳舞即將到來。

　　男人的隊伍先走進村裡的專門跳舞的地方，從老到小站成半圈。另外的半圈是留給女人的，她們很快全都來了。身上的無數銀鈴響成一種波

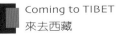

浪，衣服華麗眩目，頭髮摻著五彩布條編成辮子纏在頭頂，年輕的姑娘再多纏一餅厚重的大紅色寬布，錦緞的上衣，錦緞的馬甲，像彝族女人的白色百褶及踝長裙，手上都拿一塊手帕（或者毛巾或者隨便的布條）。

仍然由排頭的幾個男人開始，唱歌的老人先站定悠然唱完一段，跳舞的老人再帶著另外會跳的年輕人，開始緩緩低頭，彎腰，凝重地抬起手臂，讓白袖子垂下來，再揚起來，緩慢抬腿，開始踏步……忽然開始旋轉，忽然像風吹過盛開的花朵一樣奔放……再柔和下來，靜謐下來。波浪方興未艾，一段寧靜之後，又會是什麼樣不能預知的歡騰浪潮？還是已經拍打到了岸邊，就快真的回到平靜，實在無法猜想。所有的動作含蓄而持重，所有的節奏默藏在心裡，讓他們能悄無聲息而整齊劃一。女人們的舞姿要簡單很多，腳步細碎整齊，像一隊單純快樂的小姑娘或者小兔子，歡快地蹦跳，輕快地上下甩著手帕。

這就是早有耳聞的「奔子欄鍋莊」，特別是男人們的姿態，實在迷人。很難再見到這麼優雅的男人了，不管是鬢髮蒼白還是年輕力壯，不管

273

所有動作含蓄持
重，所有的節奏
默藏在心裡

他們平時多麼狂放，
多麼不拘小節，現
在，當他們眼光寧靜
莊嚴，口裡唱出第一
個音符，虔誠地抬起
手臂時，悠遠的美麗
就開始蔓延了。

　　調子和步態都是
複雜的，身體的控制
力要相當好，但卻被
掌握得如此嫻熟，或
者根本就是身體本

身，像呼吸一樣自然流暢，一齊沈著，一齊飛舞，像一棵棵枝葉繁茂的俊朗大樹，被風吹過，接著變成翻騰的海濤，變成天空裡無比自由的白翅膀大鳥，再變成湖泊，再變成水面上的一片浮萍，最後回到堅實的土地……

可惜，會唱老調子會跳老步伐的人越來越少，整個村子幾百個男人只有不到1/3的人能參加鍋莊，跳得好的更是少之又少。身懷寶藏的老人相繼去世，年輕的男子又不愛學這些「無用」的東西，小小的男孩雖然跟在老人身後笑鬧著模仿，但不知道有幾個能真的學到精髓和神韻。

阿簇，奔子欄鄉文化站站長，是個快40歲的大小伙子，聽說從前是當地出了名的小流氓，喝酒打架，惹是生非，但生得一副好嗓子，後來更是痴迷地愛上了文娛，浪子回頭，開始鑽研民間文化。被委任為文化站站長之後，為村民們修了文化活動中心，建了廣播站，每天定時用高音喇叭播放廣播，更是一直跋山涉水，尋遍各個村落，搜集整理了無數老藝人口裡的鍋莊調子，記錄下了無數精美絕倫的舞蹈畫面。

在阿簇家的客廳裡，有一張大照片，是他前年被評為全國勞動模範之後在北京和朱鎔基總理的合影。我還見過他的另一張更大的照片，迪慶機場外的公路上懸掛的巨幅海報：「香格里拉歡迎你」幾個大字下面，一男一女面向東方，男子正是阿簇。

一整天，鍋莊都沒停過，跳到黃昏，人們四散回家吃飯，一些人留在村子裡的小廣場裡。按慣例，今天村裡要請在外工作回家的人吃飯。每年，都會有幾家人輪流「競標」合作張羅過年的所有集體活動，包括年夜飯、運動會和主持最重要的「迎佛節」——整天不斷地放鞭炮，不斷地給跳鍋莊和所有在場的人分發糖、水果和菸酒……晚上的招待也由他們負責。阿簇帶著我在一張小桌子上入座，這裡是他出生和成長的地方，鄉親們輪流給他敬酒，要他常回家看看，也在我這個遠方來的陌生人面前，舉起一隻隻酒杯，唱起祝酒歌……幾輪青稞酒下肚，我快樂地微醉，阿簇擔心我不勝酒力，帶我回家。

阿簇家的老房子在離村口不遠的地方，裡面有老媽媽、兩個哥哥和一個嫂子、一個舅舅和一個喇嘛的弟弟。一條田埂小路，雖然身子晃盪，但有月亮倒還走得順暢。阿簇一路走一路說這是一條自己不知走了多少遍的

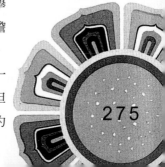

路，說鍋莊的唱詞很美但很難翻譯出來，說晚上還要跳，說自己家裡的兩個哥哥娶了一個嫂子，兩個侄女一個是大哥的一個是二哥的，我見了不要奇怪，只是因為大家希望兩個兒子都留在家裡……

我見到了和想像裡一樣美麗賢淑的嫂子和兩個雖然面貌稍有差別但同樣美麗的小姑娘，阿碧和尼瑪，16歲和13歲，見到了除了她倆的兩個爸爸之外所有的家裡人，吃不完的松子，吃不完的黃果。阿碧在縣城上高中，漢話好一點也不那麼害羞，一直靠在我身旁，問我好多問題，帶我到房頂曬臺我的住處——在沒有屋頂的藏族人家留宿，我總是住在這個地方，底下的房間就這麼多，剛剛好分配夠，來了客人就住在屋頂搭起來的房子裡——一間看來是「娛樂室」的大房子，一台電視機孤孤單單，幾個破舊的沙發，一張塑膠布上墊了好幾床被子做成床，看了又大又舒服。

放下行李，酒勁兒稍過，跟著外婆和阿碧回到跳鍋莊的地方。人群似乎比白天還大，增加了好多沒有穿隆重服裝的人們。兩個老爺爺親切詼諧，在他們之間給我空出了個位置，招手微笑要我站進去，我遵命，再幹掉一杯青稞，開始跟著動手動腳，我一動，周圍就是一陣笑，再動再笑。不過不管怎麼笨拙，起碼開始跳了，開始學習美妙的「奔子欄鍋莊」了。

如果沒有什麼能阻擋日頭的東升西落，如果日出而作日落而息，那麼，只有歌唱和跳舞能讓樸實的鄉親們徹夜不歸，整夜的鍋莊，不眠不休。

　　他們真的那麼喜歡，那麼擅長唱歌，不然怎麼總是用歌聲表達喜悅，用歌聲供奉神靈。歌聲的旁邊沒有什麼太多的樂器，是不是因為生活的地方常常只有石頭和泥土做不出什麼太多的花樣，還是他們更喜歡跳舞，更擅長用身體應和嗓子……

　　幾乎忘了什麼時候回來，躺下睡著。天再亮起來，阿碧在門外叫我：「洗臉水放在這兒了，起來嘍，山上的人要下來了。」我拉開木門，一盆清水冒著熱氣，兩個姑娘依在舅爺爺身旁，靠在牆邊曬太陽輕聲說話，遠處山頭上果然已響起了爆竹聲，是旁邊村子的「迎佛」。我得趕快過河，等在下山車隊要經過的路邊，雖然遺憾女人不允許上山「迎佛」，但今天，我要混進男人的隊伍，和他們一塊兒回村。

拍這兩張照片的時候，我並不知道自己已經看到阿碧（右1）和她的婆婆。

犏牛 A yak-cattle crossbreed

你知道騾子吧，你知道騾子是怎麼出來的吧。那麼犏牛們的出生是同一個道理。

大公犛牛，別看它們體大如山，健壯魁梧，可居然沒有繁殖能力，母犛牛有，怎麼辦？春天來了怎麼辦？找別的差不多的物件去。找到了公黃牛，公黃牛沒公犛牛個頭大（也差不太遠），但能和母犛牛生小寶寶，生出來的小牛，起名：犏牛。

犏牛的模樣沒犛年那麼渾圓敦實，比黃牛更高大結實，幾乎都長一層黑毛，沒犛牛身上的毛厚，但肯定不像黃牛汗毛那麼稀疏細小。這麼說吧，犏牛和騾子一樣，繼承了父母雙方的優良傳統，並且發揚和光大，特別是在勞動方面，十分屬害。力氣大又能吃苦，是農耕藏區勞動人民絕對的頂樑好幫手。

在高原草甸上，田裡耕地的肯定是犏牛。犛牛們在這些土地上像貴族和神靈一樣被精心憐惜供養著，絕不會做粗重的工作，因為牠們的毛長，所以，一年大部分時候是在離城鎮遠的山上避暑。吃最好的草，不怎麼能被看見。冬天下山，和犏牛在一塊兒了，但也是很好辨認的，牠們平日雍容享樂，因此長相比犏牛福態多了，另外，犛牛頭上的犄角是較直的圓滑弧線，犏牛的角拐彎大一些多一些。

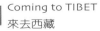

Coming to TIBET
來去西藏

Note 2 辯經 Debate Sutra

　　雖然幾乎完全聽不懂內容，但光看樣子已經極有趣了——辯經，是藏傳佛教裡，僧人們必須進行的重要修行活動。有好多種樣式，有在祭祀活動中，莊重嚴肅的；有在平時學習中，靈活輕鬆的。

　　寺院是個大學校，密宗的修行雖然可能很快有成果，但要經過師父的灌頂加持，只有少之又少，資質和學問都極高的出家人，才能有此機會。

　　寺院裡絕大多數的僧人，都屬於顯宗學院和顯宗學院預備部。經過長短不定的準備時間（看是否達到入學水準），新喇嘛們才能開始進入顯宗學院，正式開始長達13個年紀的佛教哲學（或者文學或者醫學等）學習。

　　每年藏曆新年前後，是顯宗學院招納新生的時候。每天晚上各種祭祀活動結束後，學院的老師帶著所有學生集會，有時比賽辯經，有時指導新學生們辯經的基本方法，比如，什麼時候向對方擊掌，什麼時候需要提高聲音，什麼時候需要脫下頭上的「chu rua」（一頂像黃色雞冠花一樣的大帽子），拿在手裡怎麼前搖後擺，什麼時候再把外面披著的那塊紅布換一面披……

　　因為聽不懂藏文，更別說聽懂巧妙的哲學用語，所以不能像好些在旁觀摩的老百姓一樣，享受精彩的智慧和語言的碰撞，但從聽到的一段簡單的關於「因果關係」的白話翻譯片段中，已經足以明白辯經是多麼有趣的思維活動，多知道了一點點寺院裡的僧人到底一天到晚在研究什麼問題：

　　僧人甲和僧人乙一坐一站。

　　僧人甲問：牛奶變成酸奶，是因果關係嗎？

　　僧人乙想了想，不敢肯定，猶猶豫豫答了句：不是。

　　僧人甲又雙手舉高，一腿抬起，有點兒大鵬展翅，接著一腳踏下，身子朝僧人乙傾斜，擊掌：牛奶變成酸奶了，牛奶就消失了，因變成了果，怎麼不是因果關係？

　　僧人乙答錯了。

　　僧人甲接著問：釋迦牟尼的媽媽和釋迦牟尼是不是因果關係？

　　僧人乙想了想，媽媽生出兒子，可媽媽還在沒有消失，按剛才的教訓，「因」沒有消失因果關係就不能成立。回答：不是。

　　僧人甲雙手舉高，清脆的又一聲擊掌：錯，釋迦牟尼的媽媽和釋迦牟尼雖然可以同時存在的，但這時候釋迦牟尼已經出生，離開了媽媽的身體，變成了兩個不同的個體，「因果」的過程已經完成，「果」已由「因」而生出，應該是因果關係。

　　僧人乙又答錯了。

　　原來，「因」和「果」不能同時存在，果出現了因就消失了……雖然說起來簡單，但實際是多麼精妙的哲學巧思。

秋天冬天一些時間裡

SOMETIME IN FALL & WINTER

　　常常是這樣的，有很多事情在我們毫無察覺的時間和地點悄悄進行著，我們或者忽略了或者壓根沒有知道的能力。

　　比如晚上，大多數生物都睡著的時候，成千上萬的雪花開始在黑暗裡從天而降；或者風悄悄來過我的屋簷好多次，稻田裡兩隻田鼠為了爭奪過冬的一塊紅薯，發生了激烈的戰鬥……比如在我們身體之外那個無邊無際的世界裡，每一瞬間都有更多的事情從各個方向發生著——住在我隔壁的老人，日夜思念自己的兒子，每當思念太重，老人的胃就會出奇的難受，不知是疼痛還是思念，讓老人總是在屋裡望著遠方，默默流淚；在遠處山的背後，有一座矮小的木房子，四面透風，在這樣寒冷的日子，一對10歲上下的姐弟和他們的一隻小羊蜷縮在裡面，人們只看見他倆總是早出晚歸，生活似乎忙碌而辛苦……更遠的地方，那些侷促的高樓裡，或者了無人際的深山荒漠，各種面貌的生活每天都被時間牽著往前奔去，一刻不停，我們看不見也聽不到，就像我們自己很難被看見被聽到一樣。

　　這是一個多麼大的世界，我們是一群多麼微小的生物，無足輕重也無所作為。偶爾，還要足夠細心，我們能僥倖目睹一些事情的發生，或者發現一些過程之後的事實。常常一個簡單和客觀的結果，就能讓我們目瞪口呆，對之前整個跌宕起伏的經過，開始進行猜測和想像，當然那要看我們是否還有足夠的想像力，是否還有興趣想像。

　　我們一個個是不是都自認為長大成人是件非常值得驕傲的事，覺得孩子一樣單純的好奇心是理應被成長拋棄的幼稚玩意兒——雖然大多數人依然無知，甚至比孩子更加無知。說起來，無知並沒半點兒不對，有的時候反倒是福分，可怕的是，如果已經不再看也不再聽，如果已經看不見也聽不見，如果已渾然不知，木訥呆滯。

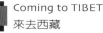

Coming to TIBET
來去西藏

《我們知道的很少》

遊戲是這樣開始的
像一棵樹丫上的鳥巢
忽然飛出了鳥
關於我們瞭解的
是這樣結束的
看見湖水變淺
月亮爬上來
我們在路邊發現了秋千

繁華的速度——
The flourishing speed

【 11 月 2 日‧秋高秋 】

　　狼毒，是一種長在高原上的有毒植物，枝幹裡分泌一種乳白的毒液。
其他的時候你以爲它們只是草原上的一叢草，和別的草沒什麼兩樣，一旦
它們開始逐個變出紅色，繼而開始在所有的花朵離去之後，給草原帶來又
一輪燦爛，你就知道，秋天來了。

　　今天，狼毒們已經紅得不能再紅了——最燦爛的顏色已經出現，也就
意味著生命即將走到盡頭。像所有的樹葉草木一樣，用盡全身的力氣最後
輝煌一次，筋疲力盡走進枯萎和凋敝，走進黯淡和沈默。

　　秋天是什麼？是絢爛嗎？是幸福嗎？如果是所有美好的繁華，那麼能
留下來嗎？能留幾天呢？

　　莊稼成熟，人們一年的勞動得到豐厚的收穫，坐在拖拉機裡山一樣高的
青稞堆上，臉上的笑容和汗水一樣燦爛。世界的顏色濃重得、紛繁得到了再
也無以復加的時候，無盡的幸福溫暖充斥著所有的角落，隨時都會漫溢。所
有的美麗、所有的力量全部揮灑到頂點，再也不能再多，再也不能再滿……

　　總覺得秋天所有的好，全伴隨著消逝，或者這些好就是消逝本身。我不

能說它是不是「悲壯」，但起碼，在所有的美好繁華到達頂點之後，消逝就在一瞬間，在一個夜晚之後，在又一場霜凍之後，迅速地毫不留情地離開了。

冬天就是下雪——
It just snows in winter

【 １ 月 １７ 日星期二，又來了一場雪 】

這場雪，今天早上被我發現的時候，已經結束了。

你看，世界變了，白了好多，山頭又被雪裹得緊了些，連在草地上睡覺的馬群都集體在脊背上多了一道雪白。

他們說，今年這兒最大的那場雪已經在一個星期前來過了，鋪天蓋地地下了整整20個小時，最猛的時候連對面來了頭牛都根本沒法看見。那時候我正好去了一個特別溫暖的地方。要是我知道那場大雪會在什麼時候來，我一定呆在原地等它，還要站到裡面去，看它是不是能把我從頭到腳埋掉。

快要下雪的天空是這樣的：總是被厚厚的雲層還是別的說不清楚的白東西蓋得嚴嚴實實。在高原，這樣的天氣極好辨認——看不見一丁點藍天的天氣是很稀罕的。沒有太陽也沒風，它們要鑽過雲層到達地面太艱難，甚至根本在一開始就被巨大無邊的雲朵吸走了全部力量。天空中所有的活動停止了，一片寂靜的灰白。是不是所有的雪花正在降落前做最後的聚會？

是不是只有像我這麼閒又沒什麼大出息的人，才覺得這些玩意異常有趣？管他呢，最關鍵是能自得其樂。說實話，天天觀察天空的動向，還是真想能再等來一場大雪。

看來等待是有用的——誰也不能預知未來，比如，誰也不會知道，大雪真的在今天又來了（離開也是有用的，也說不好，離開方向的路上，會有比大雪更好的東西，等著我）。

雪總是下得很安靜，聲音小得除非一大片雪花落在了耳朵上，才會聽見一聲極輕的「噗」。它的重量也小得讓睡在外面的馬兒們都幾乎察覺不

到。總是靜悄悄的，一點都不打擾你，弄得又差點沒看見它，好在它現在還在繼續著。

我的窗簾晚上總是開著，因為窗外除了草原、山、鳥和牛之外沒有別的。

《松樹林》

冬天
這裡很冷
早上
穿很厚的衣服
走到一片松樹林
小松樹還很小
閉上眼
用凍得通紅的手
輕輕摸過
一個個針尖一樣的頂端
露水和冰
會

刺痛我

如果
我一天天長大
松樹
也一天天長大
還是一樣的早上
伸出通紅的手
頂端仍然
針尖一樣
露水和冰
仍然
刺痛了我

【 *3* 月 *1* 日星期一 】

今天早上，我在太陽該出來照到我的時候醒了過來，發現它還沒來，外面的天白茫茫的，心裡還迷糊了一下：是不是太早了？再看一眼天，明白了，一個翻身起來——雪正在下呢，不僅天白了，整個從天到地的空間都被白雪填滿了。遠出的山峰看不見了，跟前的小山也不見了。

還隱約明白，春天其實早來了，現在的雪不會在地上留多久，它們會很快化掉，不等太陽重新出來，就會變成無數小水珠，重新回到天上。

我要趕快出去淋一淋，現在，馬上。

我要走到依然在草原上吃草的馬群旁邊，和它們一塊兒站在雪裡，一塊兒慢慢走一走，或者一塊兒跑起來。

後
Postscript

　　三月的西南腹地，陰雨連天，周圍的世界再喧鬧，似乎也不能進入我的身體，是故意要這樣渾然拒絕。巨大的城市，就算看上去已經把身體淹沒，也不能對我產生絲毫實質的吸引力。

　　大部分的知覺自動關閉，仍然感到不安和緊張。再不是半個小時就能穿過唯一的馬路走到另一頭的小地方，再不能對迎面接連而來的熟面孔點頭微笑，再不能知曉所有的店鋪，走進去和老闆聊天，再不能聽著風的聲音入睡，再不能每天曬在太陽底下，看著藍天雪山，只做一件事情，寫字或者鋤地或者在山上瘋跑……

　　簡單沒了，寧靜沒了，美麗也沒了。世界變髒了，變窄了，變複雜了，變亂了……我像個笨蛋，不會說話不會笑，在去朋友家的路上走丟了，每天被樓下的麻將聲或對面樓裡的女人叫罵聲吵醒，還有永遠灰仆仆

的天和巨大密集的樓房森林，輕而易舉就把我弄得頭暈眼花了。

　　不想走進這些無甚新鮮的昏忙場景裡，也不想為了說清楚一句話像對面大聲叫嚷的人那樣，變成個吵鬧的人。甚至開始的好些天連窗簾都害怕拉開，怕眼前不再是草原雪山而換成了局促的樓房讓我真的開始傷心。

　　問好多人是否喜歡呆在這個地方。答案都不是肯定的，但還是呆下來了——不知道到底誰比誰更勇敢？——要多麼大的堅決，才能在城市茫茫洶湧的吞噬裡，依然孑然毅力，依然乾淨安詳，歡快靈動。

　　我知道，離開熱愛的地方讓自己有點生疏，有點慌。也知道這是要把之前做的事情繼續做完，雖然不知道它最後會成什麼樣子，不知道是否真的有意義，但要把這個「圈」好好地轉完，再說逃離或回去的話。

　　像個閉關的尼姑，在山腳下的草原面前，天天寫字，天天拿著照相機、錄音機東溜西盪，孤單但無比愉快。愉快的事情做起來會上癮，會停不下來。等我發現根本不能在一本書裡寫完所有的字，放進所有的照片時，已經到這裡了。

　　就這樣吧，停下來，交給出版社把它們變成一本真正的書，還要把錄音整理出幾個最好的，伴著字和圖畫……最後擺進商店，讓大家來看，看看是否喜歡，是否願意帶它們回家。

　　我知道的事情還很少，能決定的也不多。就像還有一些事是只有自己知道一樣，比如那些無法或來不及敘述的故事和人物，那些文字以外難以言表的真切感動，更廣闊更豐富的自由生活和天地……

　　但很好，所有的都在那兒，一點沒消失，依然真實動人，像水流一樣，一直在潺潺湧動，向無盡未知裡奔騰，讓人愉快而滿足而期待……

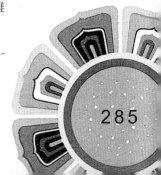

285

　　還想說一些無關緊要的話，算做一些小交代：

之前的所有生活和記憶，卻不是為了現在要寫成文字，在經過的時候卻不知道這麼快就要開始回憶。因此該忘的都忘了，沒有留下的也已經永遠找不回來了。

因為對一切的「技術」都缺乏良好的熱情，它也總是不斷為難我，造成的直接影響是：之前很多年收集的很多音樂素材，因為錄音設備的緣故，現在看來已很難達到出版質量，被迫放棄；「轉圈」的時候被摔壞的相機無法正常工作，甚至沒能留下噶瑪的樣子……

但這些都是那麼小的事情，甚至並不覺得遺憾，都是自然的事，自然的擁有，自然的缺失。

最後，還想再說一次感謝，允許我最後自私一次，和我親愛的人說說話：

爸爸媽媽，從小到大，我跟你們說的話比對別人說的多太多，卻總也說不完——其他的不再多說，希望你們倆快樂、健康，另外，感謝你們給我生命，感謝你們給我來到這個世界的機會，感謝你們是我的爸爸媽媽。

lev，你現在離我很遠，在一個我還完全不瞭解的世界裡，但又無時無刻不在我身邊，很親近。聯絡很少了，但總是想起你。你太忙，雖然工作很有意義也很大，但是不是再多注意一點點自己的身體，是不是該多關心一下生活本身。你說過什麼時候忙過了，想來找我，不論那時我在多遠的地方。好的，我隨時都願意帶你爬山，去我的村莊走走，或者去看一片湖水……不論什麼時候，無論我在哪裡。你還說希望看見我的字，哪怕隻字片語，現在你看見了，希望你有時間把它們看完。另外，別忘了你曾是個會看雲識天氣的科學家，有空的時候，抬頭看看天上是不是有鳥群飛過，告訴我雨會不會停，明天會不會陽光燦爛。

白瑪，你的女兒好嗎？白央姐好嗎？酒店好嗎？其實，你想要呵護的人們都會好起來的，他們自己都是有力量的，他們本該如此，本該自己為自己的幸福生活努力。你很善良，心思細密，不管這是好是壞，關鍵是，你不該被牽絆，我多希望看見你的眉頭鬆開的時候，看見你的力量和智慧帶給更多的人快樂。

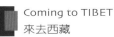

S，你是好人，肯定的，雖然說話很大聲，還常亂說，雖然已經從一個寫字的變成了賣字的，但就憑你永遠不會丟下你的那九隻小貓，我也會絕對信任，像你憑白無故信任我一樣。而且你也會好起來，但要慢慢地，清清楚楚地，不著急，不貪心，也不亂。

　　還有王大、z、肉、小白兔、張三張肆楊胖子……還有ted、校長、伊娜、小天、小荣、小焦、柯兒爺爺，正義哥哥……所有親愛的人們，你們都會過得特別好，因為你們本來就那麼好。`

　　那麼，正捧著這本書你，這本書即將結束在這裡，放下書本，你將去幹點什麼？不管要幹什麼，都祝你快樂。我所熱愛的生活，即將開始另一段新的旅程，你的呢？不管你的生活是什麼樣的，我都希望它是你熱愛的。

（READER系列001）

來去西藏

出版所　　恆兆文化有限公司
網址　　　www.book2000.com.tw
發行人　　張正
總編輯　　鄭花束
作者　　　張小靜
美術設計　王慧莉
電話　　　02.27369882
傳真　　　02.27338407
地址　　　台北市吳興街118巷25弄2號2樓
出版日期　2005年7月一刷
ISBN　　　957-29466-7-6
劃撥帳號　19329140　戶名　恆兆文化有限公司
定價　　　299
總經銷　　農學社股份有限公司　電話　02.29178022